烽火荣光

张一涵◎著

线装书局

图书在版编目（CIP）数据

烽火荣光 / 张一涵著 . -- 北京 : 线装书局，2025.
9. -- ISBN 978-7-5120-6602-1

Ⅰ . I25

中国国家版本馆 CIP 数据核字第 20254ZE699 号

烽火荣光

FENGHUO RONGGUANG

作　　者：张一涵
责任编辑：崔　巍
出版发行：线装书局
　　地　址：北京市东城区建国门内大街 18 号恒基中心办公楼二座 12 层
　　电　话：010-65186553（发行部）010-65186552（总编室）
　　网　址：www.zgxzsj.com
经　　销：新华书店
印　　制：三河市中晟雅豪印务有限公司
开　　本：787mm × 1092mm　1/16
印　　张：20
字　　数：240 千字
版　　次：2025 年 9 月第 1 版第 1 次印刷

线装书局官方微信

定　　价：89.80 元

谨以此书

献给中国人民抗日战争暨世界反法西斯战争胜利80 周年

山东老兵红色故事系列丛书

《烽火荣光》

编纂委员会

主办单位：山东省革命老区建设促进会

承办单位：临沂市革命老区建设促进会
临沂市退役军人事务局

支持单位：临沂城市建设投资集团有限公司
临沂水利集团有限公司
临沂投资发展集团有限公司

序

铭记烽火荣光　赓续红色血脉

在中国人民抗日战争暨世界反法西斯战争胜利80周年前夕，山东省革命老区建设促进会组织各市革命老区建设促进会编著了《烽火荣光》系列丛书。这部书抢救性采访了参加过抗日战争、解放战争、抗美援朝战争的老兵，真实反映了他们为国家为民族无私无畏、浴血奋战的革命英雄主义事迹。

细读这些饱含深情与历史记忆的红色故事，我一次次被感动、一次次被震撼：一个个鲜活的名字，一段段刻骨铭心的记忆，仿佛穿越时空的烽烟，将我们带回到那波澜壮阔、气壮山河的保家卫国岁月。这是一部珍贵的历史记录，是一部诠释伟大抗战精神和爱国主义精神的英雄史诗，更是齐鲁儿女用理想信念书写的忠诚者的赞歌！

山东大地，是一片被革命热血浸染、被英雄精神铸就的红色热土。在中华民族面临生死存亡的危急关头，山东人民在中国共产党的坚强领导下，党群同心、军民一心，同仇敌忾、共御外侮，用血肉之躯筑起了保家卫国的钢铁长城。

书中记录的山东老兵，是那段峥嵘岁月的亲历者、奋斗者和见证者。他们之中，有在枪林弹雨中冲锋陷阵的战士，有在敌后战场传递情报、瓦解敌人的地下工作者，有在后方医院夜以继日救死扶伤的医护人员，有做军鞋、救伤员、保护革命军人后代、抚养烈士遗孤的“红嫂”“乳娘”，有推着小推车、抬着土担架、倾其所有支援前线的普通群众。他们的故事，没有华丽的辞藻，却字字千钧；他们的讲述，饱经沧桑，却满含赤诚。他们是当之无愧的民族脊梁，是山东人民永远的骄傲！

铭记历史，是为了开创未来；崇尚英雄，是为了激扬力量。当前，我们正意气风发地走在全面建设社会主义现代化国家、向第二个百年奋斗目标进军的新征程上。山东作为经济大省、文化大省，作为全国唯一以省域命名的革命老区，更肩负着“走在前、挑大梁”的光荣使命。深入挖掘、系统整理、广泛传播以抗日战争、解放战争、抗美援朝战争老兵为代表的英雄事迹和革命精神，具有重要的现实意义和深远的历史意义。

这是传承红色基因、坚定理想信念的生动教材！

山东老兵的故事写在来时的路，面向未来的路，贯穿着中国共产党人的初心，是开展爱国主义教育、革命传统教育和党史学习教育的生动素材。它让我们深刻认识到红色政权来之不易、新中国来之不易、中国特色社会主义来之不易，从而更加自觉地坚定历史自信，增强做中国人的志气、骨气、底气，坚定不移地听党话、感党恩、跟党走。

这是弘扬伟大精神、凝聚奋进力量的宝贵财富！

回眸抗战等革命历史，既是一部不屈不挠的浴血奋战史，也是一部产生伟大精神的历史。植根于齐鲁大地，党和人民水乳交融、生死与共铸就的沂蒙精神就是我们党精神谱系的重要一支，普通的山东老兵为沂蒙精神、抗战精神、建党精神等伟大精神的形成做出了重要贡献。在新时代传承和弘扬这种精神，能够激励齐鲁儿女不畏艰难、开拓创新、团结奋斗，为谱写中国式现代化山东篇章注入强大精神动力。

这是守护历史真相、捍卫民族尊严的庄严宣示!

真实记录老兵的故事是驳斥历史虚无主义最有力的铁证。它提醒我们永远不能忘记侵略者犯下的滔天罪行，永远不能忘记为民族独立和人民解放牺牲的革命先烈，必须旗帜鲜明地守护历史记忆，捍卫民族尊严与世界和平。

这是践行初心使命、增进民生福祉的深刻启示!

从山东老兵的故事中，我们深刻感受到党与人民群众血肉相连的深厚情谊。这启示我们，必须始终坚持以人民为中心的发展思想，时刻把老区人民的冷暖放在心上，用心用情用力解决好人民群众“急难愁盼”问题，特别是要关心照顾好包括抗战老兵在内的所有为革命和建设做出贡献的老同志，让他们共享改革发展成果，安享幸福晚年，切实感受到党和政府的关怀与温暖。

《烽火荣光》系列丛书的出版，是一项功在当代、利在千秋的文化工程。感谢所有参与这项工作的同志们，他们以高度的历史责任感抢救性地挖掘、整理、保存了这些弥足珍贵的记忆。让我们在英雄故事的感召下，更加紧密地团结在以习近平同志为核心的党中央周围，大力弘扬沂蒙精神，赓续红色血脉，踔厉奋发、勇毅前行，为开创新时代社会主义现代化强省建设新局面，为实现中华民族伟大复兴的中国梦而不懈奋斗！

“昭昭前事，惕惕后人。”历史不会忘记！人民不会忘记！向为民族独立和人民解放事业建立不朽功勋的山东老兵们，致以最崇高的敬意！

山东省革命老区建设促进会会长
山东省人大原党组副书记、副主任　张江汀

2025 年7 月9 日

目录

引 言

蒙山巍巍，昂首刺破苍茫云天，龟蒙顶的峰峦如巨人沉默的脊梁，矗立成齐鲁大地第二座巍峨的丰碑；沂河汤汤，奔腾不息如岁月长歌，自莽莽群山深处奔涌而出，昼夜不舍，奔赴浩瀚无垠的东方。这片名为沂蒙的土地，远非寻常地理之名，它是以山岳的筋骨为框、以河流的血脉为墨，在天地间写就的一卷雄浑史诗。三十六峰层峦叠嶂，七十二崮如磐石星罗，这里是东夷古文明发轫的摇篮，亦是《孟子》笔下孔子登临感怀“小鲁”的蒙山故地，其厚重，早已刻入华夏的骨血深处。

历史的风云卷至20世纪，那1921年于沉沉暗夜中燃起的星星之火，终成灯塔，其光焰穿越千山万壑，坚定地照进了沂蒙的沟壑与村落。伟大的建党精神如同穿透冻土的春雷，又如深扎沃土的种子，在蒙山沂水间，迸发出磅礴的生命力。从此，这片古老土地的心跳，开始与一个民族寻求新生的脉搏，同频共振。

自1937年那山河破碎、烽烟骤起的岁月始，直至1949年曙光初临，整整十二载寒暑。沂蒙山区的层峦叠嶂，骤然化作燃烧的熔炉与铁血的战场。硝烟，蒙蔽过蒙山青翠的容颜；炮火，震荡过沂河深沉的河床。这片土地上，上演过无数撼人心魄的攻守与牺牲。那数字，是历史烙下的滚烫印记：420万名沂蒙儿女，其中120万人肩挑手推，以血肉之躯铺就通往胜利的支前路；20万名青壮子弟，高擎红旗，毅然踏入枪林弹雨；更有10万忠魂，以生命为笔，以热血为墨，将忠烈二字永远镌刻在民族记忆最疼痛也最崇高的位置。

是何种力量，支撑着这山这水这方人，在炼狱般的战火中百折不摧、九死不悔？

是信仰！是对马克思主义真理的坚信，是对共产主义理想的赤诚，是对脚下这片热土必将迎来光明未来的执着！这信仰，在沂蒙儿女心中生根，比蒙山的花岗岩更坚硬，历经时光冲刷、血火淬炼，愈显其不可撼动的力量。当“最后一碗米，送去做军粮；最后一块布，送去做军装；最后一个娃，送去上战场”的民谣在山谷间质朴而悲壮地回响时，沂蒙人民已将他们对党的忠诚、对翻身解放的渴望，化作了最深沉、最决绝的行动。他们交付的，何止是米粮布匹与骨肉？那是捧出了整个身家性命，捧出了一片赤诚丹心，捧出了对未来的全部期许与托付！

本书所承载的，正是50位从那段烽火硝烟中走来的沂蒙老兵，他们灵魂深处永不磨灭的家国记忆。他们的皱纹，是蒙山风雨刻下的年轮；他们的眼神，沉淀着沂河波涛的沧桑；他们胸膛深处，依然燃烧着当年那腔足以熔铁化金的热血。

翻开这用生命书写的篇章，我们所聆听的，不仅是惊心动魄的战场回声，更是解读那支撑起一个民族浴火重生的精神密码——那是深植于蒙山沂水之间的、永不褪色的赤诚与坚贞。他们的声音，是穿透岁月迷雾的晨钟，敲击着后来者的心灵，提醒我们：每一寸今日的安宁，都曾被怎样的信念与牺牲所浇灌……

★沂蒙老兵★

朱有芹

朱有芹，1927年8月3日出生，沂南县人。1944年3月参军，1946年3月加入中国共产党。被编入华东第三野战军第8纵队64团6连。抗日战争期间参加了朱满半程战斗、大柳汪战斗、蒙阴城桃李战斗。解放战争期间参加了张店战斗、青州激凌镇南山战斗（在此次战斗中负伤，体内至今留有弹片未能取出）、鲁南战役、鲁西南战斗沙土集战役和土沙集战役（此次战斗中负伤，后被鉴定为三等伤残）、莱芜战役、孟良崮战役、睢杞战役、渡江战役、华中南战役、解放大西南战斗。其中在睢杞战役中获得“爆破英雄”的光荣称号。1950年又随部队参加了修建成渝铁路的建设任务，之后在西南军区后勤处任科员。1952年复员回乡，回乡后在村里担任治保主任多年。

“爆破大王”

1944年3月的沂南，春寒料峭。

沂河支流汤河畔的朱家堰村，15岁的朱有芹（原名朱友勤）站在村口土坡上，望着光秃秃的盐碱地和低矮的土坯房，耳边是母亲压抑的咳嗽声。家中断粮已三日，饿得发昏的弟弟妹妹蜷缩在冰冷的土炕上。

就在这时，一支穿着灰布军装、打着绑腿的队伍路过村口。他们脚上的草鞋磨穿了底，肩上的步枪磨亮了木托，但眼神却像淬了火的钢钉，直直盯向远方笼罩在日寇铁蹄下的蒙山。

“打鬼子，有饭吃！”队伍里不知谁喊了一声。这句话像一道惊雷劈开少年心中的阴霾。朱有芹没有任何犹豫，瘦小的身影便挤进了招兵的队伍，只留给故乡一个决绝的背影。他悄悄改掉了父母寄予厚望的“友勤”二字，从此，八路军鲁中军区老四团的花名册上，多了一个叫朱有芹的新兵。他要用自己的血肉之躯，去“有”得一方“芹”（芹，喻平安）地。

蒙阴惊雷　初试锋芒

新兵营的艰苦远超想象。

沉重的步枪几乎压弯朱有芹单薄的脊梁，严苛的战术训练磨破了手脚。然而，比身体之苦更煎熬的，是眼睁睁看着熟悉的村庄在日伪扫荡中化为焦土，乡亲们倒在血泊里的惨状。复仇的火焰在他胸腔里日夜灼烧，化为训练场上一次次跌倒又爬起的倔强。

1945 年3 月8 日，料峭春寒裹挟着大战前的紧张气息。八路军山东军区鲁中军区决心拔除蒙阴这颗楔入沂蒙根据地的毒牙。于是，蒙阴战役打响。朱有芹所在的第1 团承担了至关重要的打援任务。

9 日清晨，新泰日军一个中队兵分两路，火速驰援蒙阴城。左路日军一头撞进了1 团在蒙阴县敦台布下的死亡口袋。朱有芹趴在冰冷的岩石后，呼吸因兴奋而急促。这是他第一次直面成建制的日军。当冲锋号撕裂黎明的寂静，他像离弦之箭跃出掩体。子弹在耳边呼啸，炮弹炸起的泥土劈头盖脸砸下。他忘记了恐惧，眼中只有那狰狞的膏药旗和喷吐火舌的机枪。战斗异常激烈，朱有芹和战友们以血肉之躯将骄横的日军死死堵在狭窄的山谷里，最终全歼这股左路援敌。

与此同时，右路日军也在石泉庄遭遇伏击，狼狈溃逃。10 日凌晨，蒙阴城头终于插上了红旗。

此役，毙伤俘日伪军1300 余人，一举摧毁了日军历年“扫荡”的重要基地，使沂蒙与泰南两大抗日根据地胜利连成一片。

硝烟尚未散尽，朱有芹站在敦台山谷，望着遍地日寇遗尸和缴获的武器，第一次真切地感受到，自己手中紧握的不仅是钢枪，更是改变山河破碎命运的力量。战火的淬炼，让少年褪去青涩，眼神里沉淀下战士的坚毅。

铁流奔涌　百战淬钢

解放战争的洪流席卷齐鲁大地。朱有芹跟随老四团（后为华野劲旅）转战南北，他的名字开始与一个个决定中国命运的伟大战役紧密相连。

1947 年新年伊始，鲁南战役在苍山（今兰陵县）新兴镇太子堂村打响。朱有芹所在部队以雷霆之势，将国民党嫡系精锐整编第26 师44 旅死死围困。太子堂村内，敌旅部依托坚固民房负隅顽抗。

朱有芹作为战斗骨干，在枪林弹雨中穿梭，将集束手榴弹精准投入敌火力点窗口。火光冲天，砖石横飞，顽抗的敌军在爆炸声中土崩瓦解。

当敌26 师中将师长马励武垂头丧气地从废墟中被押出时，朱有芹正和战友们清点着堆积如山的战利品：25 辆美式坦克、400 多辆汽车！钢铁洪流的轰鸣，宣告了蒋家王朝在山东的统治根基正在崩塌。

仅仅数月后，1947 年5 月，朱有芹又随部队投入了更为惨烈的孟良崮战役。陡峭的山岩被炮火熏成焦黑色，每一寸土地都浸透了鲜血。朱有芹目睹了战友们顶着瓢泼弹雨，向张灵甫74 师盘踞的崮顶发起一轮又一轮决死冲锋。山风裹挟着浓烈的血腥味和硝烟，吹得人睁不开眼。他紧握钢枪，在岩石缝隙间跃进，不断用精准的点射压制敌方火力，为突击队撕开血路。当红旗最终插上孟良崮主峰，欢呼声响彻云霄，朱有芹却默默蹲下身，用满是血污的手，轻轻合上了一位牺牲战友的双眼。胜利的狂喜与失去战友的锥心之痛，像冰与火在他胸中交织。

豫东惊魂 血肉开路

1948 年7 月，解放战争进入战略决战的关键时刻。豫东战役第二阶段，睢杞战役在酷暑中拉开序幕。在争夺战略要点榆厢铺的战斗中，朱有芹所在的突击部队遭遇了前所未有的阻滞。

敌军凭借村头两座钢筋水泥构筑的巨型核心碉堡，交叉火力组成了一张密不透风的死亡之网。冲锋的道路上，爆破手们接连倒下，鲜血染红了干涸的土地。进攻一次次被压制，伤亡数字直线上升。指挥所气氛凝重得令人窒息。时间一分一秒流逝，每拖延一刻，就有更多战友牺牲。

“连长！我去！”一个沙哑却斩钉截铁的声音打破了死寂。朱有芹站了出来，布满血丝的眼睛死死盯着那两座吞噬生命的魔堡。没有豪言壮语，只有破釜沉舟的决心。他迅速捆扎好一个重达20公斤的巨型炸药包，沉甸甸地压在他并不魁梧的肩背上。

没有掩护，只有战友们火力全开的掩护射击。朱有芹像一只矫健而沉默的猎豹，猛地跃出掩体，扑向那片被死亡笼罩的开阔地。子弹像泼水般扫射过来，打得他身边尘土飞扬，碎石飞溅。他时而匍匐，时而跃进，动作迅捷而果决。沉重的炸药包磨破了肩头的皮肉，汗水混合着泥土流进眼睛，火辣辣地疼。距离第一座碉堡还有几十米，一串机枪子弹狠狠咬中了他的左腿！剧痛让他身体猛地一歪，几乎栽倒。鲜血瞬间浸透了裤腿。他咬碎钢牙，喉咙里发出一声野兽般的低吼，拖着伤腿，用双肘和右腿顽强地继续向前爬行！身后，拖出一条长长的、触目惊心的血痕。

近了！更近了！朱有芹猛地拉燃导火索，用尽全身力气将炸药包塞进碉堡底部的射击死角！“轰隆——”一声震天动地的巨响！地动山摇，砖石水泥如雨点般砸落，浓烟烈火冲天而起！第一座碉堡被撕开了一个巨大的豁口，里面的机枪瞬间哑火。

硝烟未散，朱有芹甚至没有回头看一眼战果。他拖着血肉模糊的伤腿，在震耳欲聋的爆炸声和弥漫的烟尘中，凭借惊人的意志和对地形的熟悉，竟又奇迹般地爬到了第二座碉堡侧翼！此刻，他已成一个血人，意识因剧痛和失血开始模糊，但炸掉它的信念却如磐石般坚定！他再次拉燃了导火索……“轰——”第二声更为猛烈的爆炸响起，第二座碉堡在冲天的火光和烟柱中轰然解体！

通道打开了！冲锋号再次嘹亮地响起！战友们如潮水般呐喊着冲过

他用生命开辟的血路……朱有芹在巨大的冲击波和气浪中彻底失去了知觉。当他在后方医院的病床上醒来，得知部队在庆功会上授予他至高荣誉——“爆破英雄”称号，并荣立二等功、三等功各一次时，这个在枪林弹雨中都未曾皱眉的硬汉，泪水却无声地滑落。这泪水，为牺牲的爆破手们而流，为胜利的代价而流。朱有芹炸开了胜利之门，自己却留下了永久的伤残。那条伤腿和体内深嵌的、无法取出的弹片，成了榆厢铺永恒的勋章。

归隐长河　深藏功名

战火一路向南燃烧。朱有芹拖着伤残之躯，又参加了渡江战役、解放上海战役。硝烟散尽，新中国诞生，他所在的部队整编为华野8纵64团（后为32362部队256团），他担任了6连9班班长。

1950年，在解放华中南的战斗中，朱有芹再次身负四处重伤，被送入西南军区医院。伤未痊愈，他又以顽强的意志投身到大西南铁路建设的火热洪流中，将战场上的拼劲带到了和平建设的工地。

1952年，国家号召精简整编。朱有芹响应号召，决定复员。在西南军区后勤部营建科办理手续时，面对伤残等级评定表，他做出了一个令所有人动容的选择：他主动放弃了伤残待遇。

“国家刚解放，到处都要钱。”朱有芹对劝他的干部说，“我还能动，不能给国家添太多负担。那些牺牲的战友，他们连证书都没有呢。”就这样，他带着几件简单的行李、几枚沉甸甸的军功章、一本伤残证，以及体内几块永远无法取出的弹片，悄然回到了魂牵梦萦的沂南县葛沟镇老家。

没有鲜花，没有掌声，只有沂河水静静流淌，仿佛在迎接这个沉默归来的游子。他将“爆破英雄”的辉煌过往，连同那本记载着特等功勋的证书，一同锁进了箱底，像拂去一身征尘般，重新扛起了锄头，成为沂蒙山深处一个默默耕耘的农民。他娶妻生子，日出而作，日落而息，那段铁血传奇，只在夜深人静抚摸身上伤疤时，才在心头无声回响。

英雄归来 桑榆生辉

时光荏苒，三十年弹指一挥间。

部队从未忘记这位在关键时刻挺身而出、以血肉之躯开辟胜利通道的英雄。1985 年，寻找“爆破英雄朱有勤”的行动在老部队（时驻福建连江）悄然展开。几经周折，寻访人员终于在沂南县一个普通农舍里，找到了这位已改名“朱有芹”、白发苍苍的老农。当部队来人拿出泛黄的团史记载，念出“榆厢铺战斗”“连续炸毁两座敌堡”“爆破英雄朱有勤”等字句时，老人浑浊的眼睛瞬间湿润，布满老茧的双手微微颤抖，尘封的记忆闸门轰然打开。

1985 年6 月26 日，《解放军报》头版刊发了题为“埋名三十年的爆破英雄朱有勤找到了”的报道，全文如下：

6 月 24 日，通讯员汤奋、卢文兴报道：据团史记载：1948 年 7 月，在睢杞战役榆厢铺战斗中，部队进攻受阻，无数爆破手先后中弹身亡，朱有勤抱着 20 公斤重的炸药包冲向敌堡，负了重伤，但他仍以惊人的毅力向敌阵爬去，连续炸毁两座敌堡，为主攻部队扫平了道路。战后，负伤治疗期间，他被授予“爆破英雄”的光荣称号，他到后方养伤时，被评为二等甲级伤残复员了，从此和部队失去联系。37 年来，部队多方查找朱有勤，今年 5 月在山东省沂南县找到了这位老英雄。6 月中旬，他应邀来到老部队与战友们见了面。

英雄的名字，穿越三十年的时光尘埃，再次响彻大江南北。同年6月，朱有芹应老部队之邀，携老伴千里迢迢奔赴福建连江。“那天，营区门口锣鼓喧天，红旗招展，首长和战友们排着长队……我这条命捡回来的老兵，做梦也想不到还能有这天！”多年后，老人忆及此景，依然激动得声音哽咽。老部队的深情厚谊，让他感受到国家从未遗忘的温暖。

晚年的朱有芹住进了沂南县条件优越的天河养老服务中心。这里窗明几净，绿树成荫。护理人员无微不至的关怀让他倍感温暖：“每天给洗澡、量血压，每月理一次发，还给剪指甲，比亲闺女照顾得还要好！”党和政府的优抚政策，社会各界的关爱，如春风般抚慰着这位功勋卓著却深藏功名的老兵。他不再沉默。满头银发的他，成了养老院里、中小学校园里最受欢迎的“故事爷爷”。他颤巍巍地拿出珍藏的军功章，给孩子们讲述蒙阴打援的紧张、孟良崮的惨烈、榆厢铺爬行路上的血与火。讲到动情处，老人腰板挺直，目光如炬，仿佛又回到了那个炮火连天的岁月。他反复叮嘱：“要记住啊，这好日子，是多少人用命换来的！要爱党爱国，学好本事，把咱国家建设得更强！”

“现在生活这么好，感谢党和政府没忘记俺们，”老人脸上洋溢着幸福和满足的光彩，他爽朗地笑道，“我要好好活，活到100岁没问题！继续给大家讲过去的故事！”那笑声洪亮而乐观，穿透了岁月的沧桑，仿佛当年那炸毁敌堡的惊雷，历经时光沉淀，化作了守护和平与幸福的、最温暖而坚定的力量。

沂蒙的山风，依旧在朱家堰村外呜咽低回，诉说着曾经的贫瘠与抗争。而朱有芹老人胸膛深处那几块沉默的弹片，与箱底熠熠生辉的军功章，连同他那永不褪色的“爆破英雄”传奇和晚年的朗朗笑声，共同铸就了一座无言的丰碑——它铭刻着一位普通沂蒙汉子如何在国难之时挺身而出，以血肉之躯化为撕裂黑暗的惊雷；它更昭示着，真正的英雄，既能于烽火硝烟中舍生忘死，亦能在和平岁月里深藏功名、甘守平凡，并将那血火淬炼的赤诚与信仰，化作照亮后人征程的永恒炬火。这炬火，在沂蒙的青山绿水间，在民族的精神星河里，永不熄灭。

★沂蒙老兵★

杨 峙

杨峙，1920年出生，平邑县人。1939年10月入伍，参加过郯城战役。1945年8月，到滨海军区回民大队任连长。1948年3月，调渤海军区警备7团当副教导员。1956年调任济南军区25师41团政委，1961年调25师政治部任副主任，1964年调北京中央工业交通部政治部工作，后到七机部、建工部、中央工作队等部门工作。1982年从北京市化工局离休。

一生的荣光

1939年的平邑县地方镇，年仅19岁的杨峙站在自家院子里，望着远处连绵起伏的群山。彼时，日寇的铁蹄肆意践踏着中华大地，所到之处生灵涂炭，无数同胞流离失所。目睹这一切的杨峙，心中燃起了熊熊的抗日烈火，他再也无法忍受这种屈辱，毅然决定投身抗日，用自己的力量保卫祖国和同胞。

然而，当杨峙将这个想法告诉父母时，却遭到了坚决反对。父母看着眼前尚未成年的儿子，满心都是担忧与不舍，他们心疼儿子，不愿他去战场上冒险，只希望他能留在身边，过着安稳的日子。但杨峙的决心早已坚如磐石，任父母如何劝说，都无法动摇他分毫。

一天深夜，月光如水，洒在静谧的村庄。

杨峙收拾好简单的行囊，将母亲纳的千层底布鞋和父亲留下的铜烟盒小心翼翼地塞进包袱。他悄悄推开家门，与同样怀着报国之志的邻居家同学会合。夜色中，两个少年的身影渐行渐远，身后是渐渐模糊的村庄，前方则是充满未知与危险的抗日之路。他们不敢点灯，借着月光和星光，靠着北斗星辨别方向，一路朝着心中的目标坚定前行。露水打湿了他们的裤脚，阵阵寒意袭来，但他们胸中燃烧的爱国热情，却足以驱散所有的寒冷与恐惧。

蒙山寻路

经过一路奔波，杨峙和同学来到了蒙山前的一个村庄。这里设有八路军的蒙山办事处，杨峙的一位老师刘次恭（又名刘学宽）正在此担任办事处主任。

见到昔日的学生，刘次恭既惊讶又欣慰。杨峙顾不上休息，便向老师表明了自己想要穿军装当兵、上阵杀敌的强烈愿望。

然而，当时办事处的工作人员都身着便衣，主要负责地方工作，并没有直接让他们参军的条件。

尽管如此，刘次恭尊重学生们的选择。经过一番沟通与安排，他将杨峙和同学送到了鲁南支队的一个警卫营。初入警卫营，杨峙心中满是兴奋与期待，这里的一切都让他感到新奇而又充满力量。但他很快意识到，军营生活远没有想象中那么简单。

没过几天，部队进行整编，警卫营与鲁南支队7团合并。7团的战士大多来自渤海军区，操着一口浓郁的河北口音。面对新环境、新战友，杨峙没有丝毫退缩，他以极快的速度适应着一切，凭借自己的努力和热情，很快融入了这个集体，并被编入7团12连。

1940年，部队再次进行整编，加入了115师，杨峙成为686团的一员。这个团可是有着光荣历史的老部队，杨峙所在的班里，还有两位身经百战的老红军战士。与他们相处的日子里，杨峙仿佛打开了一扇全新的大门。老红军战士们用自己的亲身经历，向他讲述着革命的艰辛与不易，教他如何在战场上生存，如何与敌人战斗。从他们身上，杨峙学到了许多宝贵的战斗经验，更学到了那种坚韧不拔、永不言弃的革命精神，这些都成为他在今后战斗生涯中最为宝贵的财富。

铁血淬炼

在那个战火纷飞的年代，八路军的装备极其简陋，枪弹奇缺是常态。对于战士们来说，拥有一把有子弹的枪，就是无比珍贵的“宝贝”。有的战士虽然背着枪，但枪膛里却没有子弹，沉重的枪支在手中宛如“烧火棍”，除了增加行军负担，别无他用。更令人痛心的是，有些战士甚至连摸枪的机会都没有，就不幸在战斗中负伤或牺牲。

部队中最好的枪当属汉阳造，杨峙还算幸运，一当兵就拥有了属于自己的枪。但此后他使用过的多种枪支，大多是从敌人手中缴获的，且质量参差不齐。有的枪严重损坏，射击毫无准头，子弹射出后甚至横着飞；即便有战士缴获了机枪，也常常因没有子弹只能望枪兴叹。而此时，地方上的土匪和顽固派，凭借着钱财，装备反而比八路军精良许多，他们购置的都是崭新的武器。

面对如此艰苦的条件，杨峙和战友们没有丝毫退缩。他们依靠“以战养战”的策略，在战场上奋勇杀敌，从敌人手中夺取武器弹药。

后来，部队虽有了自己的兵工厂，能够将战场上收集的空弹壳重新装填火药，加工成子弹（俗称“返子弹”），但由于缺乏优质火药，自制子弹头质量不过关，只能勉强用于步枪，机枪使用时经常卡壳。自制的手榴弹杀伤力也十分有限，往往投出去仅炸成两半，根本无法对敌人造成有效打击。即便面临重重困难，战士们的抗日热情却从未减退，他们心中只有一个信念：赶走侵略者，还我河山！

杨峙参军后的第一仗，便是攻打恶贯满盈的刘桂堂，此人绰号“刘黑七”。他性格反复无常，曾假意投靠八路军，后又反叛，与日寇勾结，肆意袭击八路军，残害抗日干部和群众，手下聚集了几千人，号称一个师，在当地恶名昭著，百姓们对他恨之入骨。部队决定彻底消灭这股反动势力，先后三次对刘桂堂发起攻击。

第一次战斗发生在上冶附近的山头。当时，杨峙所在部队驻扎在离上冶12 里地的村庄，一个营的兵力奉命出击。战斗打响后，枪声、炮声、喊杀声交织在一起，异常激烈。枪林弹雨中，杨峙和战友们奋勇向前，毫不畏惧。然而，敌人的增援部队迅速赶来，形势急转直下。为避免不必要的伤亡，部队不得不选择撤退。这一仗，杨峙所在班的副班长不幸牺牲，看着曾经并肩作战的战友倒在血泊中，杨峙深刻体会到了战争的残酷，也更加坚定了消灭敌人的决心。

第二次攻打刘桂堂，是在他的老窝铜石镇锅泉村。但由于敌人早有防备，在村子周围布置了大量的防御工事，战斗进展并不顺利。部队与敌人短暂交火后，发现难以突破敌人防线，为了保存实力，只好选择撤离。

第三次战斗在大井村打响，杨峙所在的连队成为主攻连。这一次，战士们抱着必胜的决心，向刘桂堂的司令部发起猛烈攻击。

战斗中，他们顶着敌人的枪林弹雨，勇往直前。经过激烈拼杀，部队成功攻入村子，击溃了敌人的司令部。可惜的是，狡猾的刘黑七趁乱逃脱。尽管未能彻底消灭这个罪魁祸首，但三次战斗给予了刘桂堂沉重打击，极大地削弱了他的势力，也鼓舞了部队的士气，让战士们更加坚信正义必将战胜邪恶。

在那段艰难的岁月里，部队面临着内忧外患的严峻局面。除了日本鬼子、伪军和国民党部队的威胁，还有红枪会、天宝山联防队等地方恶势力和土匪为非作歹。这些反动势力相互勾结，严重威胁着根据地的安全。为了在根据地站稳脚跟，部队将主要精力放在消灭这些反动势力上。

有一次，部队执行任务路过花家村。起初，村民们热情招待，部队与村民相处融洽。然而，在地主老财的煽动下，村民们的态度发生了转变，他们竟组织起来对抗八路军。当部队完成任务返回时，花家村紧闭大门，拒绝部队进入。但这并不能阻挡战士们的脚步，面对敌人的阻挠，部队迅速发起进攻。凭借着顽强的战斗意志和出色的战斗能力，一举拿下花家村，彻底粉碎了地主老财的阴谋。

经过大半年与地方反动势力的战斗，部队在根据地赢得了群众的衷心拥护，越来越多的百姓主动支持八路军，队伍也不断发展壮大。

暗夜潜行

1940 年，震惊全国的皖南事变发生，686 团接到命令，前往安徽支援被国民党围困的项英部队。

然而，要到达安徽，必须穿越津浦铁路线。当时，日军对铁路线严防死守，每隔一两里就修建一个碉堡和据点，还有装甲车来回巡逻。铁路线不仅是敌人的运输线，更成了封锁八路军活动的坚固屏障，想要安全通过，难度极大。

为了顺利通过铁路线，部队经过深思熟虑，决定选择在夜间秘密行动。夜幕降临，战士们在黑暗的掩护下，小心翼翼地朝着铁路线进发。他们急行军8 里地，中途不敢有丝毫停歇，生怕发出一点声响惊动敌人，耽误支援时间。夜色中，日军的探照灯如惨白的巨蟒在铁轨上游弋，装甲车的轰鸣声震得地面发颤，每走一步都充满了危险。

杨峙和战友们屏住呼吸，猫着腰快速前进。他们的神经紧绷到了极点，眼睛紧紧盯着周围的动静，随时准备应对可能出现的敌人。终于，在历经无数艰难险阻后，686 团成功越过铁路线。

然而，新的命令却在此刻传来——由于路途遥远，即便部队赶到，战斗也早已结束，支援任务取消。战士们心中满是无奈与不甘，但军令如山，他们只能选择返程。在返程途中，部队在鱼台与伪军展开激战，战士们怀着满腔怒火，奋勇杀敌，一举消灭2000多个敌人，并在鱼台度过了春节。

杨峙还有一次穿越津浦铁路线的经历，这次的任务是护送前往延安的干部，并运回弹药。与上次不同的是，这次行动得到了当地地下党组织的大力协助。地下党提前在附近村庄做好群众工作，为部队提供了安全保障。在他们的帮助下，部队甚至能够在靠近铁路边的村子驻扎。

第二天，在地下党的带领下，部队巧妙地避开敌人的巡逻，顺利完成了护送和运输任务。这在当时那个敌人戒备森严的环境下，堪称奇迹。此次行动的成功，不仅体现了地下党组织的智慧和力量，更展现了军民团结一心、共同抗日的伟大精神。

郯城浴血

1943年寒冬，杨峙战斗生涯中那场铭刻于心的郯城战役，在凛冽的朔风中拉开了帷幕。这不仅仅是一场战斗，更是他生命中最耀眼、最难以磨灭的辉煌篇章。在八路军115师罗荣桓、陈光首长的战略部署下，教导2旅的勇士们，肩负着开辟山东敌后新局面的重任，剑指郯城！

1月18日，朔风如刀。夜幕沉沉压下，杨峙和战友们紧随曾国华旅长、符竹庭政委，像一支沉默的利箭，刺破寒夜。40多公里的崎岖山路，在急行军的脚下飞速退去。沉重的装备撞击着身体，急促的呼吸在冷空气中凝成白雾，汗水浸透单薄的棉衣又在寒风中冻得硬邦邦。他们如同幽灵般悄然潜行，于黎明前抵达郯城东面的马陵山区。战士们迅速隐入枯草山石间，紧绷的神经与疲惫的身体暂时得到片刻喘息，只有警惕的目光穿透薄雾，死死盯着远处的郯城轮廓。

19日夜，杀机骤起！总攻的命令撕裂寂静。攻城部队如猛虎下山，直扑城墙。杨崻所在的6团，目标直指南门！深夜时分，枪炮声猛然炸响，手榴弹的爆炸火光瞬间映红了半边天！一阵猛烈的突袭，南门被炸开一个豁口！然而，希望的火苗刚燃起就被浇灭——门洞内，竟还有一道用沙袋堵死的内墙！爆破无门，架梯强攻的战士在敌人密集火力下伤亡惨重，鲜血染红了冰冷的城墙根。攻势，不得不暂时停止。

北门助攻的4团见主攻受挫，请缨转为主攻。但6团团长贺东生，这位以勇猛著称的虎将，眼中燃着不屈的火焰，斩钉截铁地吼道："南门，必须由我们6团拿下！决不退缩！"决心已定！部队迅速调整部署：20日午夜，将在南门与东南大炮楼接合部发起雷霆一击！先架桥跨过护城壕沟，再攀梯强攻！

20日午夜，寒气刺骨。助攻的4团7连、9连率先在北门方向发起猛攻！霎时间，枪声如爆豆，爆炸声震耳欲聋，战士们的喊杀声汇聚成一股撼天动地的声浪，撕破了郯城死寂的夜空。这佯攻的声势，成功吸引了守敌的注意力。

与此同时，南线主攻的6团8连，正经历着生死考验。架设梯桥跨越壕沟的过程异常艰难，牺牲接踵而至。终于，3排战士于长贵等人抬着沉重的云梯，怒吼着冲向城墙！城垛后的敌人惊恐万状，滚木礌石、手雷如雨点般砸下！更致命的是，敌人投下了呛人的瓦斯弹，辛辣刺鼻的毒烟瞬间弥漫开来，熏得战士们头晕目眩、涕泪横流！两次架梯，两次在惨烈的抵抗和毒烟中失败，云梯沉重地摔落下来……

城下，贺东生团长双目赤红，厉声下令："9连，准备顶上！"这命令如同鞭子抽在8连连长心上！他猛地转身，对着身边浴血奋战的弟兄们发出震天的怒吼："同志们！拿不下这鬼门关，我们8连决不活着回去！死，也要死在城头上！"

这决死的誓言点燃了最后的斗志！

杨峙，这位全连顶尖的投弹手，与战友们迅速在城墙下一字排开。他们无视头顶飞泻的弹雨，冷静地拉开引信，手臂划出有力的弧线。一排排手榴弹像长了眼睛般精准地飞上城头！

“轰轰轰！”爆炸的火光在城堞间连续绽放，敌人的火力点瞬间被压制得抬不起头！

战机稍纵即逝！趁着这宝贵的间隙，8 连的勇士们再次扑向城墙！这一次，云梯终于稳稳地架在了冰冷的城砖上！

2 排6 班班长吴兴中，这位无畏的先锋，第一个抓住梯子向上攀爬！眼看就要登上城头，突然，十几个敌人合力抱着一根粗大的木杠，号叫着将云梯猛地向外推去！沉重的云梯在半空中剧烈摇晃，眼看就要倾覆！千钧一发之际，8 连连长目眦欲裂，带着几名战士像炮弹般冲向梯脚，用血肉之躯死死顶住、按住！城下的我军火力全开，密集的子弹泼向城垛口，推梯的敌人纷纷惨叫着倒下。然而，就在这激战的瞬间，攀至半空的吴兴中不幸中弹，壮烈牺牲！

尖刀不能断！2 排4 班、5 班立刻顶上！5 班班长杨峙紧随其后向上攀爬。就在他奋力向上时，一枚冒着青烟的手榴弹“当啷”一声落在他脚边！时间仿佛凝固了。万幸！这颗死神之弹，竟意外地哑了火！杨峙惊出一身冷汗，死里逃生！

紧跟着他的4 班班长张桂林，目睹此景怒火中烧！他看准时机，奋力将两颗滋滋作响的手榴弹精准地抛上城垛！“轰！轰！”两声巨响，硝烟弥漫！就在浓烟腾起的刹那，张桂林纵身一跃，第一个登上了郯城城头！他毫不停歇，手中的驳壳枪喷吐着火舌，手榴弹接连甩出，在敌群中炸开！

杨峙率领5 班战士紧随其后，怒吼着跃上城墙！狭小的城头瞬间变成了血腥的修罗场！刺刀见红，白刃翻飞！杨峙和战士们与敌人展开了惨烈的肉搏！刀锋入肉的闷响、愤怒的吼叫、垂死的哀号交织在一起！凭借着无畏的勇气和过硬的拼刺技术，他们硬生生杀出一条血路，迅速占领了城南门楼！门楼上，敌人仓皇逃窜时丢弃了大量的手榴弹和枪支。

杨峙灵机一动，大吼："用鬼子的'礼物'招呼他们！"战士们捡起敌械，掉转枪口，将复仇的子弹和手榴弹狠狠砸向反扑的敌人！

"打开城门！迎接大部队！"杨峙深知战机宝贵，立刻命令战士去打开沉重的南城门。就在城门洞开，后续部队如潮水般拥入的危急关头，敌人集结了最后的力量疯狂反扑！杨峙带领5 班依托门楼和城垛，死死顶住，为战友们争取了时间。

与此同时，北门方向也传来震天的欢呼！4 团勇士们浴血奋战，终于突破了城北墙！两支铁流在城内会合，与负隅顽抗的敌人展开了更为残酷的逐屋逐院争夺战！每一座房屋、每一条小巷，都成了厮杀的战场！

残敌最终被压制到城中心的伪县政府大院，如同困兽般顽抗，等待援兵。21 日，郯城西面马头镇的400 多个日伪军果然倾巢出动，企图解围。然而，曾国华旅长早已布下天罗地网。他亲率部队迅猛包抄，将这股援军死死挡住，使其寸步难行。

城内，总攻的号角吹响了！在4 团、6 团如同铁钳般的夹击下，伪县府大院坚固的围墙被炸药轰开了数个巨大的缺口。英勇的八路军战士如同决堤的洪流，呐喊着冲入大院。面对势不可当的攻势，200 多个伪军和伪政权人员魂飞魄散，纷纷举手投降。

只有龟缩在中心大炮楼里的日军顾问、伪政权头目以及一小队从马头镇拼死冲进来的日军，仍在做最后的困兽之斗。我军将炮楼团团围住。“送他们上路！”杨峙和爆破组的战士们抱着必死的决心，扛起沉重的炸药包，在火力掩护下连续两次送上巨量炸药！“轰隆——”一声震天撼地的巨响，地动山摇！坚固的炮楼如同被巨锤砸中的蛋壳，瞬间四分五裂、砖石横飞！8个日军当场毙命，指挥官多田等7人灰头土脸地被从废墟中拖了出来，成了俘虏！

郯城，解放了！

八路军乘胜追击，势如破竹，连克小马头、红花埠、大圩沟等18处日伪据点。至21日上午10时，硝烟散尽，胜利的红旗高高飘扬在郯城城头！

这场历时两天两夜的血战，铸就了辉煌的战果：毙伤日伪军400余人，俘虏日军7人、伪军及伪政权人员600余人。缴获的战利品堆积如山：迫击炮2门、机枪3挺、掷弹筒3门、步枪800余支，甚至还有4辆汽车及无数的其他军需物资。

郯城战役，意义非凡！它不仅是八路军在山东敌后战场，成功运用罗荣桓将军“翻边战术”（敌人打到我根据地来，我就打到敌人心脏去）首次攻克县城的经典范例，更是115师在沂蒙山区夺取的第一座县城！

胜利的荣光属于英雄的集体：6团3营8连被授予“郯城战斗模范连”荣誉战旗；第一个登上城头、勇冠三军的张桂林，赢得了“飞将军”的赫赫威名；而杨峙所在的2排，也因战功卓著，被光荣地命名为“飞将军排”！这段铁与血的记忆，连同那面浸染着英烈鲜血的战旗，永远在杨峙心中猎猎作响！

使命延续

1945年，随着日本宣布无条件投降，中国的局势发生了巨大变化。山东的正规部队大多被调往东北，接管东北地区。此时，杨峙正在教导队学习，担任副指导员。教导队原本是为接管青岛而组建，还成立了军管会，基本搭建起军分区的框架，2旅旅长陈士榘担任队长。然而，当部队行军至莒县时，国民党在美国第七舰队的协助下，通过海上运兵，抢先一步接管了青岛。无奈之下，部队只能折返。此前，686团已接到命令，急行军前往东北。

就在此时，滨海军分区政委谷牧找到杨峙，与他进行了一次单独谈话。谷牧认为，杨峙身为回族，去滨海军区回民大队工作更为合适，那里需要他这样有战斗经验的干部带领回族战士。杨峙毫不犹豫地服从命令，于1945年8月底前往回民大队报到。

回民大队成立于1945年8月15日日本投降后、9月之前，成立之初下辖三个连。1连由行署警卫连（原回民中队）整编而来，2连和3连则从周围回民村招募新兵组成。杨峙被任命为2连连长。在回民大队，杨峙与战友们共同守护着一方安宁。他将自己在战斗中积累的经验毫无保留地传授给新兵，教他们如何射击、如何拼刺刀，更教他们要坚守信仰，保卫家园。

大队长吴作恩虽是汉族，但对回族风俗习惯了如指掌，在回民村宿营时，他的言行举止让许多回族群众误以为他也是回族。这种对民族文化的尊重和理解，进一步增强了部队的凝聚力，让回民大队成为一支团结一心、战斗力极强的队伍。

此后，杨峙的军旅生涯继续前行。1947年，回民大队整编到滨海军区海防警备团，驻守日照海防；1948年3月，他调任渤海军区警备7团副教导员，该团又称回民支队，由两支回民支队合并而成；1956年，杨峙担任济南军区25师41团（回民团）政委，部队驻防荣成。

在不同的岗位上，杨峙始终保持着军人的本色，兢兢业业，为部队的建设和发展贡献着自己的力量。

之后，杨峙前往政治部学院学习，不断提升自己的理论水平和领导能力。1961 年调任25 师政治部副主任；1964 年，调往北京中央工业交通部政治部工作，此后又辗转于七机部、建工部、中央工作队等部门。无论在哪个岗位，他都以高度的责任感和敬业精神，出色地完成各项任务。1982 年2 月，杨峙从北京市化工局离休，结束了他漫长而又辉煌的职业生涯。

回顾自己的一生，杨峙将其总结为“两个十八年，一个二十五年”。第一个十八年，他在老家度过，那里有他的童年和成长记忆，是他梦想的起点；第二个十八年，他在北京工作，为国家的建设贡献力量，见证了新中国的发展与壮大；而中间的二十五年，则是他在部队度过的峥嵘岁月，这段时光充满了热血与激情，见证了他从一个懵懂少年成长为一名英勇无畏的战士和优秀的军队干部。

★沂蒙老兵★

赵现忠

赵现忠，1927 年出生，平邑县柏林镇燕峪村人。1945 年 1 月入伍，参加过石桥阻击战、冲山阻击战等战斗。其间担任通信员、警卫员。1946 年 9 月因伤复员。2015 年，荣获中共中央、国务院、中央军委颁发的中国人民抗日战争胜利 70 周年纪念章。

壮烈的生命卷轴

1942年，沂蒙山区的风里都带着血腥味。日军铁蹄踏过之处，狼烟四起。中共费北县委在日寇的疯狂“扫荡”与严密封锁下，如一颗顽强的种子，被迫深藏于蒙山腹地，最后在李家石屋村村民刘先奎那几间简陋的土屋里扎下了根。这消息像暗夜里的火星，悄然传递在苦难的山民之间。

燕峪村的赵凤清，一个被沉重生活压弯了脊梁却依然倔强的汉子，在一个山风呜咽的夜晚，主动寻到了县委书记刘次恭。昏黄油灯下，两双粗糙的手握在一起，刘次恭口中的延安灯火、民族大义、未来中国，像久旱后的甘霖，点点滴滴渗入赵凤清干涸的心田。

几次促膝，几番长谈，赵凤清眼里燃起了从未有过的光亮，他认定了方向：“跟着这群人干！”不久，他郑重地加入了中国共产党，成了刘次恭在蒙山深处点燃星火、联系发动群众最坚实的臂膀。

1943年初春，山野刚透出一点绿意。赵凤清把大儿子赵现忠送到了李家石屋村刘先奎家放羊、打零工。此时，山外世界早已沦入敌手——柏林、卞桥、铜石、温水……膏药旗在风中狞笑，百姓在刺刀下苟延残喘。

16岁的赵现忠，瘦小得像山崖上一株未长成的荆条，在日复一日的放牧中，蒙山的每一条羊肠小道、每一处沟壑石缝，都深深烙印在他脚下和心里。

这年深秋，在父亲期盼的目光和刘次恭亲切的动员下，赵现忠稚嫩的肩膀扛起了县委通信员的重担。他熟悉山路的优势被放大成穿越封锁线的利器，瘦小的身影开始频繁穿梭于危机四伏的山林，将一份份染着希望与指令的信件，送达大山后方的大庄、坦埠、孟良崮北麓乃至更远的沂南军区驻地。每一步，都可能踩中地雷；每一道山梁后，都可能埋伏着敌人的枪口。

1944 年，蒙山县委驻地再次转移，像流动的堡垒，从李家石屋、燕峪、黄草梁子最终迁至柘沟（万寿宫）。就在这年，赵现忠正式入伍。刘次恭看着这个机灵又熟悉山路的孩子，将他留在身边，既当通信员，又做警卫员。可少年胸膛里跳动的是一颗渴望直面豺狼的心。年底到次年初春，赵现忠多次缠着刘次恭："我要去主力部队，扛枪打鬼子！"刘次恭看着他那单薄得似乎一阵风就能吹倒的身体，无奈地摇头："孩子，你体重怕连100 斤都不够，主力部队不收啊。"

赵现忠默不作声。几天后称重，他悄悄把沉甸甸的子弹袋紧缚在衣服里面。秤砣稳稳停在99 斤。刘次恭望着少年眼中燃烧的火焰，终于动容，点头应允。赵现忠如愿进入鲁中军区2 团3 营7 连1 排1 班。连长见他机灵，想让他继续干通信的老本行。赵现忠却倔强地挺起胸膛："我要到战斗班，扛枪杀敌！"从此，他紧握钢枪，跟随部队转战沂源南麻、悦庄一带，在血与火中追击日寇、铲除汉奸。部队行军常至深夜，战士们累得小腿抽筋，宿营时便兑点烧酒在热水里，解开沾满泥血的裹腿，将肿胀麻木的双脚浸入滚烫的水中。枪炮声是日常，学习时间极其宝贵，《大众日报》难得一见，更多的是在硝烟间隙苦练军事技能，尤其是那寒光闪闪的刺刀拼杀术。战火淬炼下，放羊娃迅速成长为一名眼神锐利、动作果敢的八路军战士。

烽烟白刃

1945年5月初的沂蒙山，草木已深。

赵现忠所在的部队接到命令向东开拔。行至中途，3营突然接到十万火急的命令：立即掉头！只带枪支弹药，棉衣被褥全部留下，轻装星夜急行！一种大战将至的紧张在队伍中无声弥漫。

一夜强行军，部队如疾风般卷回沂源石桥附近。黎明前的薄雾尚未散尽，前方骤然传来急促的马蹄声和怪异的呼喝——竟与日军一支骑兵先头部队狭路相逢！3营迅速利用熟悉的地形展开伏击。枪声瞬间撕裂了清晨的寂静，手榴弹在敌骑中炸开火光。

战斗激烈而短促，这支骄横的日军骑兵被干净利落地全部歼灭，100多匹膘肥体壮的战马成了战利品。

喘息未定，后续的日军主力已如潮水般涌来。刺耳的冲锋号声中，3营战士怒吼着迎了上去。战斗迅速演变成最原始残酷的白刃相接。三人一组，背靠背，挺着寒光闪闪的刺刀扑向敌人。

赵现忠与副班长朱道全、战士燕永厚组成一个战斗小组。他们盯上一个日本兵，将其逼到一座坟包后。副班长从坟顶跃下挺枪疾刺，不料那日军异常凶悍，竟一把死死攥住了副班长的枪身，眼看就要反夺！千钧一发之际，赵现忠和燕永厚从左右两侧同时突进，两柄刺刀狠狠扎进日本兵的腹部。日军哀号着倒下。

血腥气未散，两个身材异常魁梧的日本兵又号叫着冲来。其中一个挺着刺刀直取赵现忠面门！赵现忠猛一侧身，冰冷的刀锋贴着他的前胸划过，“刺啦”一声，竟将他随身携带、装着救命口粮的小米袋子划开一个大口子，金黄的米粒簌簌洒落。旁边战友燕永厚情急之下开枪，子弹却呼啸着擦过敌兵。五个人瞬间绞杀在一起，刺刀的撞击声、粗重的喘息声、野兽般的嘶吼声混杂一片。混乱中，燕永厚肩头中刀，鲜血染红军装；副班长朱道全也拼力刺伤了一个日军的大腿。另一个日军见势不妙转身欲逃，赵现忠果断举枪瞄准，“砰”的一声，子弹正中其后心，日军扑倒在地。

就在这白刃相搏、血肉横飞的生死关头，2 团援军终于赶到。喊杀声震天动地，最终将这几百个日本鬼子彻底消灭。硝烟弥漫的战场上，战士们砍倒墓地周围的松树，围成一个大圈，将那缴获的100 多匹惊魂未定的战马圈在其中。后来大家才知道，石桥伏击战中被击毙的日军骑兵里，竟有一个不小的军官。

血路与投降

石桥的硝烟尚未散尽，三营又以沂源南麻、悦庄为轴心，连续出击。般阳、齐家店……枪炮声此起彼伏。这些据点守敌多由伪军充数，日军已显颓势。

刚打下齐家店，部队便马不停蹄又扑向临朐冶源。激战正酣，传来紧急军情：其他据点的日军正火速增援！3 营官兵立刻涉过冰冷的河水，抢占有利地形，准备阻击来敌。刚布好阵势，便与增援的日军迎头撞上！这股敌人由一个日军小队长带领，核心是25 个日本兵，裹挟着七八百名伪军。

3 营的机枪、步枪猛烈开火，织成一片死亡火网。伪军本就军心涣散，见八路军火力如此凶猛，瞬间如鸟兽散，掉头就跑。被抛下的20 几个日本兵顿时慌了手脚。小队长挥舞着东洋刀，声嘶力竭地命令突围。有的日本兵被死亡吓破了胆，畏缩不前。小队长凶性大发，竟一刀劈死了一个怯战的日本兵！绝望笼罩下来，一个日本兵拉响了手榴弹塞进自己怀里自尽。剩余的日军在小队长的疯狂逼迫下，号叫着发起决死冲锋，刚冲出几步，就被密集的子弹撂倒了五个。

眼看日军狰狞的面孔已近在咫尺，排长一声怒吼："全体上刺刀！"霎那间，一片雪亮的刺刀林齐刷刷挺起。排长身先士卒，如猛虎下山，一个突刺精准地结果了一个日本兵，随即敏捷地格开左右同时刺来的两把刺刀，反手又是凶狠的两刺，两个日军应声倒地。

排长的勇猛极大地鼓舞了士气，战士们怒吼着压上去，将残存的日军彻底消灭。

打扫战场时，一名战士发现一个日本兵趴在地上一动不动，身上却不见伤口。战士警惕地用刺刀捅了捅，那日本兵竟一骨碌爬了起来——原来是在装死。这名俘虏被押回驻地。在一次教育会上，他讲话，翻译在一旁转述。有战士忍不住厉声质问："你们为什么要来中国杀人放火？"俘虏沉默片刻，用一种麻木的语调回答："我们在日本上学时，老师会拿着中国的苹果、栗子问我们：'好吃吗？'我们说好吃。老师又问：'哪里产的？'我们答中国。然后老师就说：'长大了去打中国！'"残酷的军国主义教育，从小就将侵略的种子根植于一代日本人的心灵。

此后，赵现忠跟随部队转战沂源、临朐、淄川，沿着胶济铁路一路向东，在临淄、昌乐、潍县、张店等地拔除日伪据点。日寇已是强弩之末，往往是先集中火力消灭据点里负隅顽抗的少数日军，伪军便立刻土崩瓦解、毫无斗志。

1945年8月15日，赵现忠所在部队正在临淄与日军激战。日军出动了坦克，战斗异常胶着，僵持了整整一天。傍晚时分，枪炮声暂歇，疲惫的战士们正抓紧时间休整，团部突然传来一个令人难以置信的消息：

日本投降了！

“投降了？是咱们今天把他们打投降了吗？”战士们面面相觑，疲惫的脸上先是惊愕，随即爆发出狂喜的呼喊，有人激动地跳了起来，更多人则流下了滚烫的泪水。巨大的喜悦冲散了鏖战一日的疲惫。

鸡叫头遍，天将破晓。师部新的命令到了：立即开赴淄川，接收日军的武器！部队再次开拔。行军路上，战士们兴奋地议论着：“这回缴获的子弹头，怕是多得都数不过来了吧！”

当部队抵达淄川城下，看到的景象出乎意料：城门洞开。投降的日军排成五行一列的队伍，队形尚算整齐，但神情萎顿。他们在城门口架着机枪，却并非指向我军。一个日军代表上前，语气僵硬地提出条件：“我们将所有武器弹药交给你们，但你们必须保证送我们回国。”

最终，这些放下了武器的侵略者被押往青岛，登上了返回日本的轮船。历史的这一页，在复杂难言的情绪中翻过。赵现忠后来常对子孙们念叨：“是革命的战友们给了我第二条命啊，才有了我，有了咱这一大家子人。”

新的伤痕与敬意

日本投降的喜悦还未散尽，内战的阴云已在华夏大地悄然密布。赵现忠所在的部队从张店出发，经莱芜，当天抵达泗水小卞桥，次日又至平邑。行至温水时，连长看着赵现忠风尘仆仆的脸，关切地问：“现忠，离你家燕峪还有多远？想不想回去看看？”赵现忠望了望家乡的方向，30里山路在心头蜿蜒，但他摇摇头：“不回了，还得赶路行军呢。”连长拍了拍他的肩膀：“也好，临沂那边还有硬仗等着咱们。”

部队一路疾行至临沂孟家村，枪口已对准了王洪九的国民党军队。

敌我对峙，双方开始疯狂地挖掘纵横交错的壕沟，构筑防御工事。冷枪成了家常便饭，双方士兵躲在掩体后，只要发现对方一点动静，子弹立刻呼啸而去。

1945 年9 月6 日上午，薄雾笼罩着阵地。赵现忠警惕地伏在战壕边缘，忽然隐约看到几个模糊的身影正悄悄摸向我方阵地。他毫不犹豫，端起枪“砰！砰！砰！”连开数枪。打光子弹，他习惯性地抬起右手，探入胸前的口袋去摸备用弹夹。就在这一刹那，右手猛地一热，一股温热的液体喷溅而出！低头一看，鲜血正从手腕上方一个狰狞的创口里汩汩涌出。

“你挂花了！快下去，枪给我！”旁边的战友惊叫起来，一把接过他的枪。赵现忠咬着牙，在狭窄的战壕里踉跄着往回走。刚走出约40步，眼前骤然一黑，天旋地转，整个人软软地栽倒在地。

班长和卫生员飞奔过来，用剪刀迅速剪开他被血浸透的子弹袋和衣服。卫生员掏出止血的药丸，塞进他因剧痛而紧咬的牙关，然后手脚麻利地进行紧急包扎。很快，一副担架将他抬离了这片吞噬生命的焦土。

战斗结束后，赵现忠被转移到相对安全的桃花店养伤。钻心的疼痛日夜折磨着他，直到一个星期后，那颗嵌入骨肉的子弹头才被军医小心翼翼地取出。

一个月后，部队在临沂界湖为牺牲的战友举行追悼会。军区首长肃立默哀，会场气氛凝重得令人窒息。最后，九颗手雷被同时拉响，巨大的爆炸声在山谷间久久回荡，那是为英灵送行的悲壮礼炮。开完追悼会，部队继续转战沂水、临朐、淄川等地。

1945 年12 月，冬日的淄川寒风凛冽。在部队休整期间，赵现忠被师部正式评定为三等伤残。那张承载着伤痛印记的伤残证上，盖着“国民革命军第十八集团军”的青天白日印章，旁边清晰地写着“敌后抗日”

几个字——这是他在民族危亡关头以血抗争的铁证。

转眼到了腊月，部队行军再次抵达淄川。这天，一道奇怪的命令传遍军营："天上待会儿有飞机飞过，任何人不得开枪射击！"战士们疑惑地仰望着铅灰色的天空。不久，飞机的轰鸣声由远及近，机腹下吐出漫天飞舞的白色纸片，像一场诡异的雪。

"是传单！"战士们纷纷跑出营房争抢。传单上印着醒目的"国共停战令"，命令所有部队就地驻防，停止一切军事行动。

"不打仗了！真的不打仗了！"巨大的惊喜瞬间点燃了营地，战士们欢呼雀跃，把军帽高高抛向天空，又蹦又跳，仿佛卸下了千斤重担。

部队需要立即寻找宿营地。带队的首长向附近村民打听："老乡，这是什么庄？"村民答："小庄。"首长大手一挥："管他小庄大庄，部队就在这儿扎营了！"

在淄川小庄的村口，部队集合整队。营长刘佐目光如炬，扫视着队列，突然停在赵现忠身上——只见他用左臂挎着步枪，姿势显得很别扭。"那位同志！你怎么这样拿枪？"刘营长声音洪亮，带着严厉。

旁边的指导员急忙上前一步解释："营长，他手上负伤了。"说着，轻轻把赵现忠一直下意识藏在身后的右手拉了出来。那只手缠着厚厚的绷带，血迹犹在。

刘佐营长眼神一凝，没有任何犹豫，猛地抬起右臂，向赵现忠敬了一个极其标准、极其庄重的军礼！空气仿佛凝固了。周围的战士们先是一愣，随即低声议论开来，话语里充满了暖意与敬意："瞧见没？营长给战士敬礼！""这样的长官，让人打心眼里服气，跟着他打仗，死了也值！"

不久，刘佐营长亲自下令，将赵现忠从战斗连队调到了营部通信班。

冲山铁骨

部队在小庄驻扎月余后，移防至淄川杨寨。杨寨有座古塔，沉默地矗立在村头。部队在此一直驻扎到麦子泛黄、开镰收割的时节。

然而，和平的假象很快被炮火撕碎。

1946年6月，全面内战爆发。更令人愤慨的是“敌伪合流”的丑剧上演——国民党竟公然收编了投降的日军！在博山四十亩地，我军攻打一处由日军组成的医院时，遭遇了国民党收编日军的疯狂反扑。赵现忠所在的部队从西门猛攻突入，部分日军仓皇向东逃窜。自此，博山、张店、淄川一带枪炮再未停歇。

赵现忠所在部队起初沿着胶济铁路向东进攻，但很快陷入国民党军队来自青岛和济南的两面夹击。他们在二龙山与敌血战，又转战宝山顽强阻击。

7月7日，血战在淄川冲山打响。这是赵现忠经历过的最惨烈的战斗之一。9师26团3营的战士们面对数倍于己的强敌，发出了震天的怒吼：“跟国民党拼了！”他们用血肉之躯筑起一道钢铁防线。

战至下午，冲山主峰阵地上的7连1排及营重机枪排伤亡惨重，处境危急。营部决定让他们撤下来休整。命令需要通信员冒死穿过敌军严密封锁的火力网送上山顶。营部三名通信员，赵现忠年纪最轻，身形最瘦小。

第一名通信员勇敢地冲了出去，身影在弹雨中消失，再也没能回来。

第二名通信员紧接着冲上，同样倒在了那条死亡通道上。

看着战友接连牺牲，赵现忠心如刀绞。他猛地站到指导员面前，眼神坚定："指导员，我上！不带枪弹，跑得更快！"

指导员望着这个瘦弱却目光如铁的小战士，心头一紧，迅速向营长刘佐汇报："营长，通信员小赵请求执行任务。"

刘佐营长眉头紧锁，看着赵现忠单薄的身板，果断下令："小赵年龄小，身体轻，把他那三十多斤的枪和子弹袋全卸下！轻装上阵，用最快的速度给我冲上山去！活着把命令送到！"

指导员回来传达命令，只重重拍了拍赵现忠的肩膀，喉头哽咽："小赵，完成任务……一定要活着回来！"

赵现忠深吸一口气，将步枪和沉重的子弹袋解下，如同卸下了所有负担。他像一支离弦的箭，用尽全身力气向枪林弹雨笼罩的山头冲去。崎岖的山路在他脚下飞逝。突然，在穿越一片开阔地时，他脚下一个趔趄，猛地向前扑倒在地！

山下指挥所里，指导员看得真切，猛地一拍大腿，失声痛呼："坏了！坏了！"他以为赵现忠也中弹了。

赵现忠重重摔在地上，尘土呛进口鼻。他迅速摸了摸周身，竟无伤口！原来是跑得太急太快，巨大的惯性让他失去了平衡。他顾不上疼痛，一骨碌爬起来，爆发出更快的速度，像一道影子般冲上了硝烟弥漫的阵地。

"指导员命令！全体立刻撤退！快！"赵现忠嘶哑的喊声穿透了震耳欲聋的枪炮声。阵地上幸存的战士们闻令，立刻将剩余的手榴弹集中捆绑在一起，奋力投向山下拥来的敌军。随着一声震天动地的巨响和升腾的浓烟，战士们相互搀扶着，沿着赵现忠指示的路线，迅速撤向营长指定的安全区域。

当赵现忠带着一身硝烟和尘土，气喘吁吁地回到营长刘佐身边复命时，刘佐营长一把将他揽过来，粗糙的大手用力拍着他的肩膀，声音带着激动和赞许："好小子！你这羊倌没白当！跑山路的本事今天在战场上可派上大用场了！好样的！"

冲山一战，3营将士浴血拼杀，硬是击退了敌人两个整团兵力的六次疯狂冲锋！他们的英勇顽强，赢得了"冲山阻击营"的光荣称号，被山东军区、鲁中军区通令嘉奖。

归山与守护

1946年9月21日，莱芜安仙驻地。深秋的风已带寒意。因伤残影响持续作战，赵现忠与4师、9师共20多名伤残战友一起，在此办理了退伍手续。发到手中的证件上，印着"战伤复员"四个沉重的字。这20多名从枪林弹雨中幸存下来的老兵，将各自踏上归途。其中，临沂界湖的五位同乡与赵现忠结伴而行。行至蒙阴附近，赵现忠与他们含泪道别，独自翻越重重山岭，走向魂牵梦萦的家园。

9月25日，当赵现忠风尘仆仆的身影出现在燕峪村村口时，整个村子都震动了。两天后，他徒步前往原费北县政府驻地，郑重地填写了复员登记表。战火淬炼的少年，终于拖着伤残之躯，回到了蒙山的怀抱。

然而，家乡的宁静并未持续多久。1947年初，国民党军队大举北上，卷土重来的还乡团对共产党人、复员军人和他们的家属展开了疯狂血腥的报复。腥风血雨再次笼罩费北。县委果断决定组织转移。赵现忠携家人，跟随转移队伍，踏上了艰难的北撤之路。他们夜行晓宿，翻越孟良崮，穿越青州、博兴，最终渡过黄河天险，抵达了惠民县西20里外的小王庄——荣军学校第九校三中队成了他们暂时的避风港。

1947年腊月，凛冬已至。赵现忠从荣军学校回到了燕峪村。仅仅一个月后，1948年1月25日，农历年关将近的寒冷清晨，还乡团的魔爪伸向了燕峪村，目标直指赵现忠和他的父亲赵凤清一家。

那天清晨，赵现忠刚走进河边堆放杂物的屋子，拿起一个冰冷的煎饼，屋门就被猛地踹开！几支黑洞洞的枪口瞬间顶住了他的胸膛和脑袋，一股巨大的力量将他死死摁在地上。与此同时，院子里传来弟弟赵现厚和妻子的惊呼与奔跑声！妻子向西边的山林狂奔，赵现厚则向东夺路而逃。

“站住！再跑打死你们！”还乡团头目气急败坏地嘶吼，对着赵现忠妻子逃跑的方向狠狠扣动了扳机！

“咔嗒！”——枪没响！

这死寂般的哑火，在赵现忠听来如同天籁！在部队的经验闪电般划过脑海：枪一次哑火，第二次很可能还哑，第三次必须退弹检查！求生的本能化作一股爆炸般的力量，他趁摁着他的匪徒分神看向枪口的瞬间，猛地挣脱，像一头被逼入绝境的豹子，从地上弹起，几步就蹿上屋前一道矮坝，向前方开阔地没命地狂奔！

赵现忠知道，匪徒重新装弹的时间极其有限。奔跑中，他下意识地运用起战场上躲避冷枪的战术——“脚下斜四指，上身斜一身”，让身体在疾跑中形成不规则的晃动靶。果然，刚跑出几十米，身后枪响了！

“噗！”子弹带着灼热的气流，擦着他腋下的棉袄飞过，留下一个焦黑的弹孔！

还乡团见一枪未中，更加气急败坏。一个匪徒掏出手榴弹，抡圆了胳膊狠狠向赵现忠前方扔去！手榴弹在空中划出一道弧线，落在他前方必经之路上。

“卧倒！”赵现忠心中警铃大作，没有丝毫犹豫，身体猛地向前扑倒，同时向着手榴弹落点的反方向奋力滚去！心中默念着爆炸的倒计时：“一、二、三……”预想中的巨响并未发生。

原来匪徒极度慌张，竟连手榴弹的拉环都没扯掉！赵现忠抓住这千钧一发的生机，再次跃起，向着南山熟悉的葛条沟奔去。身后又响起零星的步枪声，子弹徒劳地追咬着他的背影。他钻进茂密的葛条沟，翻过山梁，一路狂奔到县委驻地八顶庄，报告了还乡团袭击的紧急情况。

青山做证

战火终于熄灭，硝烟散尽。

复员归家的赵现忠接过了父亲赵凤清未竟的事业。他担任了村里的青年团团长，与父亲一样，积极宣传党的主张，挨家挨户动员青年参军、支援前线，为新生的人民共和国贡献蒙山儿女的力量。

1949年1月，一个风雪交加的日子，赵凤清拖着病体从县里开会回村。山路湿滑，他不慎摔入冰冷的路沟里。被人救回家后，便一病不起，持续高烧。不久，当年引导他走上革命道路的刘次恭托人带来口信，通知他随军南下开辟新区。然而，此时的赵凤清已虚弱得无法下床，只能遗憾地错过。刘次恭留下话："等身体好些了，再去找组织。"谁也没想到，仅仅两个月后，这位蒙山深处最早的播火者，怀着对未竟事业的深深眷恋，溘然长逝。

父亲走了，家庭的重担完全落在赵现忠夫妇肩上。他不仅要照顾悲痛的母亲，还要拉扯三个未成年的弟弟和两个妹妹。新中国百废待兴，赵现忠在村里担任会计，后又负责看守枪库。无论岗位如何变换，他心中始终装着脚下这片生养他的蒙山。

赵现忠扛起镬头，带领乡亲们走上了青草峪（戏台石沟）那片荒芜的山坡。日复一日，年复一年，数万棵板栗树苗，在他布满老茧的手中，深深扎进蒙山的泥土。平均每天30里崎岖山路的跋涉，护林、防火、抚育……他将对牺牲战友的思念，对和平生活的珍视，对脚下土地的热爱，全部倾注在守护这片青山的执着里。汗水浸透了山石，岁月染白了他的双鬓，昔日光秃秃的山岭，终于披上了郁郁葱葱的绿装。

赵现忠在他深爱的燕峪村安度晚年，与四个儿子共享天伦。家中堂屋最醒目的位置，珍藏着2015年中共中央、国务院、中央军委颁发的中国人民抗日战争胜利70周年纪念章。这枚沉甸甸的纪念章，凝聚着国家与民族对一个战士最崇高的敬意，也是赵家儿孙心中无上的荣光。老人时常把儿孙们叫到跟前，用苍老而坚定的声音讲述那段烽火岁月："我能活到今天，看到这太平日子，看到你们长大成人，不容易啊！是那些牺牲在战场上的战友，用他们的命，换来了我的命！爹娘给了我头一条命，革命的战友们给了我第二条命！没有他们，就没有我，更没有咱这一大家子人。"他的目光扫过一张张年轻的面孔，语重心长地说，"现在不打仗了，日子安稳了，你们要记住，得做个对社会有用的人。待人要真诚，做事要踏实，要对得起那些再也回不来的战友！"

赵现忠的孙女赵成洁，从小在爷爷膝下听那些惊心动魄的战斗故事长大。她曾稚气地问："爷爷，人家打仗回来的爷爷，都去了大城市，你怎么就守着这大山，守着这些树过了一辈子呢？"老人总是抚摸着她的头，望着窗外连绵的青山，脸上露出无比满足而平和的笑容："能安安稳稳地躲开枪子炮弹，平平安安地看着这些小树一天天长高，看着你们一天天长大，这就是天底下最大的福气喽！"

直到长大成人，赵成洁才真正读懂了爷爷笑容背后的千钧重量。当爷爷再次平静地讲起某次战斗后"两个班只剩下他一个人"的往事时，巨大的悲痛与敬意在她心中奔涌。她终于明白，爷爷守护的何止是青山绿树？他守护的，是无数战友用血肉换来的、不容践踏的和平；他守护的，是穿越血火硝烟后，对生命与安宁最深沉质朴的信仰。没有什么比这“知足常乐、平安是福”的感悟更厚重、更值得珍惜。

赵现忠老人一生淡泊，如同蒙山深处一块沉默的磐石。在燕峪村乡亲们眼中，他是那位总是笑眯眯坐在村头老槐树下、温和慈祥的长者。除了至亲，很少有人知道这位平凡的老人胸膛里，曾跳动过一颗在抗日烽火和解放硝烟中无畏冲锋的心，更少有人知晓他身上那些深深浅浅的伤疤，承载着怎样惊心动魄的家国记忆。

有记者慕名前来采访，想挖掘那些传奇的战斗故事。老人只是摆摆手，语气平淡得像在说别人的事情：“都过去了，那些事到了现在，有啥可炫耀的？”

然而，记忆的闸门一旦被熟悉的乡音和关切的目光轻轻叩开，那些浸透鲜血的岁月便如蒙山的溪流般汩汩而出。参加过的每一场战斗，哪怕过去了70多个春秋，在老人脑海中依然清晰如昨。他念叨最多的，不是自己的功绩，而是那些生死与共的名字：与他三人一组在石桥血战中拼刺刀的战友朱道全、燕永厚；那些用生命铺就了胜利之路的无名烈士；还有那些用青春和热血浇灌过的土地——沂源石桥、悦庄，淄川冲山、小庄、杨寨，张店傅家……每一个地名都重若千钧，是他心中永不磨灭的坐标。

“不知道这些老战友……还有在世的吗？这辈子……还能再见到吗？”赵现忠的声音有些哽咽，眼中泛起深切的思念，“那些打过仗的地方……现在变成啥样了？真想……真想有机会再去看看啊……”这朴素的心愿里，藏着一位老兵对峥嵘岁月最深的眷恋，对牺牲战友最真的缅怀，对脚下土地最沉的爱恋。

从蒙山深处走出，在枪林弹雨中九死一生；带着满身伤痕归来，又将余生默默融入这片青山的血脉。赵现忠，这位蒙山忠诚的儿子，用自己的一生，亲历了旧中国的破碎山河，见证了新中国的崛起繁荣。

★沂蒙老兵★

彭安廷

彭安廷，1923年5月21日出生，罗庄区褚墩镇人。1944年10月参军入伍。同年11月加入中国共产党，服役于郯城县大队。抗日战争期间随部队参加了临沂、新沂、郯城码头等地的对日作战。抗日战争结束后改编入第三野战军，随后参加了辽沈战役、大别山战役、淮海战役、渡江战役、解放上海战役。全国解放后随部队南下福建厦门。

疾风知劲草　烈火炼真金

2020 年暮春，在罗庄区褚墩镇兰山村的农家小院里，笔者见到了 97 岁的抗战老兵彭安廷。老人耳不聋、眼不花，说起15 岁参加革命的往事，眼眸里突然燃起火光：“打鬼子那年，我揣着两颗手榴弹摸进炮楼，听见钢炮响就浑身来劲……”

从郯城武工队的游击队员，到淮海战场上浴血的排长；从抗美援朝的钢铁战士，到解甲归田的普通农民——彭安廷用一生书写着“疾风知劲草，烈火炼真金”的传奇。他历经抗日战争、解放战争、抗美援朝“全勤”战役，却在战功赫赫时选择隐于乡野，让军功章在箱底蒙尘半个世纪。当岁月揭开这段尘封的记忆，人们才发现，这位沂蒙老兵的故事，正是一部浓缩的民族抗争史与精神成长史。

兰山村燃起的革命星火

1923 年，彭安廷出生在兰山村一个佃农家庭。茅草屋里，母亲用秫秸秆糊窗纸的沙沙声，是他童年最深的印记。为了糊口，10 岁的他就给地主放猪，寒冬腊月里赤着脚赶猪群，一年到头只换来10 块带着汗味的工钱。“那时觉得日子像磨盘，碾得人喘不过气。”老人摩挲着粗糙的手掌，指节因常年劳作而变形。

1938 年，日军铁蹄踏入兰山村。鬼子在村北山头修碉堡，抓壮丁时用枪托砸断了王大爷的腿，鲜血染红了冻土。彭安廷被押去搬石头，三天没给一口热饭，饿极了就啃树皮。夜里躺在草堆里，他听见碉堡上传来鬼子的狞笑，还有同乡被折磨的惨叫。“有天看见鬼子把一个孕妇吊在树上，我攥紧了拳头，指甲嵌进肉里。”仇恨的种子在那一刻破土而出。

地下党悄悄在村里活动时，彭安廷第一个报名参加武工队。队长看他瘦得像根柴火棍，递给他一把锈迹斑斑的匕首：“敢摸鬼子的岗哨吗？”少年攥紧匕首，在寒夜里摸黑爬过雪地，用匕首抵住鬼子哨兵的喉咙时，手心里全是汗。“当时就一个念头：杀鬼子，给乡亲们报仇！”从此，沂蒙山区的青纱帐里，多了一个穿梭如飞的“小侦察兵”，他熟悉每一条隐秘的山路，能根据鸟叫判断敌人动向，把情报藏在鞋底、塞进牛粪里传递。

武工队里的“孤胆英雄”

1944 年，21 岁的彭安廷已是郯城县武装大队的“老战士”。那年深秋，他接到一个危险任务：端掉新沂市的日本中队。中队部设在一座青砖大院里，四周挖着壕沟，岗哨荷枪实弹。

“硬攻等于送死，得扮成‘自己人’。”彭安廷想出主意：他和四名战友换上缴获的日军军服，揣着伪造的“调防令”，大摇大摆走向据点。

站岗的鬼子兵用日语盘问，彭安廷现学的几句“哈伊”竟蒙混过关。趁中队部里鬼子军官喝酒划拳，他一个眼色，战友们突然拔枪抵住翻译官的脑袋。

“不许动！”彭安廷用枪口顶住中队长的咽喉，日语喊话声在院里炸开。敌人慌乱中想掏枪，却看见院墙上突然冒出几十个黑洞洞的枪口——武工队大部队早已埋伏在外。这场漂亮的奇袭，缴获8 门60 钢炮、12 挺机枪，100 多个鬼子举着白旗投降。彭安廷因“胆识过人、指挥有方”荣立特等功，100 块银圆的奖励让他成了队里的“名人”。

同年冬天，大队长王丙芳被汉奸张德义出卖，遭日伪军活埋在瓦窑镇。彭安廷带着队员连夜扒开冻土，看到老队长蜷曲的身体时，这个铁汉子哭得浑身发抖。“必须报仇！”他揣着一把杀猪刀，在雪夜里摸进张德义家。汉奸正搂着老婆睡觉，彭安廷一刀捅进他的心窝，血溅在雕花床头板上。“杀完人才发现，刀把上全是血，手都冻僵了。”这次复仇让他荣立一等功，却也让他明白：战争里没有轻松的胜利，每一步都踩着战友的鲜血。

在苍山县层山镇，彭安廷带着队员玩起“麻雀战”。他们把钢炮藏在柴火垛里，等鬼子巡逻队走近，突然一炮轰塌炮楼一角。“鬼子像没头苍蝇乱跑，我们躲在房顶、树杈上打冷枪，一天打死20 多个。”那场战斗后，他又添了二等功、三等功各一次。战友们笑他“福星高照”，他却指着胳膊上的一道疤痕：“这是被流弹擦的，差一点就见马克思了。”

从淮海战场到鸭绿江畔

1945 年日本投降，彭安廷脱下打满补丁的军装，换上解放军的新制服。当排长那天，他对着军旗宣誓，声音哽咽：“副排长李柱子临死前让我替他看新中国，我得活着看到！”淮海战役打响时，他所在的排驻守江苏碾庄。七天七夜的拉锯战，战士们靠吃雪和炒面充饥。“最后一天冲锋，我回头一看，排里只剩4 个活人，副排长换了9 个，全牺牲了。”说到这里，老人突然沉默，掏出皱巴巴的手帕擦眼睛。

渡江战役时，彭安廷背着机枪涉水过江，江水刺骨寒冷。解放南京后，他站在总统府门前，看着红旗升起，突然晕倒在地——双腿已被江水泡得红肿溃烂，从此落下病根，每到冬天就得用火烤膝盖。

“不碍事，比起牺牲的战友，这点痛算啥？”他轻描淡写地说，仿佛在讲别人的故事。

1950年，朝鲜战争爆发。彭安廷主动请缨：“我打过鬼子、国民党，还没跟美国佬交过手！”在朝鲜战场，他所在的部队遇上美王牌军“北极熊团”。零下40℃的长津湖战役，战士们趴在雪地里伏击，不少人冻成冰雕仍保持射击姿势。“美军的坦克像铁乌龟，炮弹炸得雪都红了。”彭安廷带领战士用炸药包炸坦克，胳膊被弹片划伤，简单包扎后继续冲锋。“我们连打退敌人8次进攻，阵地前全是美军尸体。”这场战役后，他所在的连队被授予“钢铁连队”称号，而他自己，也在血与火中淬炼出更坚韧的意志。

深藏功名的“普通农民”

1954年，彭安廷复员回到兰山村。别人问他在部队干啥，他只说“打过枪”，箱底的军功章从未示人。村里分田地，他主动要了最贫瘠的山洼地，“我有力气，多干点没啥。”春种秋收，他用布满老茧的手犁地、插秧，肩膀磨出厚厚的茧子。大集体时，他当生产队队长，带着乡亲们修水渠、种果树，却从不用“老兵”身份搞特殊。

儿子彭建民记得，小时候家里穷得揭不开锅，有人劝他找政府要补助，他总是板着脸说：“跟我一起的副排长死了9个，我活着就该知足，咋能给国家添麻烦？”有一年村里发救济粮，他把名额让给了更困难的“五保户”，自己回家啃红薯干。“父亲总说，没有战争、能吃饱饭就是好日子，别计较太多。”

直到2019年，镇里普查退役军人信息，人们才从他箱底翻出那沓泛黄的立功证书：特等功1次、一等功1次、二等功1次、三等功1次……证书上的字迹已模糊，却记录着一段段惊心动魄的往事。

当笔者问他为什么深藏功名，老人望着窗外的沂蒙山，缓缓说道："功劳是死去的战友们的，我只是替他们活着。现在国家好了，我看着孩子们上学就很高兴。"

彭安廷享受着四世同堂的天伦之乐。重孙们喜欢围在他身边，听他讲"打鬼子的故事"。老人会模仿钢炮的"轰隆"声，比画着扔手榴弹的动作，眼里闪烁着孩童般的光芒。院子里的老槐树年年开花，就像他经历过的岁月，苦难与荣光都化作泥土，滋养着这片红色的土地。

夕阳西下，彭安廷颤巍巍地走到院子里，抚摸着墙上挂着的"光荣之家"牌匾。牌匾在余晖中闪耀，如同他胸前那几枚被摩挲得发亮的军功章。从战火纷飞的少年，到耄耋之年的老人，他用一生诠释了什么是"劲草"，什么是"真金"——不是没有畏惧，而是在畏惧中依然前行；不是没有欲望，而是将个人得失置于民族大义之后。

在沂蒙大地，像彭安廷这样的老兵还有很多，他们是活着的历史，是行走的丰碑。当硝烟散尽，他们选择回归平凡，却在平凡中铸就了不朽的精神高度。正如彭安廷所说："我只是一棵草，是国家这团火炼出了点真金。只要活着，就不能忘了那些没回来的弟兄。"这，或许就是一个民族生生不息的力量源泉。在岁月的长河里，总有一些精神如劲草般挺立、如真金般闪耀，指引着后来者在前行的路上，不忘初心，砥砺奋进。

★沂蒙老兵★

武汉安

武汉安，1924年6月14日出生，沂水县后善疃村人。1945年1月入伍，1946年1月加入中国共产党。服役于鲁中军区12团，后改编入第8纵队26军76师228团通信连。抗日战争期间，参加了青州等地的对日作战。解放战争期间参加了莱芜战役、孟良崮战役、沙土集战役、土山集战役、开封战役、洛阳战役、周家口战役、许昌战役、济南战役、淮海战役、渡江战役、解放上海战役，战斗中两次负伤，后升任副排长。全国解放后随部队警备上海。1950年10月入朝参战，在朝期间参加了朝鲜第二次战役、夏家隅里战役、古都水战役、黄草岭战役、朝鲜第三次战役，其间升任排长。1952年9月回国。回国后随部队在烟台莱阳驻防。1955年进入黄县速成中学学习半年，毕业后留校当队列参谋。1970年起在沂水县武装部离职带职休息。1988年离休，享受副团级待遇，大尉军衔。

永不消逝的电波

2020年深冬，沂水县沂城街道前埠东社区的梧桐树下，96岁的武汉安裹着军绿色棉大衣，膝头摊开一只牛皮电话机——这是1949年上海战役缴获的美军装备，机身布满弹痕。几个扎羊角辫的孩子围着他，指尖怯生生地触碰听筒上的铜锈，老人突然按住一个男孩的手：“当年啊，这玩意儿比枪还金贵，能让千军万马听见命令。”

阳光穿过听筒的金属网，在老人左颊的皱纹里投下蛛网般的光斑。那里有道浅疤，是1948年淮海战役的子弹擦过的印记。而他身后的墙上，“全国模范退役军人”的奖状旁，挂着四枚勋章：抗日战争纪念章泛着铜绿，解放战争勋章的红星磨得发亮，抗美援朝奖章的和平鸽翅膀上似乎还凝着朝鲜的霜雪。

贫穷土壤里的反抗芽

1924年6月，武汉安出生在沂水县后善疃村一间漏雨的土坯房里。他对“家”的最早记忆，是父亲被日军抽走当挑夫后，母亲抱着他躲在柴火堆里，听着村口传来的皮靴声和鸡犬惨叫。

“有次日本兵把全村人赶到场院，让我们给他们的战马下跪，我娘把我脑袋按在她怀里，可我还是看见了——那马靴上沾着咱老乡的血。”

1943 年冬，19 岁的武汉安在山坡上砍柴，看见一队八路军伤员路过，领头的连长腿上淌着血，却把担架让给了伤更重的人。“他们喝了我家一碗水，硬塞给我娘三个红薯干，那是我见过最干净的队伍。”第二年，当村里传来“鲁中军区招兵”的消息，武汉安揣着母亲烙的糠饼就往集合点跑，身后是弟弟追来的呼喊：“哥，娘说你得活着回来！”

1945 年1 月，武汉安站在鲁中军区12 团的队列里，看着军旗在风中展开，突然想起三天前母亲给他缝军装时，把一枚铜钱塞进他的贴身口袋：“穷人家没别的，这钱你留着买碗热汤。”他悄悄把钱捏成汗湿的铜疙瘩，直到安丘战役打响那天，那枚铜钱从被血水浸透的口袋里滑落，滚进战壕的泥水里，就像他再也回不去的少年时光。

电话线里的生死课

安丘战役是武汉安的第一场仗。1945 年8 月，12 团攻打夏坡日伪军据点，他被分到通信班，负责传递口信。“团长说‘拿下西炮楼’，我猫着腰在战壕里跑，子弹像炒豆子一样从头顶飞过去，有颗子弹把我帽子打了个洞，头皮都能感觉到风。”

最惨烈的是第二天夜里，日军反扑时点燃了城楼，火光把半个天空映红。武汉安跟着班长去抢救电话线，刚爬出掩体就看见班长被弹片击中，肠子流了出来，却还指着断线的方向：“接……接上……”他扑过去用身体挡住炮火，把两根线头绞在一起，唾液混着血沫糊住接口，“那电流通过舌尖的时候，麻得我浑身发抖，可线通了，团部的命令传过来了。”

这场打了一天两夜的仗，让武汉安的军装浸满了战友的血。当他在尸堆里找到班长的遗体时，发现母亲塞在他口袋里的铜钱已经被血染红。战后入党宣誓时，他把这枚铜钱放在手心："党指到哪里，我就打到哪里，这是我的命。"

电话线织成的火线

1947年3月的莱芜战役，武汉安已是电话班副班长。在吐丝口阻击战中，敌军的炮弹炸断了团部与前沿的电话线，他带着两个战士摸黑接线，趴在结冰的河面上，用牙齿咬开电线外皮。

武汉安说："河水刺骨，等接完线才发现，裤腿和冰面冻在一起了，一抬腿就扯下块皮肉。"

同年6月的孟良崮战役，他所在的部队负责围困张灵甫的74师。山上石头多，电话线没地方固定，他就把线缠在腰间，攀着悬崖布线。"有次脚下一滑，整个人悬在半空，电话线勒得我腰都快断了，低头看见山谷里全是敌军的火把，心想'这下完了'。"幸好战友用绑腿把他拽了上去，天亮时才发现，腰间的皮肤被勒出了深可见骨的血痕。

1948年12月的淮海战役，武汉安在小王庄架设电话线时，左肩被流弹打穿。"当时只觉得一阵麻，低头看见血把电话线都染红了，想着'不能断'，就用右肩扛着线继续跑，直到把线接到指挥所，才晕了过去。"醒来时在野战医院，护士给他换药，疼得他咬碎了半块木头，却还问："小王庄的线通了没？"

潮水里的钢铁通信

1949年5月的上海战役，是武汉安记忆中最"湿"的战斗。解放军潜伏在苏州河沿岸的壕沟里，潮水每天两次倒灌，水深时没过膝盖。

“电话线泡在水里，绝缘皮都泡烂了，我们就把线举在头顶，一站就是一天。”

最惊险的是5月27日那天，武汉安带着6名战士去架设前沿电话线，突然与国民党一个连队遭遇。“他们端着枪，离我们不到20米，我看见连长的手枪都掏出来了。”千钧一发之际，武汉安瞥见旁边刚架了一半的电话机，抓起听筒就喊：“团长！敌军已进入三营包围圈，请求炮火覆盖！”他故意把听筒砸在石头上，发出“咔嚓”的电流声，“国民党兵听见‘炮火覆盖’，以为中了埋伏，扔下枪就跑，我们捡了20多支步枪，还有2箱子弹。”

这场战斗后，武汉安被授予“三级人民英雄”纪念章。颁奖会上，他摸着勋章上的红星说：“这不是给我的，是给那些泡在壕沟里用身体当电线杆的兄弟。”

200里火线织网人

1950年11月，武汉安随26军跨过鸭绿江。

在长津湖战役中，美军的燃烧弹把山岭烧成火海，他冒着弹雨去抢运电话线，“头发都烧焦了，眉毛也没了，可怀里的线一卷没少。”有次查线时，一架美军飞机俯冲下来，武汉安躲在弹坑里，看着机枪子弹在地上犁出两道深沟，“离我脑袋就差半米，土块砸得我满脸是血。”

1951年3月的钟悬山阻击战，是武汉安最引以为傲的“战绩”。上级命令在24小时内架通三条电话线，通向敌后200余里。“雪有膝盖深，我们背着线轴走一步滑半步，手冻得拿不住钳子，就用嘴咬断线头。”整整一夜，他们踩着战友的遗体和敌军的弹壳前进，天亮时，三条闪着银光的电话线像三条银蛇，蜿蜒在白雪覆盖的山梁上。“后来才知道，我们架线的那个山头，战前有30米高，战后被炸成了平地。”

这次战役，武汉安的班获得“连得上畅通无阻荣誉班”军旗，他个人荣立二等功。至今，他抽屉里还锁着一块弹片，那是从他右脚掌取出来的，“1952年上甘岭，我去修被炸毁的电话线，踩中了美军的子母弹，一块指甲盖大的弹片嵌进了骨头里。医生说不取了，就当留个纪念。”

永不“断线”的赤子心

1983年离休后，武汉安回到沂水县。别人都以为他该享清福了，他却成了社区里最忙的“闲事佬”。哪家夫妻吵架，他搬个马扎坐在中间听；哪家孩子不上学，他拎着点心去家访；就连邻居家的鸡跑丢了，都要找他“断案”。“有次王大爷家的羊被偷了，我带着几个年轻人蹲了三夜，终于在山坳里找到了贼。他们看我穿旧军装，以为我是退休警察。”

2020年新冠疫情暴发，96岁的武汉安揣着500元钱找到社区书记：“我老了，上不了前线，这点钱给孩子们买口罩。”书记不肯收，他就把钱塞在人家口袋里，转身就走，“我在朝鲜见过饿死的孩子，现在国家有难，我不能看着。”

老人每天最开心的事，就是给孩子们讲党史。他把淮海战役的弹壳、上海战役的电话线、朝鲜战场的冻土豆摆在桌上，“这不是故事，是真刀真枪的日子。”有次一个戴耳机的少年说“打仗太遥远”，他突然站起来，扯开衣襟露出左肩的伤疤：“你看这疤，比你的耳机线粗吧？当年子弹从这里进去，从后面出来，我躺了三个月，没听见一句‘遥远’。”

2023年春，武汉安的卧室里，那台1949年的美军电话机被擦得锃亮。老人坐在藤椅上，用布满老茧的手指轻轻抚摸听筒，仿佛在接听来自过去的电波。窗外，社区的孩子们正在排练红色节目，稚嫩的歌声飘进来：“没有共产党就没有新中国……”

武汉安突然站起身，走到墙边，将四枚勋章一枚枚别在胸前。金属与旧军装摩擦的声音，像极了当年电话线在风中的嗡鸣。阳光透过窗户，在他身后投下长长的影子，那影子里，有安丘城头的烽火，有孟良崮的硝烟，有上海壕沟的潮水，有朝鲜雪地的月光——还有一根永不折断的电话线，从1945年的春天出发，穿越战火与和平，一直延伸到此刻的沂蒙山下，在岁月里，织成一张闪闪发光的网。

这张网里，有他惊心动魄的一生，更有一个民族的记忆。当老人再次拿起那台旧电话机，对着听筒轻轻说“喂”时，仿佛能听见无数个年轻的声音在回应：“线已接通，等待命令。”而他胸前的勋章，在阳光下闪烁着，像一道永不消逝的电波，诉说着一个老兵与他的国家，那段刻骨铭心的烽火岁月。

★沂蒙老兵★

赵久祥

赵久祥，1921年11月25日出生，蒙阴县尧山头村人。1940年6月入伍，服役于26军77师师部卫生所。抗日战争期间参加了沂水、蒙阴等地的对日作战。解放战争期间参加了莱芜战役、开封战役、洛阳战役、孟良崮战役、淮海战役、渡江战役、解放上海战役。1950年10月入朝参战，入朝前改编入26军77师617团独立高炮营，任卫生员，1953年8月回国。回国后随部队在河北涿州驻防，后分别任职浙江温州机场医院军医、安徽蚌埠618团卫生所主任、86463部队卫生所主任兼所长。1963年1月转业到蒙阴县孟良崮医院任院长，后调入蒙阴县防疫站任站长。1990年离休。

战地“华佗”

1923 年，赵久祥出生在蒙阴县尧山头村的破草房里。父亲跟着祖辈逃荒到临朐县，14 岁那年，他又随家人迁回故乡。“那时候穷啊，锅里能照见人影。”老人摩挲着褪色的军用水壶，壶身上还留着当年磨骨粉治腹泻的划痕，“有年冬天，奶奶把最后一把谷糠煮了粥，自己喝的是刷锅水。”日军侵占沂蒙山区后，烧杀抢掠的暴行成了赵久祥童年最深的恐惧。“鬼子进村子，见人就杀，见粮就抢。”他指着远处的山坳，“俺们躲在山洞里，听着村头的枪响，三天不敢下山。”爷爷奶奶常念叨：“要是共产党的队伍来了就好了。”这句话像颗种子，在他心里生根发芽。

1940 年6 月，当八路军宣传队敲着快板进村子时，17 岁的赵久祥第一个报名参军，“我想扛枪打鬼子，但连长说卫生队更缺人，就给了我个急救包。”

最初当护理员的日子，赵久祥连绷带都缠不平整。“有个伤员腿肚子中弹，我包扎时手直抖，血顺着指缝往下流。”老兵笑着摇摇头。班长踹了我一脚，“哆嗦啥？这血是为咱流的！”从那天起，他把急救箱当武器，在煤油灯下练习打结，用树枝在地上画人体血管图，三个月后就能独自处理贯通伤。1943 年入党宣誓时，他对着党旗举起右手：“这辈子就跟党干了，死也要死在救护伤员的路上。”

1945 年3 月的蒙阴城，炮火映红了半边天。赵久祥背着急救箱猫腰前进，子弹在头顶“嗖嗖”飞过，像割麦子的声音。突然前方传来惨叫，一位姓吴的战士倒在战壕里，右手血肉模糊，两个指头已经炸飞，尺骨碎成三段。

“医生！快救救我的手！”吴战士抓住赵久祥的衣襟，血糊的眼睛里全是哀求，“没了右手，我咋打鬼子？”按常规处理，这种粉碎性骨折必须截肢，但赵久祥摸了摸腕动脉，还有微弱搏动。他咬咬牙，从急救箱里掏出剪子：“马医生，咱们试试！”

没有麻药，就用烧酒消毒；没有钢板，就削竹片固定；没有缝合线，就把衬衫撕成细条。赵久祥跪在泥地里，用镊子夹出碎骨渣，马医生举着马灯为他照明。“疼就喊出来！”他对伤员说，却见对方把牙咬得咯咯响，额头上的汗珠滴在自己手背上。

10 分钟后，当最后一道绷带缠紧时，敌军的炮弹在50 米外炸开，泥土溅了他们一身。

“保住了！”马医生拍着他的肩膀，赵久祥这才发现自己浑身都在抖。三个月后，吴战士竟真的重返战场，用这只“打鬼子的手”缴获了两挺机枪。“他后来托人捎话，说要请我吃红烧肉。”老人望着窗外的石榴树，眼神飘向远方，“可惜再没见过面。”

抗战时期的医疗条件简陋得难以想象。赵久祥的急救箱里永远只有三样东西：剪子、镊子、碘酒。有次部队腹泻流行，西药早已耗尽，他半夜跑到老乡坟地旁，捡来几块狗骨头和羊骨，在石臼里磨成粉。“刚开始战士们嫌脏，我就先喝给他们看。”老人卷起袖子，露出小臂上的疤痕，“有个小鬼不信，我当场喝了三大勺，后来他跟着喝，三天就好了。”

更绝的是制作蒸馏水。赵久祥把玻璃瓶蒙上纱布埋进河边沙土，第二天取出瓶底的水珠，再用铜锅蒸三遍。“那时候没有高压灭菌锅，我就守着锅灶熬通宵，手背上全是烫泡。”说着他伸出右手，指关节处果然留着几个月牙形的疤。在沂蒙山区转战的五年里，他用这种土办法处理了300多例感染伤口，被战士们称为战地“华佗”。

1950年冬，朝鲜战场零下38℃。

赵久祥跟着运输队穿越封锁线，抬着伤员在雪地里跋涉。“有个战士的脚冻得像块石头，敲上去当当响。”他解开棉衣把伤员的脚揣在怀里，自己的小腿却被冰划出无数血口。到达后方医院时，赵久祥的棉裤与皮肉粘在一起，脱下来时撕下了好几块皮。“保住了三条腿呢。”老人指着墙上的合影，笑得像个孩子，“他们现在该当爷爷了吧？”

1955年春节，赵久祥在河北涿州的军营里收到了结婚批准书。房东大娘做媒的姑娘朱玉荣，此刻正穿着新做的蓝布褂子等他。政委刚说完“新郎新娘……”警报声突然响起，全体指战员冲向阵地，留下朱玉荣手里攥着半块喜糖发呆。

直到深夜，教导员才想起这茬事。“老赵，新媳妇还在伙房坐着呢！”赵久祥冲进厨房，见爱人正帮炊事员切白菜。那晚的“喜宴”简单得很：四个热菜，一盆馒头，还有战士们凑的炒花生。“总共花了五块二毛钱。”老人翻出泛黄的账单，“当时我一个月津贴六块，玉荣说这是她见过最排场的宴席。”

婚后70多年，朱玉荣总笑他“心里只有伤员”。有次儿子发高烧，他却背着药箱去给邻居接生；女儿高考那天，他在社区义诊到中午。

“2008年汶川地震，他把养老钱全捐了，还非要去当志愿者。”老伴戳着他的额头，眼里却满是心疼，“都80多了，还想着往前线跑。”

老人床头总放着个铁盒，里面是2000多张泛黄的纸片——那是他救治过的伤员名单。“这个是蒙阴战役的，这个是上甘岭的……”他戴着老花镜一张张翻看，像抚摸自己的孩子。2015年抗战胜利70周年，老人穿着洗得发白的旧军装参加阅兵，胸前的勋章在阳光下闪闪发亮，其中一枚“白求恩奖章”格外醒目。

90岁那年，赵久祥还在社区诊所坐诊。“赵爷爷，我又来换药了。”扎着马尾辫的小姑娘蹦跳着进门，老人戴上老花镜，轻轻揭开她膝盖上的纱布。这是他义务服务的第40个年头，从部队医院退休后，他在小区门卫室支起了“老兵诊室”，血压计、听诊器、针灸包摆得整整齐齐。

“有次他犯了心绞痛，兜里还揣着给五保户买的降压药。”女儿赵琳红着眼圈说，“我们把药箱藏起来，他就偷偷去药店打工，说要给山区孩子捐口罩。”

2020年疫情期间，老人把儿女们凑的祝寿钱全买了防护服，颤巍巍地送到社区门口，自己却戴着洗得发白的棉布口罩。

重阳节，幼儿园的孩子们来看望他。“爷爷，您怕打仗吗？”一个扎羊角辫的小姑娘仰着小脸问。赵久祥把她抱到腿上，指着墙上的合影：“怕啊，但你看这些叔叔，他们比我更怕——怕老百姓吃不上饱饭，怕小娃娃读不了书。”他卷起裤腿，露出1945年临沂战役留下的弹片伤，“你看这疤，像不像颗小星星？这是当年给战友背枪时留下的。”

夕阳透过窗棂，把老人的影子投在满墙的锦旗上。急救箱静静躺在角落，皮革磨出了毛边，铜锁扣上刻着模糊的“为人民服务”。赵久祥抚摸着箱盖上的弹痕，突然哼起了那首战地救护歌：“担架队哟快快跑，伤员的血在流，我们的手在抖……”歌声越来越轻，最终消散在沂蒙山的晚风里，却在每个听过故事的人心中，筑起一道永不倒塌的白衣长城。

★沂蒙老兵★

景宝梅

景宝梅，1926年2月出生，现居于沂水县沂城街道。1944年10月入伍，编入第8纵队12团野战一所。抗日战争期间，随部队参与了沂水、堂屋、下坡、安丘、淄博张店、博山等地的对日作战。解放战争期间参与了莱芜战役、济南战役、孟良崮战役。1948年复员回到家乡。

血衣为证

沂水县档案馆的玻璃展柜里，陈列着一件褪色的粗布军装上衣。左襟处，暗褐色的血迹如地图上的山脉般蜿蜒凝固，而真正令人屏息的，是血迹旁那几行细密的针脚——一个个被岁月磨蚀却依然清晰可辨的名字："秀芹""春兰""红英"……它们以一种近乎虔诚的姿态，绣在鲜血浸透的布面上。这件特殊的展品旁，标签上只有一行小字："景宝梅，战地护士长，1947 年孟良崮。"

十八岁的抉择

1944 年的深秋，长家沟村笼罩在日寇"扫荡"后的死寂里。18 岁的景宝梅蹲在自家烧塌的土墙边，指尖深深抠进冰冷的灰烬。空气中还残留着焦糊与血腥混合的刺鼻气味。就在三天前，鬼子的刺刀挑死了隔壁会唱山歌的春妮姐，她临死前圆睁的眼睛，成了景宝梅挥之不去的噩梦。父亲蹲在墙角，抱着头，沉闷的叹息像石头砸在景宝梅心上。

"丫头，这日子……没法过了。"父亲的声音干涩嘶哑。就在这时，村口响起了熟悉的脚步声。区小队的王队长带着几个女兵，风尘仆仆却眼神清亮。

"宝梅！"王队长一眼看见她，"打鬼子，救乡亲！跟俺们走！"王队长身后一个剪着齐耳短发的女兵，向她伸出手，掌心有厚厚的老茧，笑容却像穿透阴云的阳光。景宝梅猛地站起，甚至没有看一眼父母惊愕担忧的脸。她冲进残破的屋里，从灰堆里扒拉出仅剩的一件囫囵的蓝布褂子，又抓起灶台边半块冰冷的窝头揣进怀里。走到院门口，她回头，对着泪眼婆娑的父母，只重重磕了一个响头，额头上沾满泥土。起身，再未回头，瘦削却决绝的身影，汇入了那支奔向山外战火的灰色洪流。

从惊悸到执刃

新兵营的训练场在沂蒙山深处一片隐秘的谷地。景宝梅第一次练习包扎，颤抖的手指捏着绷带，看着假人“伤口”上涂抹的暗红颜料，胃里一阵翻江倒海，眼前浮现春妮姐汩汩流血的伤口。她猛地跑到一旁干呕起来，眼泪混着冷汗流下。

“怕了？”严厉的声音在身后响起。带她的护士长张大姐，一位脸上带着刀疤的老兵，眼神锐利。

“怕血，怎么救战友的命？想想春妮！”张大姐的声音不高，却像鞭子抽在景宝梅心上。她狠狠抹了一把脸，抓起绷带，指甲掐进掌心，逼着自己再次靠近那刺目的“伤口”。一遍，两遍……直到手指不再颤抖，直到那刺目的红在她眼中不再是恐惧的源头，而是需要被立即遏制的生命流逝。

战火的淬炼来得迅猛而残酷。

1944 年冬，攻打博山据点。景宝梅作为医护队的新兵，第一次直面真实的战场。担架抬下来的伤员，肠子流在外面，断腿处白骨森森，惨叫声撕心裂肺。浓烈的血腥味和硝烟味呛得她几乎窒息。她强迫自己冷静，学着张大姐的样子，用牙齿撕开急救包，用颤抖却快速的手压住伤员腹部喷涌的动脉，滚烫的血瞬间染红了她的双手和前襟。“按住！别松手！”

张大姐的吼声在爆炸声中传来。景宝梅死死咬着下唇，用尽全身力气压着，直到血暂时止住，直到伤员被抬走。那一刻，她手上的血和泪混在一起，滴落在焦土上。恐惧，在救人的本能前，被生生压进了心底最深处。

此后，攻打张店、堂屋、下坡、安丘……一个个据点在血火中拔除。景宝梅穿梭在枪林弹雨间，动作越来越迅捷，眼神越来越沉静。她学会了在炮弹落下前瞬间卧倒，学会了在昏暗的油灯下快速清创缝合。

蒙阴城攻坚战中，景宝梅所在的救护点被敌机投弹击中，气浪将她掀飞，碎石划破了她的额头和手臂。她晃了晃嗡嗡作响的脑袋，抹去糊住眼睛的血，第一反应是扑向被压在木头下的伤员。

当蒙阴城头飘起红旗时，景宝梅已能熟练地用牙齿配合单手，给重伤员打紧止血带，她军装的前襟，早已被层层叠叠、洗不掉的血迹染成了深褐色。那血迹，是她的勋章，也是她青春的底色。

孟良崮血殇　衣上留名

1947 年5 月，孟良崮。这座被炮火反复犁过的石头山，每一寸土地都浸透了鲜血。景宝梅此时已升任华东野战军8 纵12 团野战医院护士长。医院设在崮下一条狭窄、潮湿的山涧里，头顶是敌机盘旋的轰鸣和炮弹尖厉的呼啸。伤员像潮水般涌来。担架不够用，重伤员直接铺在冰冷潮湿的石头上。景宝梅带着十几个女护士，昼夜不停。清创、止血、截肢、喂水、安抚……她的军装被汗水、血水和雨水彻底湿透，紧紧贴在身上。绷带用光了，就撕下自己的内衣；麻药告罄，她按住因剧痛而疯狂挣扎的年轻战士，含着泪在他耳边一遍遍重复：“好兄弟，挺住！为了胜利！”声音嘶哑得几乎发不出声。

最惨烈的时刻到来了。一股敌人突破了外围阵地，直扑这个暴露的山洞救护所！子弹噗噗地打进身边的泥土和岩石，发出死亡的尖啸。“保护伤员！”景宝梅厉声嘶喊，抓起一支牺牲战士留下的步枪，带着几个还能行动的轻伤员和卫生员，依托岩石拼死阻击。一颗子弹“嗖”地擦过她的左臂，带走一块皮肉，火辣辣地疼。她看都没看，反手用牙撕下一大块自己军装的内襟，胡乱缠住伤口，继续指挥转移重伤员。

激战中，担架队的一个女兵“红英”为了掩护担架上的伤员，被机枪子弹击中后背，倒在景宝梅面前。“护士长……”红英张着嘴，血沫不断涌出，眼睛望着伤员的方向。景宝梅扑过去抱住她，只感到怀里的身体迅速冰冷下去。来不及悲痛，又一声闷哼，负责消毒器械的“秀芹”被弹片击中腹部，肠子流了出来。

景宝梅疯了一样爬过去，用手死死捂住那可怕的伤口，试图把流出的肠子塞回去……秀芹痛苦地抽搐着，最终在她怀里停止了呼吸。紧接着，“春兰”在运送药品途中被炮弹掀起的巨石砸中……

短短十几分钟，景宝梅身边最亲密的三个姐妹，永远留在了孟良崮冰冷的岩石间。当增援部队终于打退敌人，景宝梅瘫坐在血泊里，怀里还抱着春兰留下的半卷绷带。她看着自己左臂被血浸透的临时包扎布，那是从她军装上撕下的内襟，此刻浸满了自己和姐妹们的血。一种巨大的、无法言说的悲痛和虚无感攫住了她。她颤抖着，从急救包里摸出缝合用的针线。没有泪水，只有一种近乎麻木的执念。借着微弱的月光和炮火的闪光，景宝梅低下头，在那片被鲜血彻底染红、湿透的衣襟上，用歪歪扭扭却异常用力的针脚，一针一线地绣下了三个名字：“红英”“秀芹”“春兰”。每一针，都仿佛刺在她自己的心上。冰冷的针尖带着温热的血，凝固成永恒的印记。

那件血衣，从此再未离身，成了景宝梅背负的牺牲，也成了她战斗下去的全部理由。

桑梓情深 无声的战场

1947年底，持续的高强度工作和孟良崮负伤留下的隐患，让景宝梅的身体彻底垮了。持续的咯血和高烧不退，让她连拿起注射器都变得困难。组织上强令景宝梅退伍养病。离开部队那天，她紧紧抱着那件绣着名字的血衣，对着孟良崮的方向，深深鞠了三个躬。

回到阔别三年的长家沟，家乡已是另一番天地。土改后的农民脸上洋溢着希望。景宝梅脱下军装，却脱不下军人的脊梁。身体稍好，她便被推选为村妇女会会长，投入了另一场没有硝烟的战斗。

拖着并未完全康复的身体，景宝梅成了田间地头、农家炕头最忙碌的身影。合作社成立，她挨家挨户动员妇女下田劳动，顶住“女人下地不吉利”的闲言碎语，自己第一个扛起锄头走向地头；推广新式农具，她组织识字班，手把手教姐妹们使用；谁家婆媳闹矛盾，她耐心调解；哪户孩子生病没钱看，她拿出自己微薄的伤残补助……她像当年在战场上寻找伤员一样，敏锐地发现村里的困难户。“五保户”赵大娘房子漏雨，景宝梅带头爬上屋顶铺草苫；洪水冲毁了河堤，她第一个跳进冰冷的河水里打桩，带领妇女突击队保住了集体的粮种。景宝梅很少提及自己的战功，那件血衣被她仔细叠好，压在箱底最深处。只有在夜深人静，被旧伤疼痛折磨时，她才偶尔拿出它，轻轻抚摸上面早已变硬的斑驳血迹和那三个名字，无声地诉说着什么。

血衣无声 炬火长明

岁月如沂河之水，静静流淌。晚年的景宝梅安静地生活在长家沟村头的老屋里。青丝早已成雪，腰身不再挺拔，唯有那双眼睛，在回忆烽火岁月时，依然会迸发出穿越时空的锐利光芒。

沂水县里征集革命文物，工作人员几番恳请，老人才颤巍巍地从那个珍藏多年的旧木箱底，取出了那件包裹严实的血衣。当层层布包打开，那件左襟染满深褐色血迹、绣着三个名字的军装上衣展现在众人面前时，时间仿佛凝固了。浓烈的历史气息和深沉的情感冲击，让在场所有人瞬间红了眼眶。

“这是红英……秀芹……春兰……”景宝梅布满老年斑的手，极其轻柔地抚过每一个名字，如同抚摸故人的脸庞。她的声音平静而苍凉，没有泪水，只有岁月沉淀下的无尽缅怀。

“她们……都留在孟良崮了。我得带着她们……看看咱这好日子。”她抬头望向窗外，那里是郁郁葱葱的田野和平坦的村路，孩子们的笑声随风传来。

这件沉默的血衣，最终被郑重地请进了沂水县革命历史纪念馆的展柜。冰冷的玻璃隔绝了触摸，却隔绝不了其中蕴含的滚烫历史。它不再仅仅是一件文物，它是一个时代的切片，是一个普通沂蒙女儿在民族危亡之际挺身而出的见证，是战火中女性情谊与牺牲的绝唱，更是一簇穿越时空、永不熄灭的精神炬火。

景宝梅的故事，连同那件绣着战友名字的血衣，在沂蒙大地口口相传。它告诉后人，和平的晨曦，曾由怎样惨烈的牺牲换来；民族的脊梁，亦曾由怎样柔韧而刚强的女性身躯共同铸就。那衣襟上的每一丝血色，都是一个不屈灵魂的呐喊；那针脚里的每一个名字，都是对后来者无声的叩问与永恒的期许——铭记牺牲，珍视和平，以不息的生命之火，照亮脚下这片曾被鲜血浇灌、如今正蓬勃生长的热土。

★沂蒙老兵★

李洪美

李洪美，1926年1月11日出生，沂南县大庄镇人。1942年参军，同年加入中国共产党，服役于八路军鲁中军区卫生护理队，任护士。解放战争期间常常和救护队一起紧随部队上前线，在枪林弹雨中抢救伤员，由于功绩突出，荣立二等功两次。解放后，李洪美从部队转业到沂南县被服厂工作直至退休。

坚韧的底色

沂南县老兵养护中心的白玉兰树下，抗战老兵李洪美手指拂过右膝——那里棉布裤面微微凹陷，如同岁月盖下的隐秘邮戳。

1943 年岱崮山凛冽的寒风与炮弹的灼浪，穿透八十余载光阴，仍在这方寸之地隐隐搏动。

刘家店子村的冬夜，寒风卷着焦煳气从村头烧塌的屋架间蹿过。15 岁的李洪美蜷在土炕角落，隔壁春妮姐被刺刀挑死前圆睁的眼睛在她脑中挥之不去。“哐当！”破门板被撞开，裹着寒气的身影闪入：“洪美妮子，点灯！鲁中军区的工作队来了！”

大庄镇祠堂里，三盏豆油灯照亮斑驳土墙。李洪美站在条凳上，炭笔在泥墙上画出遒劲的字痕：“抗日救国！”少女清亮的嗓音撞上梁柱：“姐们儿！识字才能看懂八路军的传单，才不受地主老财的骗！”

油灯将160 多个年轻身影投在墙上，如跳动的火苗。白日里，她们搓麻绳纳鞋底，指腹磨出血泡；夜幕下，炭笔在草纸沙沙行走，八路军教员讲述着山外的战火。当区公所送来第一批染血的军装，李洪美咬断线头，针尖在补丁间穿梭如飞：“针脚密实些，再密实些！前线的哥穿着暖和！”

村口老槐树下，她们轮流值守。李洪美踮脚远眺，山道上黑影幢幢。“鬼子！”尖锐的呼喊刺破宁静。

霎时间，祠堂里的读书声化作奔逃的脚步，识字班的姑娘们引着区干部钻进后山沟壑，将“扫荡”的鬼子引入空村。硝烟散尽，她们从藏身的山洞钻出，发辫沾满草屑，眼眸却亮如星辰——这方寸课堂，是她们在铁蹄下夺回的第一块国土。

1943 年深秋，鲁中山区弥漫着铁锈般的血腥气。日军万余兵力如黑云压向岱崮山区。11 月9 日，寒风卷着雪粒抽打山岩。李洪美背着药箱随护理队疾行，粗布棉袄抵不住彻骨寒意。前方枪炮声陡然炸响——八路军十一团八连已在南北岱崮与20 倍之敌接火！

“担架！西坡需要担架！”嘶吼声撕裂寒风。李洪美与同伴春杏抬起第四名伤员时，血浆浸透棉袄前襟，沉甸甸贴在胸口。第五名伤员倒在弹坑边缘，腹部豁口中肠子随呼吸蠕动。两人刚将伤者挪上担架，尖啸声破空而至——“卧倒！”春杏的惊叫未落，李洪美已如离弦之箭扑在伤员身上。

“轰！”

灼热气浪裹挟弹片横扫，世界瞬间失声。李洪美从泥雪中挣扎抬头，右腿传来噬骨剧痛。棉裤炸开碗口大的洞，皮肉翻卷，鲜血汩汩涌出染红身下白雪。春杏撕开衣襟为她包扎，却见她竟扯出笑容：“伤员……没添新伤……”拖着血肉模糊的右腿，她抓起担架绳套勒进肩肉，在炮火中蹒跚前行。焦土上蜿蜒的血脚印，如寒夜里不灭的星火。

临时救护所设在背阴山洞。麻药耗尽，截肢锯摩擦骨头的“咯吱”声令人齿冷。年轻战士的指甲深陷进李洪美手掌，血珠顺着她的指缝滴落，在泥地洇成暗红的花。“妹子……对不住……”战士虚弱的道歉让她猛然攥紧那只痉挛的手：“哥，使点劲！咱疼在一处！”洞外炮火连天，洞内两具身躯因疼痛共振颤抖。当染血的锯条终于停止嘶鸣，她掌心月牙形疤痕与战士空荡的裤管，成为抗战史册最疼痛的装订线。

战火南移，李洪美转至被服厂。

春日野桃花开得泼辣，她领着姐妹们飞针走线。某日窗外传来木拐叩击青石板的笃笃声，独臂身影逆光而立——王振西，1944 年参军的老兵，双堆集战役失去左臂，淮海战场冻坏右腿。

“洪美同志，组织上考虑……”政委话音未落，李洪美已瞥见王振西磨破的肩头。她默默拆开刚封好的棉衣，在伤残处多絮了半两棉花。此后每日，她总“恰巧”多备一份饭食；他修理缝纫机时，总“顺手”递上裹着棉布的扳手。某次机器故障，铁片飞溅划破他脸颊，李洪美捏着纱布的手悬在半空，忽被那只布满冻疮的右手握住：“不碍事，比淮海战场的枪子儿温柔多啦。”掌心厚茧相触的刹那，两朵红云飞上她的颧骨。

组织正式牵线那夜，李洪美独坐沂河畔。水面浮动着识字班油灯的光影，晃动着截肢战士扭曲的脸，最后定格在王振西补丁累累的肩头。晨光熹微时，她将珍藏的识字班毕业证——印着“妇女解放”四字的毛边纸，轻轻压进陪嫁木箱。婚礼没有红盖头，土墙上两套洗白的军装并排悬挂。李洪美搀扶王振西向褪色党旗鞠躬时，察觉他残掌在微微颤抖。

多年后，王振西弥留之际的泪水，浸透了2002 年那张《红色伴侣》的报道：“……他攥着我的手直掉泪，右手那半截拇指硌得我生疼……”

在养护中心陈列室玻璃展柜前，李洪美驻足凝视。展板上，王换于怀抱机密文件穿越火线的画像旁，梁怀玉抱着大公鸡拜天地的剪影栩栩如生。

指尖最终停在侍振玉照片上——这位被悬赏30 块银圆的“沂蒙女杰”，正是当年识字班教她写下第一个“八”字的教员。

“都在哩。”李洪美老人喃喃。玻璃反光中，纳鞋底的麻绳幻化成绷带，大红喜字融进战旗，岱崮山洞滴落的水珠与庆功会篝火叠合成不灭的光源。护理员推她回房时，白玉兰花瓣落满肩头。她忽从轮椅探身，指向窗外山峦："看！野桃花开得多得劲！"

众人抬眼，唯见满坡苍翠。只有李洪美知道，那灼灼的赤色从未凋零——那是15 岁少女点燃的星火，是18 岁护士浸透血色的绷带，是20 岁新娘鬓边的野桃夭夭，更是千千万万沂蒙女儿以骨为梭、以血为线，在破碎山河间织就的生命锦缎。

这匹锦缎裹过伤员冰冷的躯体，暖过战士冻僵的手脚，最终覆盖在民族新生的黎明之上。

当《沂蒙山小调》再度随风飘荡，每个音符里都跃动着永不褪色的红——那是李洪美们用青春染就的、一个民族最坚韧的底色。

★沂蒙老兵★

周恩恒

周恩恒，1918年出生，马厂湖镇杭头村人。1934年就读山东省立临沂简易乡村师范学校，利用业余时间学习中医、针灸技术。1938年5月参加抗日联庄会。道沟阻击战中占领制高点用机枪扫射鬼子，掩护战友撤退。1938年9月入党，同年因家中母亲生病，返家。在家期间积极搜集地方鬼子、汉奸情报，及时提供给党组织。70年来，周恩恒在乡里义务行医。说起为什么看病不要钱，老人说：“我在践行当初的入党誓言！”

失线的风筝

1934 年的临沂简易乡村师范校园里，弥漫着不同寻常的气息。18 岁的周恩恒捧着油印的《乡土病理学讲义》，指尖还残留着给同学扎针的触感。他的班主任高树屏先生，这位总是一身青布长衫的先生，在传授针灸技法时，指腹会不经意划过人体几个要穴，低声道："这几个位置，重按可致昏厥。"周恩恒抬头，撞上高先生镜片后深邃的目光——那绝不仅是一位杏林师者的眼神。

"九一八"事变的阴云早已笼罩校园。当高先生不再掩饰地在课堂上痛斥"不抵抗将军"，当油印机在深夜吐出"还我河山"的传单，周恩恒的世界被彻底撬开。他跟着高先生，在临沂城漆黑的街巷里穿行，用糨糊把一张张滚烫的标语贴在冰冷的砖墙上。墨汁的涩味混着夜间露水的清冷，成为他青春最深刻的烙印。

1938 年4 月，临沂城岌岌可危。学校南迁安徽阜阳的通知传来时，周恩恒站在宿舍窗前，望着北方家乡的方向，那里炮声隐约可闻。他叠好最后一件洗白的校服，郑重地放在室友床头，留下一张字条："诸兄南行，吾归乡御寇。待驱尽豺狼，再续弦歌。"

西墩庙的枪声

回到杭头村，哥哥周恩荫已参加了活跃在当地的抗日联庄会一大队。队长张玉枢，一个精悍沉稳的庄稼汉模样，接过周恩恒递上的师范肄业证明，眼中精光一闪："好！念过大书，懂道理。总务这摊子，交给你！"周恩恒成了这支80多人队伍的"粮草官"兼"笔杆子"。

联庄会明面上是地方自卫武装，实则由我党地下力量掌握。他们常在鬼子的眼皮底下活动，宣传"有人的出人，有粮的出粮，有枪的出枪"。为避敌报复，大队转移至村外西墩村破败的古庙栖身。庙宇荒凉，神像蒙尘，大殿成了营房，偏殿堆着各村凑钱买来的一挺崭新捷克式轻机枪——那是乡亲们勒紧裤腰带挤出的希望。

一个高粱刚割完的燥热午后，庙里来了个"难民"，自称江苏逃难而来。周恩恒递过一碗凉水，随口问："鬼子占了临沂，老哥怎么反往火坑边上跑？"那人眼神闪烁，喝水时喉结异常紧张地滚动。周恩恒瞥见他粗壮的小臂和晒得黝黑却结实的后颈——绝非饥民之相。几个队员交换眼色，猛地将其按倒捆实。搜身虽无直接证据，但那口音腔调里的异样坐实了判断：这是鬼子的探子！

探子被火速押送上级。风声骤然紧张。几天后，延安抗大归来的党员董少白与临沂特支书记韩去非秘密抵达西墩，由周恩恒护送至村民郑朝申家接头。正午时分，周恩恒刚返回大庙安排午饭，哨兵狂奔而入："鬼子！500多人！从临沂城扑出来了，已过七里沟！"

庙内瞬间炸锅。周恩恒脑中电闪：鬼子是冲驻岑石的国民党张里元部，还是嗅到了董少白、韩去非的行踪，抑或冲着我们一大队？无论如何，绝不能让鬼子得逞！张玉枢不在，周恩恒果断下令："集合！四个小队，急奔道沟村设伏！"

队伍刚拉出庙门，前方已爆出炒豆般的枪响！鬼子的前锋竟如此迅猛！周恩恒疾奔去通知张玉枢三人，半途只见黄尘滚滚，鬼子的重机枪子弹泼水般扫来，战友于占奎惨叫倒地。伏击计划破产，队伍被迫后撤。凶悍的鬼子在挥舞军刀的军官指挥下，嗷嗷叫着压上，三挺重机枪喷吐着火舌，将联庄会战士死死压制在沟坎后。

危急关头，周恩恒瞥见大庙旁那高高隆起的土墩。他猛地折返冲入庙中，一脚踹翻架着三口大锅的灶台，滚烫的粥水泼了一地。他嘶吼着："老赵！抬机枪！上土墩！"炊事员老赵愣了一下，旋即两人扛起那挺沉重的捷克式，连滚带爬冲上制高点。

土墩视野极佳，1500 米外，日军进攻队形清晰可见。师范时代的全校射击冠军，此刻眼神冷冽如冰。周恩恒推开老赵递上的肩托，直接卧姿抵肩，脸颊贴上冰凉的枪托。风掠过耳边，吹动他汗湿的鬓发。他屏住呼吸，十字准星稳稳套住那个挥舞军刀、号叫最凶的鬼子军官。

"砰！"清脆的枪声在土墩炸响！远处，那军官像被重锤击中，军刀脱手，仰面栽倒！日军阵形瞬间一滞。周恩恒毫不停顿，枪口微移，瞄准一个正疯狂扫射的机枪手。"砰！"又一个鬼子扑倒在枪架上！失去指挥和火力支柱，日军攻势顿挫。联庄会战士趁机交替掩护后撤。

鬼子很快反应过来，几门迫击炮迅速架设，黑乎乎的炮弹尖叫着砸向土墩！"轰！轰！"土石飞溅，烟尘弥漫。周恩恒和老赵被震得耳鼻出血，抱着滚烫的机枪翻滚下土墩。刚落地，正撞上闻枪炮声赶来的张玉枢、董少白、韩去非。周恩恒抹了把脸上的灰土："队长！鬼子被阻了一下，咱的人撤下来了！但于占奎他们……"

战场已是一片狼藉。周恩恒组织老乡拆门板做担架，抬着重伤员奔向城后村诊所。乡亲们送来的鸡蛋被一勺勺喂进伤员嘴里。于占奎终因伤势过重牺牲。几天后，韩去非送来80 多套崭新的灰布军装。周恩恒一件件分发给战士们，指尖抚过粗糙而厚实的布料，心中涌起一股悲壮的力量。

断线的风筝

1938 年9 月的一个深夜，古城村东南的打麦场，麦秸垛散发着干燥的气息。张玉枢召集了包括周恩恒兄弟在内的五人。月光下，他声音低沉而有力："成立城西党支部！领导斗争！记住，刀架脖子上，也不能泄露同志身份！"

周恩恒的心怦怦直跳，他举起右拳，对着沉沉的夜幕庄严宣誓："为拯救中国危难，我志愿加入中国共产党……永不叛党。"张玉枢，成为他的入党介绍人和唯一上线。入党后不久，母亲病重垂危。周恩恒含泪请假回乡侍奉。临行，张玉枢紧握他的手："地方侦察，一刻不能松！等信儿！"回到杭头村，周恩恒表面在抗日小学教书，教孩子们"大刀向鬼子头上砍去"，暗地里，眼睛时刻盯着临沂城鬼子和伪军的动向。

1939 年秋，周恩恒侦悉日寇在城前村残害我方干部，火速报信。张玉枢率队疾驰，一场恶战在村外麦田打响，挫敌凶焰。年底，一伙伪军抢掠村民喜宴，酒足饭饱回城途中，被埋伏在村外的张玉枢部打了个落花流水，酒肉全吐了出来。1940 年10 月，又是周恩恒的情报，一大队端掉了罗庄窑南头伪军据点，缴获大批枪马。

然而，一大队表面隶属王洪九，实为我党武装的处境日益凶险。王洪九反共面目渐露。1940 年6 月，王洪九连下三道严令，调驻在涧头村的一大队赴方城"帮防"。张玉枢前两次抗命，第三次迫于压力，只得带部分骨干前往。周恩恒忧心忡忡，总有不祥预感。几天后，噩耗如晴天霹雳传来——张玉枢在方城遇害！几乎同时，在蒙山前线抗敌的哥哥周恩荫重伤不治的噩耗也到了。双重打击如冰水浇头。张玉枢牺牲，意味着周恩恒与组织的唯一纽带彻底断裂。他成了断线的风筝，在狂风暴雨的天空中茫然飘荡。周恩恒四处奔走，试图找到一丝组织的线索，回应他的只有沉默的风和敌人愈加严密的搜捕。杭头村也无法久留，他辗转至罗庄齐家庄，继续在抗日小学教书，歌声依旧嘹亮，心底的孤寂与焦灼却如影随形。他是一名共产党员，却失去了证明，失去了归队的路。

银针如炬

找不到组织，战火仍在燃烧。周恩恒收起锋芒，回到杭头村。他将那本翻烂的《针灸大成》和几包银针郑重取出。在自家低矮的堂屋里，“恩恒诊所”的牌子悄悄挂起。他重拾师范时跟随高先生所学，用另一种方式践行着“拯救劳苦大众”的誓言。来看病的乡亲络绎不绝，周恩恒分文不取，一根银针，几味草药，缓解着战乱年代乡民们的病痛。

岁月在问诊切脉和捻针施灸中流逝。周恩恒治好了无数乡邻的沉疴，却始终无法治愈自己心底那道隐秘的伤口。无人知晓这个温和寡言的乡村郎中，曾是令鬼子胆寒的神枪手，曾是隐秘战线上敏锐的侦察员，曾在一座荒庙旁的土墩上，用精准的子弹为战友杀开过血路，更曾在麦草垛边的月光下，举起拳头许下过庄严的誓言。

暮色四合，送走最后一位捂着肩膀直喊“周先生神针”的老农，周恩恒掩上吱呀作响的柴门。油灯如豆，昏黄的光晕勾勒出他清癯的面容和花白的鬓角。他颤巍巍地从箱底摸出一个层层油布包裹的小包，解开，里面是一张边缘磨损、字迹依然清晰的入党誓词抄件，还有一枚早已黯淡无光的铜质校徽。指尖缓缓抚过誓词上“效忠国家、民族”的字样，久久停留。窗外，沂蒙山的晚风穿过寂静的村落，仿佛呜咽，又似低语。灯花“啪”地轻爆了一下，将他佝偻的身影投在斑驳的土墙上，微微晃动，如同那面再也无法找到的却始终飘扬在灵魂深处的旗帜。

★沂蒙老兵★

高文汉

高文汉，1923年3月19日出生，沂南县界湖街道徐家独树村人。1945年1月16日入伍，成为一名侦察员。服役于第三野战军8纵26军78师鲁中军区特务1连。在抗日战争、解放战争和抗美援朝战争中表现突出，参加了多次重要战斗。在抗日战争中，他参与了博山战役，击毙3名日本兵，荣立三等功。解放战争期间，他参加了莱芜战役、孟良崮战役、淮海战役、渡江战役和上海战役，多次负伤并荣立多项功勋。在抗美援朝战争中，他担任侦察排长，参与多次战斗，荣立二等功一次。1958年，高文汉复员回家，曾任民兵连长、铜井金矿车间主任、本村林业队队长、党支部副书记等职。2005年，荣获“中国人民抗日战争胜利60周年”奖章；2015年，荣获“纪念抗战胜利70周年”荣誉勋章和一次性生活补助金。

侦察英雄

2005年，一枚沉甸甸的“抗日战争胜利60周年”金奖章，由中央军委主席胡锦涛签署颁发，辗转送至沂蒙山深处一个普通的农家院落。它的主人高文汉，一位年逾八旬、沉默如山的老人，用布满厚茧的手轻轻摩挲着闪亮的章体。这枚金章，如同一声穿越六十载硝烟的回响，叩开了老人记忆深处那道沉重的闸门——那里奔涌着十年铁血、九死一生，铭刻着一个普通沂蒙汉子在民族存亡与山河重塑的洪流中，用血肉铸就的不凡史诗。

沂水淬锋刃

1923年寒冬，高文汉降生于沂南县界湖镇徐家独树三村一户贫苦农家。沂蒙山的贫瘠与坚韧，如同烙印，深深刻入他的骨血。1945年1月16日，凛冽的朔风中，22岁的高文汉毅然告别故土，踏入了八路军山东军区鲁中军区的行列。彼时，司令员王建安、参谋长张仁初的威名响彻齐鲁大地。

新兵营的粗粝磨砺尚未结束，战火已扑面而来。淄川、博山一带，日寇的碉堡如同毒瘤盘踞。高文汉跟随部队，在张店、周村等硝烟弥漫的战场上初试锋芒。战火是淬炼英雄最快的熔炉。一次激烈的博山战斗中，面对凶悍的日军，高文汉毫无惧色。他依托残垣断壁，冷静瞄准，果断击发，三个狰狞扑来的日本兵接连倒在他的枪口之下！硝烟尚未散尽，一枚沉甸甸的三等功奖章已佩戴在他年轻的胸膛。这不仅是荣誉，更是沂蒙子弟以血还血的宣言——家乡的苦难，要用侵略者的血来洗刷！

1946 年3 月，料峭春寒中，高文汉迎来了人生另一个庄严时刻。在宋广善（沂南县杨坡镇宋家官庄人，后牺牲于曹县）和李长祥（沂南县孙祖镇瓦庄村人）两位革命引路人的介绍下，经过组织的严格考验，他光荣地加入了中国共产党。党旗下的誓言，如同注入灵魂的钢铁，让他从此将个人的命运，彻底熔铸进解放劳苦大众的宏大事业中。

鏖兵齐鲁地

内战阴云骤起，烽烟再燃齐鲁。

1946 年12 月，鲁南战役的炮声震天动地。高文汉所在部队如猛虎下山，直扑装备精良的国民党军第一快速纵队。坦克轰鸣，铁甲横冲，但在战士们舍生忘死的突击和灵活战术面前，这支被蒋介石寄予厚望的“王牌”被打得丢盔弃甲，最终全军覆没。初尝大规模运动战胜利的高文汉，战斗意志愈发如钢似铁。

1947 年2 月，历史翻开新页。中共中央军委统一整编全军，高文汉所在的部队被赋予崭新的番号——华东野战军第8 纵队，司令员仍是威名赫赫的王建安。军装上的标识变了，但为谁而战的信念从未动摇。

月底，莱芜战役的硝烟笼罩了泰安、新泰、莱芜大地。高文汉和战友们面对的是国民党李仙洲集团的重兵。战斗异常惨烈，枪炮声昼夜不息。

在围歼敌73 军77 师的恶战中，高文汉冲锋在前，不幸挂彩，鲜血染红了军装。他简单包扎后，咬着牙继续战斗，直至看到不可一世的李仙洲束手就擒！战功簿上，再次添上一个三等功。

接着，更残酷的考验接踵而至。

1947年5月15日，孟良崮战役的号角吹响。部队刚从安丘战场撤下，在沂源县休整不足半日，一道十万火急的命令撕裂了短暂的宁静：火速驰援孟良崮，歼灭张灵甫整编74师！全副美械装备的敌军王牌，如同盘踞山巅的毒蛇。

高文汉所在的华野8纵26军78师234团，任务直指桃花山与磊石山两个关键支撑点。从泉子头村出发，全团官兵以惊人的毅力，一夜之间强行军140余里！双腿早已麻木，脚底血泡磨破又凝结，沉重的喘息声在队伍中此起彼伏，但没有人停下脚步——前方，是决定华东战局的生死之战！

总攻发起，血染山峦。高文汉和战友们在陡峭的山岩间攀爬、冲锋，每一步都踩在死亡线上。敌人的机枪疯狂扫射，炮弹在身旁炸开，碎石泥土裹挟着残肢断臂横飞。一天一夜的浴血苦战，尸体堆积如山，血流成河。16日下午，决定性的时刻来临！3营9连的勇士们以超越极限的速度，在距敌最后防线仅30米处抢先一步登顶，死死扼住了战场的咽喉！张灵甫的指挥所被攻占，这个骄横不可一世的“御林军”统帅毙命洞中。当小雨淅沥沥地冲刷着遍野的猩红，高文汉抚摸着胸前新增的三等功奖章，望着尸横遍野的孟良崮，心中没有胜利的狂喜，只有对和平更深的渴望与对牺牲战友无尽的悲痛。

饮马长江水

孟良崮的烽烟尚未散尽，部队又马不停蹄转战鲁西南，解放单县、曹县。

1947年11月，豫中战役的号角吹响；1948年3月，洛阳古城的攻坚战打响。高文汉作战勇猛依旧，在枪林弹雨中穿梭，在残垣断壁间搏杀，再立三等功一次。他的身影，已成为攻坚克难的一面旗帜。

1948 年6 月，解放开封的战斗异常激烈。作为关内解放的第一个省会城市，国民党守军负隅顽抗。高文汉在冲锋中再次负伤，弹片嵌入身体，剧痛钻心。战友要扶他下去，他一把推开，嘶吼着："打进城去再说！"鲜血浸透了军装，高文汉硬是咬牙坚持到红旗插上开封城头。此役，他以惊人的意志力荣立一等功！这是对他钢铁般战斗意志的最高褒奖。

1948 年11 月6 日，决定中国命运的淮海战役在千里平原上拉开序幕。高文汉所在的26 军，在军长张仁初、政委王一平指挥下，直扑江苏邳州。他们的对手是凶悍的黄百韬兵团。碾庄圩成了吞噬生命的巨大绞肉机。66 个昼夜的血火拼杀，每一寸土地都浸透了鲜血。敌军溃退时，丧心病狂地炸毁了城西陇海铁路上的三孔桥，并在对岸架起数挺重机枪，疯狂扫射，企图阻挡我军追击。

"拿下它！为牺牲的同志报仇！"连长的命令斩钉截铁。桥面断裂，河水湍急，敌人的子弹泼水般打在对岸。高文汉双眼赤红，怒吼一声："跟我上！"他第一个跃出掩体，抱着冲锋枪，迎着密集的弹雨，踏着摇摇欲坠的残桥断梁，不顾一切地猛冲过去！子弹在耳边呼啸，打在断桥钢梁上溅起火星。冲到对岸，高文汉手中的冲锋枪喷出复仇的火舌，一梭子子弹扫倒一片敌军，当场击毙多人！趁着敌人被打蒙的瞬间，他如猛虎般扑入敌群，与后续赶到的战友一起，生擒了8 名俘虏！这场强攻，为后续部队撕开了突破口。淮海战役，高文汉两次负伤，以赫赫战功荣膺二等功。

1949 年2 月，部队整编为第三野战军，高文汉成为26 军78 师的一员。4 月21 日，毛泽东、朱德发布《向全国进军的命令》。长江天堑，挡不住百万雄师。高文汉和战友们登上沿江渔民支援的木船，在强大炮火掩护下，于西起湖口、东至江阴的千里战线上，迎着国民党军舰的炮火和美英军舰的威胁，开始了气壮山河的渡江作战。木船在汹涌的江水和炮火掀起的巨浪中颠簸前行，不断有船只中弹倾覆，但渡江的洪流势不可当！4月23日，红旗插上南京“总统府”，宣告了蒋家王朝22年统治的终结！高文汉再添一枚三等功奖章。

随后，部队剑指上海。1949年5月12日，上海战役打响。高文汉和战友们穿行在繁华都市的街巷间，既要消灭负隅顽抗的敌人，又要保护城市设施和市民安全，战斗异常艰难。至5月27日上海解放，汤恩伯率残部仓皇登舰外逃。6月2日，随着崇明岛解放的捷报传来，高文汉胸前又挂上了一枚闪亮的二等功奖章。此刻，他站在黄浦江畔，回望烽火征程，心中激荡着对新生共和国的无限憧憬。

卫疆再跨江

1950年10月1日，北京天安门广场礼炮轰鸣，新中国迎来一周岁华诞。

然而，战火并未远离。朝鲜半岛硝烟骤起，战火直逼鸭绿江畔。“保和平，卫祖国，就是保家乡！”高文汉响应号召，随部队雄赳赳、气昂昂跨过鸭绿江。在异国冰天雪地的战场上，他参加了艰苦卓绝的第二次、第四次、第五次战役以及金化、铁原阻击战。

在931高地，战斗惨烈到无以复加。美军和南韩李承晚部队凭借强大火力和空中优势，对高地发起一轮又一轮疯狂进攻。高文汉和战友们浴血坚守，阵地四次易手，又四次被他们以血肉之躯顽强夺回！山头上的土石被炮火反复犁过，白雪被染成黑红。

在一次惨烈的反击战中，高文汉和战友们巧妙迂回，突入敌阵，以迅猛的动作俘虏了5名南韩士兵和2名惊慌失措的美国兵！朝鲜战场，再次为他增添了一枚沉甸甸的二等功勋章。

1952年，带着满身的硝烟与荣誉，高文汉随部队凯旋，被编入山东军区海军长山要塞5团3营9连，戍卫祖国的万里海疆。从战火纷飞的陆地到波涛汹涌的海防，岗位变了，守护家国的赤诚从未改变。

青山证丹心

1955年3月20日，一个杨柳吐绿的春日。

高文汉响应国家号召，解甲归田，回到了生他养他的沂南县徐家独树三村。十年零三个月的军旅生涯，130余次大小战斗的生死淬炼，在他身上留下了九处深浅不一的伤痕，也换来了九枚象征无上荣光的军功章：一等功一次，二等功三次，三等功五次。每一枚背后，都是一段惊心动魄的生死搏杀、一曲气壮山河的英雄壮歌。

脱下军装，拿起锄头，高文汉像沂蒙山上一块沉默而坚韧的石头，将过往的辉煌深藏心底，在平凡的田野间默默耕耘。他很少向人提起那些烽火连天的岁月，仿佛那些枪林弹雨、九死一生的传奇，只是人生长河中一段遥远的涛声。只有夜深人静时，摩挲着那些沉甸甸的奖章和纪念章，老人才会望向窗外连绵的沂蒙群山，目光深邃。那目光里，有对烽火岁月的追忆，有对牺牲战友的深切缅怀，更有对脚下这片用热血浇灌、终于迎来和平安宁的土地，那深沉如海、无言却磅礴的爱。

2005年，那枚由胡锦涛主席颁发的抗日战争胜利60周年金质纪念章，不仅是对他早年抗击外侮的追认，更是对他一生为民族独立、人民解放事业出生入死所建立的卓著功勋的崇高致敬。

高文汉，这位从沂蒙山深处走出的铁血战士，用他十年烽火、九立战功的传奇人生，在共和国的丰碑上，镌刻下了一个普通士兵不朽的名字。他的故事，如同沂蒙山涧不息的溪流，默默诉说着忠诚与牺牲，永远在历史的回响中熠熠生辉。

★沂蒙老兵★

秦永庆

秦永庆，1927年7月出生，费县探沂镇石行村人。1944年7月入伍，分配到八路军滨海军分区2师4团卫生队工作，后随部队改编，是东北抗日联军1纵队2师4团的一名看护员。最终成为中国人民解放军和中国人民志愿军的一名军医。参加过辽沈战役、平津战役、抗美援朝等多次战役，曾数次立功受奖，4次英勇负伤。1952年8月，他在抗美援朝作战中受伤回国医治休养。1954年转业回费县，在石井镇医院工作，后又在费县皮疹防疫站工作。1980年离休。

“万岁军”里的白衣战士

费县探沂镇石行村的老槐树影里，抗战老兵秦永庆用布满老茧的手展开红绸布，六枚军功章在春阳下泛着铜锈色的光。最上方那枚“解放东北纪念章”边缘磨出了月牙形的豁口，背面“1945”的刻痕里还嵌着当年的雪粒——这个数字像一把青铜钥匙，轻轻转动便打开了老人记忆深处的烽火匣。左大腿两指宽的伤疤在裤管下若隐若现，与右肩窝处铜钱大小的弹痕形成诡异的对称，那是日军机枪与美军炮弹留下的坐标，丈量着战场上生与死的直线距离。

“这道是临沂城头鬼子的机枪扫的，”秦永庆粗糙的拇指划过左膝弯的褶皱，“那边肩膀是在朝鲜铁原被迫击炮弹皮崩的。”说到1952 年撤离朝鲜的医疗飞机，老人的眼睛突然掠过一丝光亮：“那天鸭绿江的冰刚裂成碎块，我从机舱窗往下看，江面上全是白花花的雪，谁知道那雪底下埋着多少兄弟……”

私塾少年的戎马抉择

1927 年盛夏，秦永庆出生在石行村佃农秦老实家的土坯房里。10 岁那年，母亲用三斗高粱换来了他进入私塾的机会：“砸锅卖铁也要让你识文断字，别像爹娘一辈子当睁眼瞎。”老先生的枣木戒尺与《论语》的墨香尚未浸透书页，1938 年临沂城破的炮声就震碎了少年的书桌。他亲眼看见日军小队长用刺刀挑着邻居王大爷的棉袍扔进火堆，蓝色粗布遇火时发出的“噼啪”声，成了他日后梦里反复出现的背景音。

1944 年7 月，八路军115 师344 旅的征兵队敲着铜锣进村时，17 岁的秦永庆正在后山砍野枣枝。他扔下山刀就往村口跑，母亲追出二里地塞给他一双新纳的布鞋，却只抓住了他军装上“滨海军分区”的臂章。体检时军医发现这个高瘦少年不仅能默写《百家姓》，还能熟练包扎箭伤——那是他偷偷跟镇上老郎中学会的手艺，此刻成了他叩开卫生队大门的钥匙。

初到卫生队的秦永庆被分到担架班，跟着老班长在火线与后方之间穿梭。1944 年11 月的寒夜，部队在沂蒙山腹地急行军后露宿荒坡。睡在宿营地最外侧的他突然被“咔嚓”声惊醒——那是日军牛皮靴踩在冻土层上特有的脆响。他屏住呼吸压低声音问暗号，对方用日语嘟囔着，让他瞬间寒毛倒竖。

“鬼子摸哨了！”秦永庆大吼着抄起身边的捷克式轻机枪扫射，曳光弹在夜色里画出火蛇。12 人的日军巡逻队被这突然袭击打蒙了，我军战士依托高坡优势展开火力。15 分钟短促交火后，日军小分队被全歼，我方无一伤亡。战后团部通报表彰，战地记者将此事写成《暗夜哨兵》刊登在《滨海报》上，配图里那个单膝跪地射击的少年卫生兵，正是17 岁的秦永庆，刺刀在他身后的月光里闪着冷光。

1945 年8 月17 日，解放临沂城的战役打响。秦永庆跟着老四团在城东南角架云梯，敌人碉堡里的九二式重机枪像泼水般扫来。他猫腰在交通壕里穿梭，每看见伤员就扑上去：“磺胺粉！快拿磺胺粉！”迫击炮弹在三步外爆炸，弹片擦着肩胛骨飞过，划出的血口子直到包扎完第三个伤员才被发现，军衣后襟已被血浸透成暗紫色。

最惨烈的是护城河下的坑道作业。为避开日军火力，战士们在齐腰深的淤泥里开挖爆破坑道，缺氧让不少人晕倒在锹把上。秦永庆背着急救包来回运送盐水，自己也两次险些窒息。9月10日凌晨，当装着炸药的棺材将城墙炸出缺口时，秦永庆跟着突击队冲进城内，正看见日军指挥官金城恒硕挥刀劈来，旁边卫生员小王的肠子顺着腹部伤口滑落在地——这个画面在之后的70年里，每隔三年就会让他在雨夜惊醒。

从八路军到抗联的铁血蜕变

1945年初，秦永庆所在的滨海军分区2师4团改编为东北抗日联军1纵队2师4团。为避开日军眼线，部队从龙口登船北上，七天七夜的海上颠簸让这个沂蒙少年吐得昏天黑地。“船板缝里全是黄绿色的胆汁，”秦永庆指着太阳穴凹陷处，“有次浪头把我拍到舱角，机枪皮带勒着脖子，差点跟枪一起滚进海里喂鱼。”

抵达辽宁时正值三九，零下30℃的北风像碎玻璃刮在脸上。抗联战士们穿着单衣在雪地里行军，秦永庆的脚趾很快冻成紫萝卜。最艰难的是断粮三天，他和战友们用刺刀挖开冻土层找野菜，误食毒芹后上吐下泻。“卫生队把仅剩的半袋盐煮了水，先给重伤员灌下去，”他卷起干瘦的胳膊，“你看这手腕，当时细得能塞进枪栓孔。”

在东北抗联的日子里，卫生队就是雪地里移动的白色帐篷。秦永庆背着柳木药箱跟着部队打游击，常常白天在林海行军，夜里突袭日军据点。有次在牡丹江畔遭伏击，他趴在雪坑里给伤员取子弹，手术刀冻得粘住手指，就用舌头舔热刀刃。“伤员的血滴在雪上，转眼就冻成红玛瑙疙瘩，”他比画着，“有个小战士肚子被打穿，肠子冻得硬邦邦，我哈着热气往回塞——现在想起来，该先焐热再处理的。”

1945年8月苏联红军出兵东北，秦永庆跟着抗联部队配合苏军作战。在解放佳木斯的战斗中，他冒着炮火抢救伤员，被弹片击中右肩。“当时就觉得肩膀被重锤砸了一下，”他掀开衣领，“子弹从后肩穿进去，在前胸犁出个沟，在野战医院躺了17天才把碎骨渣取干净。”那枚“解放东北纪念章”的背面，至今还留着他换药时蹭上的磺胺粉痕迹。

从辽沈到平津的战地白衣

1946年东北民主联军时期，秦永庆已升任医助。秀水河子战役中，他所在的113师担负阻敌任务。敌人的105毫米榴弹炮将野战医院炸塌半边，他带着护士在瓦砾堆里转移伤员。“有个伤员股动脉被打断，”他攥紧拳头，指节发白，“我用止血带勒住他的大腿根，可血还是像喷泉一样往外冒，浸透了三床棉被。”

三天三夜的战斗，卫生队收治了873名伤员。秦永庆没合过眼，累得靠在弹药箱上就能睡着。当部队发起反攻时，他背着急救包跟着冲锋，子弹在耳边“嗖嗖”飞过。“当时就一个念头，不能让战士们死在冲锋的路上，”他摸着左胸，“这里还留着块弹片，是平津战役时嵌进去的，拍X光片像颗小黑豆。”

1949年1月14日平津战役打响，秦永庆所在的38军113师作为主攻部队，在天津城垣撕开缺口。他跟着突击队爬云梯时，城墙上的国民党兵扔下集束手榴弹，爆炸的气浪把他掀下三丈高的城墙。“幸好下面堆着战友的尸体，”他揉着后腰，“爬起来时看见云梯上全是血手印，就抓着血梯继续往上攀。”

最惊险的是活捉陈长捷的时刻。当战士们冲进警备司令部时，卫兵的汤姆逊冲锋枪扫来，子弹擦着秦永庆的头皮飞过。“当时我正给伤员做人工呼吸，”他指着额角的白发，“子弹把棉帽打了个对穿，头发梢都烤焦了，闻到一股煳味才知道差点见了马克思。”战后他获得的“华北解放纪念章”，边缘还留着那次爆炸震出的细裂纹。

“万岁军”里的白衣战士

1950年10月秦永庆随38军跨过鸭绿江。第二次战役中，113师担负穿插三所里的重任。14小时急行军70公里，他背着20斤重的药箱在雪地里奔跑，脚上的血泡破了又长。“有个四川籍战士跑着跑着突然栽倒，”他声音发颤，“不是累死的，是胃穿孔，吐出来的全是冻硬的炒面疙瘩。”

到达三所里后，秦永庆在掩体里设立急救站，伤员像潮水般涌来。美军的凝固汽油弹把阵地烧成火海，他冒着火焰穿梭在散兵坑间。“有个战士腹部中弹，肠子上全是油星，”他比画着，“我用急救包堵住伤口，他还笑着说，‘秦军医，等回国请你吃担担面’，说完就咽气了。他兜里还揣着未婚妻的照片。”

著名的松骨峰阻击战中，秦永庆所在的337团坚守阵地两昼夜。美军燃烧弹把山头烧成焦土，伤员的皮肉粘在掩体上，他只能用剪刀蘸着雪水小心剪开衣裤。“有个战士浑身着火冲过来，”他闭上眼，手指颤抖，“我用棉被把他裹住打滚，可掀开被子后，他的皮肤全粘在布上，露出的肌肉还在滋滋冒油。”

最让秦永庆难忘的是小战士李根生。子弹从左眼穿进右眼穿出，昏迷中突然抓住他的手：“妈……我冷……”这是他在朝鲜听到的最后一句话。“我把他的手放进棉衣里焐着”，秦永庆的眼泪砸在军功章上，“可他的手指一直攥着，指甲缝里全是血，后来才知道他攥着半块压缩饼干。”

1952 年第四次战役中，秦永庆在前沿阵地抢救伤员时，被美军炮弹的冲击波震倒，弹片划破腹部，肠子险些流出。“当时就觉得肚子被劈开了，”他指着小腹的“十”字形伤疤，“卫生员用三角巾把我裹成粽子，抬上担架时我看见远处有个战友在招手，等再睁眼就在丹东的野战医院了。”

在东北治疗期间，秦永庆收到朝鲜颁发的军功章。“上面刻着我的名字，”他用指尖摩挲着勋章背面的朝鲜文，“可我总觉得这是给担架上那些没回来的兄弟的——他们才该戴着这玩意回家见爹娘。”

1953 年回国时，秦永庆在鸭绿江边站了很久，看对岸雪岭间隐约的烈士墓，敬军礼直到手臂冻僵。

从战场军医到防疫先锋

1954 年转业后，秦永庆被分配到费县防疫站。当时麻风病在农村被视为“天谴”，他主动要求去石井镇蹲点，骑着自行车挨家送药。

“刚到村口就被人扔石头，喊‘麻风佬来了’。”他苦笑，“有次被泼了一身粪水，回家换衣服时，我老伴躲得远远的，怕传染。”

为消除村民恐惧，秦永庆亲自给患者换药。有个鼻塌目陷的患者脓血直流，家属都避之不及，只有他戴着纱布口罩，用棉签蘸着药水轻轻擦拭。“我跟他们说，这病就像长疮，按时吃药能好，”他竖起大拇指，“后来有个姑娘康复后嫁了人，还抱着娃来谢我，那娃喊我‘救命爷爷’。”

为提高医术，秦永庆常在煤油灯下抄书到凌晨。“那时候买不到教材，我就跟县医院的老大夫借，用复写纸抄《内科学》，”他指着老花镜后的眼睛，“抄完两大本，手指关节都变了形。”有次女儿半夜醒来，看见父亲趴在桌上睡着，脸上全是煤油灯熏的黑灰，额前的头发被灯火烧出个豁口。

在防疫站工作的26年里，他跑遍费县127个自然村。1963年暴雨成灾，他带着防疫队在齐腰深的洪水里泡了三天，给受灾群众注射疫苗。“水里漂着死猪死鸡，”他皱着眉，“可我们不能退，退一步疫情就会像野火一样烧起来。”患者送的“疫区华佗”锦旗，他挂在堂屋直到褪色，现在叠好收在木箱底层。

军功章下的红色传承

在子女眼中，秦永庆是个矛盾的父亲。他穿了20年的中山装打满补丁，却把省下的粮票换成桃酥给孩子们吃。“有次我撞见他在厨房啃野菜团子，”小女儿秦红抹着眼泪，“问他怎么不吃馒头，他说‘食堂的馒头管够，我吃这个顺口’。”

在教育上秦永庆异常严格。五个孩子必须每天背诵《革命烈士诗抄》，寒暑假要去乡下干农活。他的大儿子秦刚说：“父亲常说，你们现在踩的每寸土地，都浸着叔叔们的血。”在父亲影响下，五个子女全部考上大学，成为恢复高考后的首批大学生，且都在工作后加入中国共产党。

秦永庆对军营有着特殊执念。1998年他把小女儿秦岚送进军医大学，2015年又把孙子秦晓东送进38军某团——正是他当年参加松骨峰战役的部队。“送孙子走时，”老人眼里闪着光，“我把‘解放东北纪念章’挂在他脖子上，告诉他，到了部队别给爷爷丢脸，要像爱护眼睛一样爱护军装。”

每年春节民政局来挂“光荣之家”牌匾时，是秦永庆最高兴的日子。

他会把六枚军功章全部别在胸前，像等待检阅的老兵。

“孩子们说我显摆，”他得意地笑，露出仅剩的三颗牙，“可这是用命换来的荣耀，比金子还贵，我就是要让后生们看看，什么叫中国军人！”

秦永庆每天上午都会坐在院子里的杏树下。他看着村口那条硬化路——那是他当村支书时带着乡亲们修的，路边的白杨树已长到碗口粗。每当有放学的孩子路过，他就拄着拐杖叫住人家：“娃娃，爷爷给你讲个打鬼子的故事吧。”

“现在的娃没见过苦，”秦永庆抚摸着腿上的伤疤，那道褶皱里还嵌着1945年的弹片，“得让他们知道，手机里的和平是怎么来的。”

“八一”建军节在县实验小学讲党课，秦永庆让孙子扶着站在讲台上，卷起裤腿：“同学们看，这就是侵略者留给我的纪念章——你们要记住，没有共产党，就没有你们现在的奥特曼和冰淇淋。”

春风吹过，杏花落在秦永庆老人的肩头，像一场温柔的雪。老人抬起头，望着蓝天上掠过的客机，仿佛又看见1952年那架送他回国的医疗运输机，在鸭绿江上空划出的白色航迹。而他胸前的军功章，在阳光下闪烁着，那不是金属的光泽，而是一个民族用鲜血凝结的记忆晶体，永远折射着烽火岁月里的忠诚与荣光。

“战争太苦了，”秦永庆喃喃自语，布满皱纹的手轻轻盖住伤疤，“要是没有战争，日子该有多好啊……”这句话从一位经历过14载战火的老兵口中说出，成了这个和平年代最沉甸甸的箴言，让每朵落在他身上的杏花都带着历史的重量。

★沂蒙老兵★

刘 钢

刘钢，1923年9月出生，莒南县金岭村人。1939年3月加入中国共产党，同年11月入伍，参加抗大一分校。1941年11月，参加大青山突围战，在这场战斗中，刘钢双手持枪，见鬼子就打，边打边掩护其他同志撤退。子弹打光后，他利用8颗手榴弹炸掉两个火力点，成功打开突围通道。抗战中经历了多次战役，包括甲子山战斗、大青山战斗、青岛战役和烟台战役等。1978年退役后，他享受副师级待遇。

大青山上的生命突围

2019年深冬，92岁的抗战老兵刘钢正戴着老花镜，指尖在iPad屏幕上轻轻滑动。新闻里播放着新中国成立70周年的庆典画面，坦克方阵驶过天安门的轰鸣透过屏幕传来，老人布满皱纹的手突然微微颤抖——案头玻璃下压着一张泛黄的黑白照片，年轻的他穿着打补丁的军装，站在大青山的硝烟里，眼神如钢。

“要是能再年轻一次啊……”他对着窗外的梧桐叶喃喃自语。报纸上“不忘初心、牢记使命”的标题映入眼帘，1941年大青山那场用生命撕开的突围战，突然从记忆深处奔涌而出，像沂蒙山区的山风，带着硝烟与热血的气息。

金岭村走出的抗大学员

1923年，刘钢出生在莒南县金岭村一个佃农家庭。土坯墙围成的院子里，父亲常年弯腰侍弄几亩薄田，母亲缝补着补丁摞补丁的衣裳。到了入学年纪，家里人砸锅卖铁凑出学费，把他送往后良店村的乡村完小——那是20世纪30年代沂蒙山区少有的光亮。

在良店完小，30多个孩子挤在土坯教室里，启蒙老师王忠锋常把课本翻到最后一页，用树枝在地上画出中国地图：“看，这是咱们的家，日本人占了东北，现在要往南打了。”王老师是地主家的儿子，却背着家人偷偷读进步刊物，日寇占领临沂城后，他干脆捐出自家花园，把学校办成了抗日思想的摇篮。

1938 年，日寇的马蹄声踏碎了乡村的宁静。临沂城沦陷后，土匪恶霸趁火打劫，金岭村的百姓白天躲进山洞，夜里才能摸黑回家。刘钢记得，王忠锋老师突然剪掉长衫，带着学生们挨家挨户动员："地主老财捐枪，庄稼汉扛锄头，咱们得自己保家！"最终凑出20 多杆土枪，一群十六七岁的少年扛着比人还高的武器，在村口站岗放哨，枪口对准的不仅是山林，更是一个民族的屈辱与不甘。

同年冬天，在党组织的地下联络点，煤油灯映着王忠锋严肃的脸："刘钢，你愿不愿意为穷人打天下？"少年攥紧拳头，指甲嵌进掌心："我愿意！"入党宣誓的声音轻得像耳语，却在沂蒙山的寒风中凝成了铁誓。1939 年11 月，刘钢揣着八路军驻地方办事处的推荐信，跟着十几个同乡翻山越岭，走向蒙山山后——那里，抗大一分校的红旗正在硝烟中飘扬。

桑葚汁里的革命信仰

抗大一分校的驻地是几排破庙改建的营房，学员们睡在稻草堆上，被子是几个人轮流盖的破棉絮。天不亮，军号声就撕裂晨雾，刘钢和战友们摸黑打背包，绑腿要缠得像钢筋一样紧，"慢一秒钟，班长的鞋底就踹上来了"。

课堂设在向阳的墙根下，冬天冻得笔尖结冰，夏天躲在槐树下，蝉鸣混着教员的讲课声。没有墨水，学员们就去摘紫黑色的桑葚，挤出汁兑水写在土纸上，字迹干了会泛出淡淡的红，像极了后来他们见过的鲜血。上午是政治课，教员讲"论持久战"，用树枝在地上画日军进攻路线；下午是军事课，趴在泥地里练瞄准，枪管上顶着砖头练稳当；晚上围坐在油灯下开民主生活会，谁要是擦枪不仔细，能被战友批得抬不起头。

刘钢记得，有次野外拉练，队伍突然遭到小股日军袭击。班长带着他们钻进玉米地，子弹“嗖嗖”擦着叶子飞过，他第一次闻到火药味，裤腿都被冷汗浸湿了。班长却趴在他身边，压低声音说：“怕啥？子弹长眼睛，专找孬种！”那次遭遇战让他明白，课本里的“革命”二字从来不是空谈。

20颗手榴弹撕开的生路

1941年11月的沂蒙山，寒风像刀子一样刮过山谷。5万日军带着大炮和装甲车，对沂蒙抗日根据地发动“铁壁合围大扫荡”。抗大一分校接到命令转移，刘钢作为侦察班副班长，背着一支老马枪和几颗手榴弹，走在队伍侧翼。

11月30日凌晨，队伍刚到大青山西北的李行沟，枪声突然从四面八方炸开。日军一个混成旅团早已埋伏在此，黑压压的人群像蚂蚁一样趴满山头，轻重机枪的火舌交织成网，把突围的通道死死锁住。

刘钢这才发现，队伍里大多是机关干部、文工团员，真正能打仗的只有五大队一个学员队，敌我兵力悬殊超过20：1。

“快！顶住他们！”抗大校长周纯全的吼声穿透硝烟。刘钢跟着二十几个侦察班战士和机关人员冲上去，短枪、手榴弹和马枪一起开火。他扔出第一颗手榴弹时，手在抖，爆炸的气浪把他掀倒在地，耳朵里嗡嗡作响，爬起来再看，几个鬼子倒在血泊里，剩下的又端着刺刀冲上来。

撤退到李行沟西口时，死亡的阴影彻底笼罩下来：南面梧桐沟的山头被日军占领，一挺轻机枪居高临下扫射，子弹打在沟底的石头上迸出火星；北边胡家庄方向的重机枪也响了，南北夹击，把几百米宽的沟口封成了“死亡走廊”。四周的日伪军像铁桶一样压缩过来，炮弹在人群中炸开，血肉模糊的碎片溅在刘钢的脸上，温热的液体流进脖子——那是他第一次如此近距离地感受死亡。

“捡手榴弹！”周纯全校长的声音嘶哑了。刘钢猫着腰在尸体堆里穿梭，把牺牲战友身上的手榴弹解下来，缠在腰上，一共8 颗。他看到侦察班班长丁云带着两个战士，匍匐着靠近南面的机枪阵地，突然一颗迫击炮弹落下来，三个人瞬间消失在烟尘里。“班长！”刘钢喊出声，却被爆炸声吞没。

此时，周校长身边只剩下十几个战士。他指着北面的机枪火力点，对刘钢说：“把炸弹分给大家，跟我冲！”夕阳把大青山染成血色，二十几个人利用地堰做掩护，趁日军换弹匣的间隙猛地跃起，手榴弹像冰雹一样砸过去。“轰！轰！”两声巨响，重机枪哑了。刘钢冲在最前面，感觉后背被什么东西猛地撞了一下，低头一看，军装破了个洞，子弹擦着皮肉飞过，留下一道血痕。

他们用身体挡着机关干部向西冲，大沙河的冰水没过膝盖，日军的炮弹在身后炸出一排排水柱。当刘钢爬上岸时，回头看见周校长还站在河滩上，挥舞着手枪指挥最后一批人突围，身后是密密麻麻的日军——后来他才知道，那场战斗，抗大一分校牺牲了300 多名学员和干部，鲜血染红了大青山的每一寸土地。

从战场到和平的传承

1955 年，泰安军分区的授衔仪式上，刘钢穿着笔挺的军装，接过少校军衔。当国防部代表把肩章别在他胸前时，他突然想起大青山上牺牲的班长丁云——如果班长还活着，该是怎样的荣耀。

回家后，刘钢把军衔证书放在木箱最底层，上面压着一张泛黄的合影，照片里抗大学员们笑得灿烂，却不知几个月后，多数人都将血染青山。

在刘钢的家里，二儿子是空军飞行员，三儿子是海军，女儿也穿上了军装。小孙子曾好奇地问他："爷爷，打仗真的不怕吗？"老人指着书房墙上的"为人民服务"匾额，缓缓地说："怕啊，但你看，咱们现在能坐在屋里吃热饭，不就是因为当年有人不怕吗？"

离休后的几十年，刘钢保持着军人的作息：清晨6点起床跑步，晚上7点准时看新闻。他的书桌上永远摆着几份报纸，iPad里存着军事频道的视频，邻居常看见他戴着老花镜，用颤抖的手指在屏幕上划拉，嘴里念叨着"现在的军舰真威风""飞机比当年的日本飞机厉害多了"。每周去军分区过组织生活时，他总要穿上洗得发白的旧军装，胸前别着一枚抗大纪念章，那是他最珍视的勋章。

2015年夏天，刘钢坐在轮椅上，被家人推到济南英雄山烈士陵园。墓碑林里，"大青山战斗烈士永垂不朽"的纪念碑在阳光下矗立，他伸出布满老年斑的手，轻轻抚摸着碑上的名字，浑浊的眼睛里突然泛起光来。

"孩子们，"他对围在身边的孙辈们说，"当年我们在大青山拼命，不是为了让你们记住我们，是为了让你们别忘了——这太平日子是用命换来的。"风吹过纪念碑，发出沙沙的声响，像无数英灵在回应。

如今的大青山早已退去硝烟，成了红色教育基地。每年都有年轻人来此徒步，走在当年突围的山路上，听讲解员讲述那场惨烈的战斗。当他们站在李行沟的沟口，望着远处层峦叠嶂的青山时，或许会突然明白：所谓英雄，从来不是天生的勇士，而是在黑暗中选择点燃自己，为后人照亮生路的普通人。

★沂蒙老兵★

訾　忠

訾忠，原名訾元勋，字干臣，曾用名李理。1924 年 3 月出生。兰山区义堂镇人。1938 年参加共产党领导的“抗日学生救国团”。1939 年加入中国共产党。曾任费县游击第二大队新成队副队长、临沂县艾山区区长、义堂区区长、城关区区委书记、中共临沂地委党校副校长、临沂农校副校长等职。1985 年 6 月离休。

暗夜行者

1938年3月的沂蒙大地，春风里裹挟着焦煳与血腥。15岁的訾忠趴在周井铺村残破的土墙后，目睹了地狱般的景象：日军的膏药旗在义堂镇狰狞招展，烈焰吞噬着祖辈居住的房舍，浓烟遮蔽了天空。59军在古城防线苦苦支撑的枪炮声隐约传来，如同垂死的呜咽。次日黎明，父亲和地下党员带领20多名村中青壮年，扛着锈迹斑斑的老套筒、汉阳造，在村东村南仓促布防。訾忠紧攥着一把生锈的柴刀，指甲深深抠进掌心。下午，日军的机枪与小炮撕裂了村野的宁静，密集的弹雨泼洒在简陋的阵地上。面对钢铁洪流，村武装的抵抗如螳臂当车，最终在呛人的硝烟中四散撤离。訾忠蜷缩在燃烧的麦秸垛后，灼热的火星烫在脸上，一个血色的信念自此烙入骨髓：把鬼子赶出家园！

矿坑炼狱：铁骨十六

1939年，訾忠的身影已活跃在山东纵队费县游击第二大队的马庄山林间。青纱帐是天然的屏障，游击队员们神出鬼没，用土地雷和冷枪袭扰日伪。然而战局残酷，1941年，组织决定派訾忠转入更危险的地下战线，在临沂与费县犬牙交错的边缘地带组建武装游击小组。没有枪，如同猛虎失了爪牙。他奉命前往临、郯、费、峄四县边联办事处求援。负责人看着眼前这个面庞犹带稚气的青年，无奈摇头：“枪，有。可你怎么带回去？鬼子的哨卡比蚂蚁还密！”最终，一张薄薄的介绍信递到他手中——去鲁中战区沂临边联县碰碰运气。

命运的转折猝不及防。途经方城镇东蒋村，一队王洪九的“清乡”兵痞拦住了去路。16岁的訾忠心头一紧，怀里揣着的，是组织的介绍信、一份手绘的敌情交通图，还有一纸地下党员名单——那是足以让整个网络血流成河的绝密！慌乱中，敌人敏锐的鹰眼捕捉到他的异常。粗糙的手伸进他的衣襟，掏出了那几张滚烫的纸片。

“这是什么？说！你是不是八路的探子？！”为首的军官厉声喝问，唾沫星子喷到訾忠脸上。

冷汗瞬间浸透后背。电光火石间，一个念头压倒恐惧：名单上的同志必须保全！訾忠猛地挺直单薄的脊梁，迎着对方凶狠的目光：“长官！我是抓逃犯的！这些人都是欠了债、犯了事的，我奉令抓他们回去！”他指着名单，声音竭力保持平稳。

“抓逃犯？”军官狞笑，一把揪住他的头发，“小鬼头，嘴还挺硬！给我吊起来！”

粗粝的麻绳深深勒进手腕，身体被悬空吊在村头的老槐树上。沾了盐水的皮鞭呼啸着撕裂空气，狠狠抽在訾忠单薄的身躯上。每一鞭落下，都像烧红的烙铁烫过皮肉，血痕迅速洇开破旧的衣衫。他死死咬住嘴唇，铁锈般的血腥味在口腔弥漫，硬是一声不吭。疼痛如潮水般冲击着意识，但名单上每一个名字，都像一颗钉子，将他摇摇欲坠的意志死死钉牢。

“说！名单上都是什么人？你的上级是谁？联络点在哪？”鞭打间隙，恶毒的逼问不断砸来。

回答他们的，只有訾忠粗重的喘息和嘴角流下的一缕血丝。酷刑从东蒋村延续到朱保据点，杠子压、烙铁烫……非人的折磨轮番上演。訾忠几度昏死，又被冷水泼醒。他感觉自己的骨头仿佛寸寸碎裂，唯有守护秘密的意志，如同黑暗深渊里最后一点不灭的星火，支撑着这具残破的躯壳。

最终，訾忠被投入兰陵矿坑监狱——一座活生生的人间地狱。这里关押的多是乡保长、富户或“嫌疑犯”。厚重的石墙终日不见阳光，潮湿阴冷，墙壁上密密麻麻爬满了吸饱人血的臭虫，跳蚤在草铺上弹跳，成群的蚊子嗡嗡作响。犯人被捆住手脚，只能任由这些“四害”疯狂叮咬，皮肤溃烂流脓。

酷刑更是家常便饭。訾忠亲眼目睹狱友被剥光上衣，蘸水的皮鞭抽得两肋皮开肉绽；更残忍的是“杠子压”——受刑者双脚踮在砖上，一根粗木棍横压在腿弯处，行刑的刽子手狞笑着站上木棍，一个、两个……最多时竟站上八条壮汉！腿骨断裂的脆响和凄厉的惨号，日日回荡在幽深的矿坑。

死亡的气息无处不在。訾忠和几个尚有血性的难友，在放风的短暂间隙，用眼神传递着不屈与希望。一个大胆的越狱计划在极端压抑中悄然酝酿。然而，行动前夕，风声走漏。守备如临大敌，所有参与密谋者被挨个拖出，吊在矿坑冰冷的石壁上，再次承受惨无人道的毒打。第一次越狱的火种，在血泊中熄灭了。

希望并未断绝。他们如同蛰伏的困兽，在绝望中等待渺茫的生机。转机源于外部。日军对反复无常的王洪九部早已失去耐心，决定武力解决。1941 年深冬的一个寒夜，临沂和费县的日军倾巢而出，钢炮、坦克轰鸣着，将矿坑据点围得水泄不通！震耳欲聋的炮声撕裂夜空，据点内外瞬间大乱，火光冲天，日伪军鬼哭狼嚎。矿坑监狱的看守惊慌失措，自顾不暇。就在这天翻地覆的混乱中，訾忠和难友们用磨尖的碎瓦片割断绳索，撞开摇摇欲坠的牢门，汇入奔逃的人流，一头扎进外面寒冷刺骨却无比自由的暗夜！

利剑出鞘：清剿王逆

战火的淬炼让訾忠飞速成长。1944 年8 月，20 岁的訾忠肩负重任，被任命为马庄区东部武装乡乡长，负责临费边缘地区的对敌斗争。他回到牛田一带，面对的几乎是白手起家的局面——组织上只配发了一把旧驳壳枪。

然而，抗日的旗帜就是最强的号召。訾忠走村串户，以牛田为中心，点燃群众的抗日热情。站岗放哨的民兵组织起来了，南北十几个村庄被串联发动。村政权和党的秘密支部在烽火中建立，农救会、妇救会、儿童团、自卫团如同雨后春笋。几个月间，一个以群众为根基、联防为筋骨的武装乡初具规模，成为插在敌人肋部的一把尖刀。

1945 年的春天，复仇的号角终于吹响。鲁南军区发起春讨王洪九战役，决心拔除这颗毒瘤。訾忠的武装乡成为大军最锐利的眼睛和最可靠的向导。2 月底的一个寒夜，訾忠带领鲁南军区特务团副团长崔梦坡，借着朦胧月色，悄然潜近王洪九部设在沂艾庄的核心据点。他伏在冰冷的土坎后，手指在黑暗中精准地勾勒："崔团长，你看，前面那个小围子，守敌约一个排，火力点主要在这两处角楼……后面那片洼地，是增援的必经之路，两边高坡正好设伏……"

当夜，军区部队如猛虎下山，迅速包围了小围子。然而，据点工事坚固，缺乏重火力的攻击部队一时受阻。战场指挥员果断调整策略：围点打援！訾忠熟悉地形，主动请缨，带领精锐的区中队和部分主力，埋伏在增援敌人必经的洼地两侧高坡。果然，王洪九的特务大队急匆匆扑来救火。当敌人完全进入伏击圈，訾忠一声怒吼："打！"复仇的子弹和手榴弹从两侧高坡倾泻而下，打得敌人措手不及，丢下几十具尸体狼狈溃逃。沙沟崖、寿衣庄、朱保……王洪九苦心经营的路南据点，在訾忠武装乡民兵的密切配合下，在春季攻势中接连被拔除五个。秋风再起时，李家寨、后乡、王庄等五个据点也土崩瓦解。訾忠的名字让王洪九匪部闻风丧胆。

同年12月，带着累累战功和满身硝烟味，訾忠被组织选派至滨海区党校学习，他的党组织关系也正式转入这所培养干部的熔炉。

涤荡妖氛：决战“水鬼毛人”

王洪九的主力虽在1945年后溃败南逃，但其阴魂不散。淮海战役的硝烟尚未散尽，王洪九残部潜回临沂，如同一群暗夜里的毒蛇，蛰伏下来。他们架设秘密电台，联络旧部，抢劫财物，暗杀干部，散布谣言，妄图在新生的人民政权腹地制造混乱，等待“变天”的时机。

1949年冬，一股阴森诡谲的妖风突然在鲁南大地刮起。东海县（今属江苏省）首现恐怖传闻，随即像瘟疫般蔓延至临沭、郯城，最终席卷临沂城。谣言越传越邪乎：有“水鬼毛人”，披头散发，面如黑炭，獠牙外露，浑身长满长毛，指甲弯曲如钩，专在深夜出没，挖人眼、掏人心，尤喜生啖孩童之心！绘声绘色的描述在街头巷尾、茶馆炕头飞速传播。

一时间人心惶惶，太阳刚落山便家家闭户，母亲们紧紧搂着孩子，不敢入睡。冬夜的街道死寂一片，偶尔一阵风吹过枯枝，都引得犬吠四起，更添恐怖。

訾忠此时已调入临沂专署公安部门。他敏锐地意识到，这绝非简单的迷信谣言，而是敌特分子精心策划的恐怖心理战！那些所谓的“水鬼毛人”，必定是特务、坏分子反穿皮袄、戴上鬼怪面具，在深夜装神弄鬼，制造恐慌，破坏社会秩序，打击群众对新政权的信心。一场没有硝烟的反特除妖战斗打响。

公安干警全体动员。訾忠带着工作队深入街道、乡村，召开群众大会。他站在土台子上，高举缴获的皮袄和粗糙的鬼脸面具，声音洪亮："乡亲们！睁大眼睛看看！这就是'水鬼毛人'！是王洪九的残渣余孽，是见不得光的特务坏蛋假扮的！他们想用这些下三滥的手段吓唬我们，搞乱我们的好日子！大家不要怕！擦亮眼睛，发现可疑，立刻报告！"

同时，一场强大的宣传攻势铺开。鲁中南军区话剧团迅速编排了活报剧《捉"水鬼"》，在临沂城的大众舞台连演数场。舞台上，"特务"披着毛皮、戴着獠牙面具在夜色中鬼祟作案，最终被警惕的民兵和公安干警当场擒获，揭开伪装，露出真容。生动的剧情，通俗的演绎，极大地教育了群众，驱散了心头的恐惧阴霾。

在强大的宣传攻势和严密的群众联防下，"水鬼毛人"的妖风如同阳光下的冰雪，迅速消融。群众的眼睛亮了起来，胆子壮了起来。民兵和儿童团自发组织夜巡，可疑的蛛丝马迹被迅速上报。潜伏的敌特分子失去了制造恐怖的环境，一个个如过街老鼠，被揪了出来。

1951 年春节前夕，临沂城终于恢复了往日的安宁与祥和。大街小巷张灯结彩，准备迎接解放后的第三个新年。也正是在这喜庆的气氛中，鲁中南党、政、军机关及部队，肩负新的使命，整装搬迁曲阜。临沂人民敲锣打鼓，依依送别。

与此同时，新的临沂地委、专署机关正式迁驻临沂城。訾忠站在欢送的人群中，望着远去的队伍，又回头看看这座历经劫难、终于迎来稳固新生的人民城市。

冬日的阳光照在城楼上新挂起的鲜艳红旗上，也照在訾忠历经风霜却无比坚毅的面庞上。他转身，步履沉稳地走向那座挂着崭新牌匾的专署大门。在他的办公室案头，一份关于彻底肃清“水鬼毛人”残余影响、巩固基层治安的报告正等待他落笔签署。窗外，孩童们嬉闹追逐的笑声清脆地传来，再无一丝往日的惊惶。訾忠提笔蘸墨，目光沉静。他知道，暗夜里的魑魅魍魉或许不会绝迹，但阳光之下，属于人民的朗朗乾坤已无可撼动。这份安宁，正是他们这一代人，用青春、热血和不屈的脊梁，从烽火狼烟中一寸寸夺回的人间。

★沂蒙老兵★

韦聚祥

韦聚祥，1932年2月17日出生，兰山区方城镇人。1945年2月参军入伍。先后服役于费县武装大队、鲁中警备旅第10团、26军78师炮团观通连。解放战争期间参加了莱芜战役、孟良崮战役、开封战役、淮海战役、渡江战役等战斗。1950年10月入朝参战，在朝期间参加了朝鲜第二、四、五次战役。其间荣立三等功三次。1952年6月回国后，随部队驻防烟台长岛。1959年8月转业到费县方城镇卫生院任院长直至1965年因故退职还乡。回到家乡后，于1978年自学渔网编织技术，创业办厂，带领群众致富，关爱子弟兵，帮助部队建设，1984年被授予“全国拥军优属、拥政爱民先进个人”，受到国家领导人接见。

勋章上的年轮

2021年春天，兰山区方城镇韦家寨村的晨光穿过窗棂，落在88岁的韦聚祥布满褶皱的手背上。老人颤巍巍地解开蓝布包裹，四枚勋章在木桌上泛着冷光——“淮海战役纪念章”的齿轮纹路里嵌着硝烟记忆，“渡江胜利奖章”的五角星映着长江的浪影，“抗美援朝纪念章”的和平鸽翅膀上凝着北韩的霜雪，“解放奖章”的麦穗纹路间藏着新中国的第一缕曙光。当记者的镜头对准这些金属时，韦聚祥突然伸手按住，掌心的老茧与勋章背面的刻痕贴合，像两块历经岁月咬合的齿轮，“它们比我的命还沉”。

在炮声里萌芽的火种

韦聚祥的童年记忆是被炮声劈开的。1937年，日军铁蹄踏破山东的土地，他趴在自家草垛后，看见穿黄军装的人用刺刀挑开村民的粮缸，听见邻村被抓壮丁的汉子撕心裂肺的哭喊。“大人们总说‘八路军是穷人的队伍’，可我没见过。”

直到1943年，一支穿灰布军装的队伍路过韦家寨，战士们用野枣换老乡的井水，还帮村民修被炮火炸塌的院墙，11岁的韦聚祥躲在门后数他们绑腿上的泥点，“那泥点里有咱老百姓的土”。

1945年春天，13岁的韦聚祥做了个让全家震惊的决定。他揣着母亲烙的糠饼，跑到十里外的费县武装大队驻地，扯住一位连长的衣角：“我要打鬼子！”

连长低头看见这孩子露着脚趾的布鞋，笑出了声：“你枪都扛不动，怎么打仗？”可韦聚祥像块黏在鞋底的泥巴，部队走到哪他跟到哪，帮战士们缝补军装、挑水劈柴，夜里就睡在炊事班的柴火堆旁。

七天后，大队长查岗时发现这孩子正借着月光给伤员包扎，“手比姑娘还巧”，终于拍了板：“留下吧，给队里当通信员。”

情报线上的生死时速

成为通信员的第一个月，韦聚祥就经历了生死考验。1945 年8 月，他奉命将一份密信从费县送往临沂城，途中遭遇日军巡逻队。他把信塞进发髻，装作拾柴的少年，却被日军用刺刀挑起草帽——信纸的一角在风里颤了颤。千钧一发之际，他突然捂住肚子打滚，“太君，我……我闹肚子！”日军嫌恶地踢开他，他趁机滚进路边的高粱地，等枪声远去时，后背已被冷汗浸透。那晚他在破庙里烤干衣服，发现信纸上浸着自己的血，“原来刺刀划破了头皮”。

这样的“死里逃生”成了家常便饭。为了伪装，他学过货郎吆喝、扮过乞丐讨饭，甚至曾顶着一头鸡毛假装疯子混过岗哨。有次送情报路过孟良崮山区，遇上暴雨冲垮山路，他趴在悬崖边，用绑腿缠住腰间的树桩，一点点把情报袋递到对岸战友手中，“往下看就是万丈深渊，腿肚子抖得像筛糠”。但这个13 岁的“小八路”从未失手，三年间，他穿梭在日伪据点之间，送出的情报摞起来有半人高，费县武装大队的老兵们至今记得：“那孩子眼里有光，再黑的夜都迷不了路。”

在战役里淬火的钢

1946年深秋，韦聚祥正式编入华东野战军。

在莱芜战役的战壕里，他第一次摸到真正的步枪，“枪管还带着膛线的油，比想象中沉得多”。孟良崮战役打响时，他所在的连队负责穿插敌军后方，连续三天三夜急行军，饿了就抓把炒面塞嘴里，困了就靠在战友肩头打个盹。

“班长牺牲时，手里还攥着爆破筒，血顺着筒子往下滴，把我的军鞋都染红了。”说到这里，老人突然沉默，从抽屉里摸出半块发黑的炒面疙瘩，“这是孟良崮剩下的，留了一辈子。”

1948年淮海战役，韦聚祥已是班长。在陈官庄战役中，他带领全班战士死守阵地三天三夜，打退敌军七次进攻。

“子弹打光了就拼刺刀，刺刀弯了就用枪托砸，最后全班只剩我和两个伤员。”他卷起裤腿，膝盖上一道月牙形的伤疤在灯光下泛白，“这是被国民党兵的马刀砍的，当时我抱着他滚下战壕，用石头砸烂了他的头。”那场战役后，他第一次戴上军功章，“沉甸甸的，像揣着战友们的命。”

1949年渡江战役，韦聚祥站在船头，看着对岸的炮火映红江水。“指导员说‘打过长江去，解放全中国’，我们就举着步枪喊口号，子弹从头顶飞过去都没听见。”船靠岸时，他第一个跳下水，江水没到胸口，怀里紧紧抱着炸药包，“脑子里就一个念头：不能让船沉了。”当红旗插上南京总统府时，他正在废墟里抢救群众，“有个老太太塞给我一个煮鸡蛋，说‘孩子，受苦了’，那一刻我才觉得，仗快打完了。”

黄草岭的顺口溜与冻伤的腿

1950 年冬，韦聚祥随部队跨过鸭绿江。

“火车刚过新义州就被炸了，我们只能白天躲山洞，晚上踩着雪行军。”朝鲜的冬天冷得像刀子，零下40℃的夜里，战士们把辣椒面抹在脸上防冻伤，“可鼻涕流出来就冻成冰碴，一碰就掉层皮。”

在黄草岭阻击战中，他所在的连队奉命坚守1081 高地，美军的燃烧弹把山岭烧成火海，“树都烧得噼啪响，人在里面像烤红薯”。

为了鼓舞士气，韦聚祥编起了顺口溜：“黄草岭啊黄草岭，上山似爬树，下山似滑冰，一夜摔了十八跤，腿酸腰又疼，还得把军行……”他边唱边教战友们用树枝做手杖，用破布裹住冻裂的脚。但严酷的环境还是夺走了许多生命，“有个四川来的新兵，夜里站岗冻成了冰人，手里还握着枪。”说到这里，老人的声音哽咽了，“我们把他埋在雪地里，插了块木牌，可第二年再去，雪把一切都盖住了。”

最严重的冻伤发生在1951 年冬。部队在长津湖地区迂回时，遭遇暴风雪，韦聚祥负责殿后，照顾伤员。“有个伤员走不动了，我背着他走，走一步陷进雪里半条腿。”等找到宿营地时，他的双脚已经冻成黑紫色，“军医拿雪搓我的脚，搓着搓着就掉了层皮，露出红肉。”这场冻伤让他落下终身残疾，直到现在，阴雨天还会疼得整夜睡不着，“可我不后悔，比起那些没回来的战友，我能活到现在，已经是万幸。”

战场到渔场的“二次入伍”

1953 年回国后，韦聚祥主动申请复员回乡。“有人问我为啥不当干部，我说‘我是农民的儿子，就该回土地里去’。”回到韦家寨的第一天，他就扛起锄头下了地，“军装脱了，可军人的本色不能脱。”

当时村里穷，很多人家吃不上饭，韦聚祥就把部队发的补贴拿出来，买种子、修水渠，带着乡亲们开垦荒地。“有人笑我傻，说‘你在部队立过功，该享清福’，我就说‘国家好了，个人才会好’。”

1970年，韦聚祥被派到沿海渔场学习织网技术。“在海军待过几年，对渔网有点研究。”他白天跟老渔民学编网，晚上躲在油灯下画图纸，手指被麻绳勒出一道道血痕。三年后，他带着改良的“韦氏织网法”回到村里，“这种网眼密、韧性强，能多捕三成鱼。”起初没人信他，他就自己先织了一张网，带着儿子下湖试验，“一网拉上来三百多斤鱼，乡亲们眼红了，都来跟我学。”

从一人富到全村富的“红色引擎”

1982年，改革开放的春风吹到沂蒙山区。韦聚祥做了个大胆的决定：在自家堂屋开办织网学习班。“我把门板卸下来当黑板，用粉笔写织网口诀。”每天天不亮，就有村民搬着马扎来听课，他手把手教，从理线到打结，一教就是一整天。“有人不好意思白学，塞给我鸡蛋、粮食，我全退回去，说‘我是党员，带大家致富是本分’。”

三年间，他培训了1000多人次，韦家寨村278户中，有200多户都搞起了家庭织网。为了帮村民销售渔网，他骑着二八自行车跑遍周边渔场，“车胎补了又补，鞋底子磨得能看见脚趾”。1985年，村里第一家织网作坊开张，70户成为专业户，年人均收入从80元涨到800元。“过年时，家家户户贴红对联，放鞭炮，我站在村口看，觉得比当年打胜仗还高兴。”1989年，韦聚祥被评为“全国双拥模范”，颁奖会上，他穿着洗得发白的中山装，说：“我只是做了该做的事。”

从勋章到家训的精神血脉

在韦聚祥的抽屉里，除了勋章，还有一个笔记本，上面抄着他的家训：“儿女切莫争财衣，应为人民做奇迹。一生精忠报祖国，才是父母好后裔。”他的女儿韦超记得，小时候父亲常指着勋章说：“这些不是荣耀，是责任。”2005 年，韦超创办“爱心妈妈协会”，带着姐妹们给孤儿织毛衣、送书包，“有次去山区送物资，路上翻车了，我爬起来第一反应是‘不能让孩子们的东西坏了’，后来才发现额头在流血——这性子，随我爸”。

如今，韦聚祥的孙辈们有的成了教师，有的当了医生，每逢春节回家，老人都要给他们“上党课”。“去年孙子带女朋友回来，我拉着姑娘的手说‘咱家世世代代不能忘本’。”老人的卧室墙上挂着张全家福，他坐在正中间，胸前戴着那四枚勋章，身后是满堂儿孙，“你看，国泰民安，儿孙满堂，我这辈子，值了”。

采访结束时，夕阳正照在韦聚祥家的墙上，那四枚勋章被装在玻璃框里，挂在毛主席画像旁边。老人说，这是他特意安排的，“让它们看着现在的好日子”。临走前，他突然哼起那首黄草岭的顺口溜，声音不再洪亮，却带着穿透岁月的力量：“黄草岭啊黄草岭……”唱到一半，他停下来，望着窗外的田野，“现在这岭啊，都种上果树了，秋天一到，红得像当年的军旗。”

当韦聚祥抚摸着勋章时，他抚摸的不仅是自己的人生，更是一个国家从苦难走向辉煌的壮阔史诗。

★沂蒙老兵★

于兰香

于兰香，1926年10月出生，沂南县青坨镇人。1943年1月参军入伍，同年加入中国共产党。服役于鲁中军区第一野战医院，任护士，后改编入华东第三野战军第十兵团。抗日战争期间参加了沂南等地的对日作战。解放战争期间参加了孟良崮战役、淮海战役、渡江战役以及福建剿匪。1952年转业到沂南一中任校医，1956年调入莒县一中任校医，1963年因身体原因提前办理了退休手续回到家乡。

战地“南丁格尔”

沂蒙山的晨曦总带着露水的甘甜，当第一缕阳光掠过沂南县榆林村的石墙时，于兰香老人正坐在门槛上，用布满褶皱的右手摩挲着褪色的功劳簿。封皮上“立了功劳不骄傲，功劳上面加功劳”的烫金大字，在岁月里磨得发亮，如同她手臂上七道手术疤痕，在时光中沉淀出温润的光泽。这片孕育了沂蒙精神的红色沃土，曾见证她从孤女成长为战地“南丁格尔”，从伤残军人化身为乡村“活菩萨”，她用整整一个世纪的光阴，在人生的军功章上刻满了“奉献”二字。

孤女的红色觉醒

1926年的沂南，一场春雨刚过，于兰香在襁褓中失去了父亲，1岁时母亲也撒手人寰。

孤苦无依的于兰香被榆林村看坟的于姓夫妇抱养，土坯房里的煤油灯、山坡上羊倌的鞭声、养父母粗糙却温暖的手掌，构成了她童年的全部记忆。养父老于常说：“妮子，咱穷人家要记恩情。”这句话像颗种子，埋进了她幼小的心田。

1939年，八路军的队伍开进沂蒙山，穿灰布军装的战士帮老乡挑水劈柴，宣讲抗日道理。13岁的于兰香常躲在门后看，见战士们把仅有的粮食分给断炊的邻居，她偷偷把自己的窝头塞进伤员的挎包。“他们跟俺一样苦，却把好日子让给别人。”这个念头让她第一次对“共产党”有了模糊的向往。

1943 年1 月，在妇女主任李颜英的带领下，于兰香站在党旗下宣誓，攥紧的拳头里全是汗。“那一刻俺就想，这辈子跟定党了，刀山火海也不回头。”入党后她成了村里的积极分子，白天组织妇女纺线做军鞋，夜里跟着武工队埋地雷。有次日军“扫荡”，她背着刚满月的婴儿躲进山洞，用奶水喂饱了哭闹的孩子，自己却饿了三天三夜。“孩子的爹在前线打仗，俺不能让他的娃出事。”

1945 年7 月10 日，19 岁的于兰香剪掉辫子，揣着区政府开的介绍信，走进八路军山东军区野战医院二所。当看护员的第一天，她看着伤员腿上碗口大的伤口直犯晕，护士长拍着她的背说：“怕啥？这血是为咱流的。”从那天起，这个连自己名字都写不全的沂蒙姑娘，开始在血与火中淬炼出钢铁般的意志。

战火中的白衣天使

野战医院的茅草棚里，于兰香第一次见到红汞瓶，圆滚滚的样子让她想起家里的煤油灯。医生让她去领“红汞、绷带、凡士林”，她一路默念着，到了仓库却因刚学过“斯大林”的事迹，张口就喊：“同志，领斯大林！”满屋子人先是一愣，随即哄堂大笑。她羞得满脸通红，当晚就着马灯在绷带纸上画符号——红汞是滴血的太阳，绷带是缠绕的蛇，凡士林是圆圆的月亮。三个月后，她不仅能认全药品名称，还能用树枝在地上默写“为人民服务”。

1947 年孟良崮战役打响时，于兰香已能独自处理复杂伤口。担架队潮水般涌进后方医院，伤员的呻吟声、手术钳的碰撞声、消毒水的刺鼻味，构成了她记忆中最惨烈的乐章。在抢救一位腹部中弹的战士时，她俯身缝合伤口，一枚生锈的缝合针突然刺破中指，鲜血滴在伤员的伤口上。“当时顾不上疼，只想快点把他救活。”

三天后，于兰香的手指开始发黑，手臂肿得像根木棒，高烧到说胡话。医生诊断为血液中毒，必须立即截肢。“俺死也不锯胳膊！”她挣扎着抓住床头，“没了手咋给伤员换药？”最终医生冒险实施清创手术，七次切开引流，从她手臂里取出三块腐肉。

《华野的南丁格尔们》记载：“孟良崮战役四十五天治疗统计，死亡仅占百分之一点六。”这奇迹般的数字背后，是于兰香们在手术台前连续奋战三天三夜的身影。于兰香刚拆完线，就用纱布吊着胳膊给伤员喂米汤，残留在伤口里的碎骨片，直到晚年还时常让她在阴雨天彻夜难眠。

淮海战役期间，于兰香负责转运伤员的船在洪泽湖遇袭。敌机俯冲时，她扑在伤员身上当人肉盾牌，炸弹掀起的巨浪把船打翻，她抱着木板在冰冷的湖水里漂了半夜，救起三名昏迷的战士。上岸时棉衣冻成了硬壳，胸口的党徽却焐得发烫。“那时候没想过怕，就觉得只要还有一口气，就得把战友带回去。”她的军功簿上，先后记着一等功1 次、二等功2 次、三等功3 次，三等乙级残废军人的证章里，夹着半块没吃完的压缩饼干——那是1949 年渡江战役时，一位牺牲的小战士塞给她的最后口粮。

校园里的生命守护者

1952 年，因伤病复发，于兰香转业到沂南中学当校医。报到那天，她看见教室里孩子们冻得通红的手，当晚就回家织了10 副手套。“俺小时候没书念，现在得让他们好好读书。”在莒县中学任职时，于兰香遇见了遗腹子崔兆新——这个父亲牺牲在战场上的男孩，被确诊为白血病后整天躲在被子里哭。

于兰香把崔兆新接到自己家，土炕上并排睡了三年。每天天不亮，她就起来熬黄芪粥，用省下的津贴买猪肝炒菠菜。“这孩子跟俺命一样苦，得让他尝尝家的味道。”1961年冬天，她背着崔兆新去青岛求医，硬座车厢里挤满了人，她就蹲在过道上，让孩子趴在她背上睡了一夜。返程时钱花光了，两人饿着肚子走了20里路，路过包子铺时，她把唯一的窝头掰给孩子，自己啃冻硬的咸菜。“看着他吃，俺就不饿了。”尽管最终没能留住崔兆新的生命，但男孩临终前攥着她的手说：“于妈妈，下辈子还做您的儿子。”

1963年的一个深夜，初二女生王秀莲疼得在宿舍打滚，肚子肿得像面鼓。奶奶在村里用土方子揉了三天，结果越揉越大。于兰香摸了摸姑娘发烫的额头，立刻掏出五块钱——那是她半个月的工资，让女儿张媛蕖骑自行车送医院。土路上颠坏了收酒瓶子人的推车，那人正要发火，听说是送病人，反而帮忙抬着担架跑了半里地。“那时候的人啊，心里都装着别人。”于兰香笑着回忆，眼角的皱纹里全是暖意。王秀莲康复后，每年都来给她送新收的花生，直到出嫁生了娃，还带着孩子来认“于姥姥”。

退休后的十年里，于兰香成了莒县中学的“编外校医”。她的帆布药箱里永远备着紫药水、创可贴和山楂丸，课间操时总有孩子围着她：“于奶奶，我嗓子疼”“于奶奶，我崴脚了”。于兰香用战争年代学来的针灸术给孩子们治腮腺炎，用土方子调配冻疮膏。药箱锁扣上的铜绿是岁月给她的另一枚勋章。

山村里的生命摆渡人

1973 年，于兰香回到榆林村侍奉养父母。刚放下行李，就听说邻村有个姑娘癫痫发作掉进粪坑。她拄着拐杖摸黑赶去，见病人浑身抽搐口吐白沫，二话不说跪在地上去抠喉咙里的秽物。

“顾不上脏啊，再晚点就憋死了。”从此于兰香的药箱里多了银针和艾条，村里的歪脖子树、老槐树，都成了她给病人做艾灸的“手术台”。

最忙的是接生的年月。沂蒙山区的土坯房里，她用干豆秸烤被单消毒，用做饭的铁锅煮剪刀，没有酒精就用自酿的高粱酒擦手。有次大雪封山，孕妇难产三天，于兰香踩着没膝的积雪赶去，在炕头跪了一夜，直到听见婴儿的啼哭才发现双腿冻得失去知觉。“那些年接生的孩子，没一个出意外的。”她掰着手指头数，“少说也有一个连，现在他们该当爷爷了吧？”

养父老于临终前攥着于兰香的手：“妮子，你这辈子值了。”为养父母养老送终后，她本可以去县城享福，却在村里盖了三间土房。“俺是吃百家饭长大的，得还这份恩情。”她拖着患有心脏病、糖尿病的身体，挨家挨户给孤寡老人量血压，用抚恤金给村里小学买黑板。有年汛期水库决堤，于兰香带着干粮在坝上守了七天七夜，用独轮车转移被困的老人，车轮碾过碎石路，在她伤残的右腿上划出一道道血痕。

神奇的是，曾经“风一吹就倒”的身体，在忙碌中竟渐渐硬朗起来。邻居们说她是“菩萨心肠”，她却指着墙上的功劳簿：“跟俺那些牺牲的战友比，俺这算啥？榆林村一条胡同就出了7 个烈士，他们连名字都没留下。”2014 年，沂蒙革命纪念馆要征集她的军功章，她翻出压在箱底的红布包，里面除了勋章，还有半张泛黄的照片——那是1948 年，她和战友们在野战医院前的合影，照片上的姑娘们笑得灿烂，却有一半人没能活到新中国成立那天。

永不谢幕的奉献之歌

如今，年迈的于兰香住在沂南县城的女儿家。

窗台上摆着她亲手种的薄荷，散发着清冽的香气。每天早上，她都要让外孙女读报纸，听到扶贫攻坚的新闻时，会让女儿把省吃俭用的钱寄到山区；看到抗疫表彰大会，就对着电视里的医护人员敬礼，空荡荡的左袖管在晨光中微微颤动。

“七一”建党节，社区邀请她讲党课。老人让女儿把自己扶到轮椅上，从贴身口袋里掏出用手帕包了三层的党徽。“1943 年入党时，俺对着党旗说，要一辈子为人民服务。”她的声音微弱却清晰，“现在走不动了，但心还在跟着党走。”台下的年轻人看见，她残缺的手指上，至今留着当年缝合针穿过的疤痕，像一枚永不褪色的戒指。

于兰香的床头柜上，放着华东解放军总部卫生部颁发的功劳簿，扉页上的钢笔字虽已模糊，却依然有力：“立了功劳不骄傲，功劳上面加功劳。”从战火纷飞的野战医院到炊烟袅袅的乡村诊所，从青春少女到白发老人，她用一生诠释了这句话的重量——那些刻在手臂上的疤痕、藏在箱底的勋章、留在无数人记忆里的温暖，都是她献给这个国家最珍贵的礼物。

当夕阳染红沂蒙山的天际，于兰香常常坐在阳台上，望着远方的山坳出神。那里有她童年的茅草屋，有战友们倒下的战场，有她接生过的婴儿长大成人的村庄。微风拂过，她褪色的功劳簿自动翻开，泛黄的纸页上，每一道折痕都在诉说着一个沂蒙女儿的百年传奇——那是比任何勋章都更璀璨的生命之光，在岁月长河中永不褪色，照亮后来者的征程。

★沂蒙老兵★

张德运

张德运，原名张永胜，1926年5月23日出生，郯城县马头镇石站村人。1944年4月入伍在滨海军区特务连。曾在滨海军区站岗，保护首长。参加过抗日战争、淮海战役、渡江战役、吴淞口战役。在解放上海战斗中表现优秀荣立四等功，在进军福建中荣立三等功1次，在剿匪战斗中荣立三等功1次、一等功1次。曾荣获抗日战争、解放奖章纪念章、抗日战争胜利60周年和70周年纪念章等多枚奖章和纪念章。

枪林为证　桑榆赤诚

礼堂的灯光柔和地倾泻在讲台上，抗战老兵张德运缓缓站起。稀疏的白发紧贴着头皮，身躯微微佝偻，唯有那双眼睛，像蒙尘的燧石，一旦擦亮，便迸射出穿越时光的灼灼火星。台下，孩子们清澈的目光聚焦在他胸前——那里沉甸甸地缀着抗日战争、解放战争、淮海战役、渡江战役、剿匪模范的纪念章，每一枚都浸染着硝烟与血色的记忆。当他开口，声音带着岁月磨砺的沙哑，却字字千钧，瞬间将所有人拉回那个山河破碎、铁血铸魂的年代。

石站村的抉择

郯城县马头镇石站村，1926 年的春天来得格外迟。贫瘠的土地吝啬地挤出一点绿意，难以填饱张永胜（张德运原名）一家辘辘的饥肠。家徒四壁的窘迫，像冰冷的石头压在他年少的心上。

1944 年4 月，沂蒙大地春寒料峭，滨海军区的一支队伍路过石站村。战士们脚上的草鞋磨穿了底，军装打着补丁，可人人眼里都燃着一团火，一种叫“救国”的信念照亮了他们疲惫的脸庞。

这团火瞬间点燃了18 岁张永胜心中压抑已久的渴望。他挤到招兵干部面前，声音因激动而颤抖：“长官，收下我吧！打鬼子，我不怕死！”他丢弃了父母寄予厚望的“永胜”之名，郑重写下新名字——张德运。

他要用自己的德行与奋斗，去运转这个苦难深重的民族命运。在滨海军区特务连，他第一次摸到了冰冷沉重的钢枪，第一次为手握千钧的首长站岗放哨。

暗夜的山岗上，张德运紧握钢枪，警惕的目光穿透沉沉夜幕，仿佛能看见远处日寇炮楼狰狞的轮廓。那一刻，年轻的肩膀感受到了从未有过的分量——那是家国安危的重量。

战火中的浮沉

战争，远比少年想象的更加残酷无情。

1946年，沂蒙山区硝烟弥漫。张德运在一次向激战前沿传达紧急命令的任务中，一头撞进了枪林弹雨交织的死亡陷阱。炮火将通信线路撕得粉碎，张德运几番冒死突进，却始终无法联系上预定部队。弹尽援绝，身陷重围，冰冷的枪口抵住了张德运的后背——他被俘了。

黑暗的囚牢里，弥漫着血腥与绝望的气息。敌人软硬兼施，强迫张德运穿上那身耻辱的军装。他咬着牙，沉默以对。他的军魂，早已烙印在骨血里，岂容玷污？1947年一个风雨交加的深夜，他抓住敌人松懈的间隙，像一头敏捷的豹子，翻越围墙，钻入莽莽山林。荆棘撕破皮肉，冰冷的雨水灌进脖颈，他心中只有一个念头：向北！回部队！

然而，命运似乎有意锤炼这块钢铁。1948年，当张德运历经艰辛，辗转寻找部队时，不幸再次落入敌手，被强征为壮丁。淮海平原上，炮声震天动地。当解放军的冲锋号角响彻云霄，当“缴枪不杀”的呼喊声排山倒海般压来，张德运心头狂震。他毫不犹豫地扔掉手中的枪，迎着漫卷的红旗，向着那熟悉的军装，发足狂奔！“连长！指导员！我是张德运！我回来了！”他嘶哑地哭喊着，扑倒在战友的怀里。那一刻，失散的游子终于归家，屈辱的岁月被彻底洗刷。

渡江战役的汽灯

1949年5月，长江北岸。浩荡的江水在夜色下翻滚着墨色的波涛，对岸，是国民党重兵布防的千里江防。渡江战役，这解放全中国的关键一役，箭在弦上。张德运作为侦察员，伫立在江边最前沿。黑暗中，两盏巨大的汽灯被高高悬起，惨白的光柱刺破江雾，也无情地暴露着即将启航的木帆船——这是为了迷惑敌人，吸引其炮火的主力佯攻方向。

“登船！”命令低沉而决绝。张德运和战友们跳上摇晃的帆船。船离岸，驶入那两盏汽灯笼罩下的、如同白昼般危险的死亡水域。炮弹尖锐地呼啸着，不断在江面炸开冲天水柱。冰冷的江水混合着滚烫的鲜血，劈头盖脸地浇下。木船在爆炸的冲击波中剧烈颠簸，身边不断有战友中弹倒下，沉入滔滔江水。张德运死死抓住船舷，手指抠进木头里，双眼被硝烟和水汽刺激得通红，却一眨不眨地盯着对岸。他看到259团团长身先士卒，像一尊战神般冲向敌人坚固的碉堡群，最终壮烈牺牲在胜利的前夕。那悲壮的身影，像烙印般刻在他的心上。整整42个日夜的血火鏖战，张德运和战友们用血肉之躯突破天堑，三等功的奖章，浸透了长江水与英雄泪。

剿匪硝烟中的致命一枪

胜利的旗帜插遍大江南北，战斗却并未结束。部队挥师南下，直指福建。

在厦门肃清残敌后，张德运随部驻防闽西。1951年的春天，闽西北部层峦叠嶂的三元县（今三明市三元区）深处，阴云密布。土匪头子邓占山像一条剧毒的蝮蛇盘踞在大山深处，手下爪牙众多，烧杀抢掠、无恶不作，百姓谈之色变、恨之入骨。

时任班长的张德运接到了剿灭邓占山的死命令。他精心挑选了四名最精悍、最熟悉山林的战士，组成尖刀班，一头扎进了茫茫林海。亚热带原始森林闷热潮湿，毒虫肆虐，瘴气弥漫。他们在齐腰深的灌木丛中艰难穿行，在陡峭的崖壁上攀爬，依靠野果和山泉充饥。狡猾的邓占山利用复杂地形，声东击西，与他们周旋了半个多月。战士们脚上的血泡磨破了一层又一层，身上的军装被荆棘撕扯成布条，疲惫和焦灼考验着每个人的极限，但张德运眼中剿灭匪首的决心从未动摇。

一天黄昏，残阳如血，将山林染上一片诡异的金红。张德运带着一名战士，在一条人迹罕至的山涧旁搜索。突然，他猛地停住脚步，锐利的目光穿透前方稀疏的竹林——一个壮硕的身影正背对着他们在溪边掬水。那副跋扈的姿态，那身区别于普通山民的装束，尤其是那异常魁梧的体型，瞬间与通缉令上的画像在张德运脑海中重合！

“邓占山！”张德运心头狂跳，热血上涌。没有丝毫犹豫，他闪电般从背后抽出了那支伴随他征战多年、枪管长达一米多的“中式手枪”（驳壳枪/盒子炮）。这独特的武器，在近身遭遇时拥有难以比拟的威慑力。

此刻，张德运屏住呼吸，如猎豹般悄无声息地向前潜行，将距离缩短到致命的四五米。就在邓占山似有所觉，欲转身的刹那，张德运果断扣动了扳机。

“砰——”

一声清脆震耳的枪响撕裂了山林的寂静。枪口喷出长长的火焰，巨大的后坐力让张德运肩头一震，子弹精准地穿透了匪首的后心。邓占山脸上的惊愕瞬间凝固，庞大的身躯像被伐倒的巨树，不久即被肃清。

张德运为民除害，威震闽西，被授予分区首届“剿匪模范”称号，并荣立一等功！那枚沉甸甸的一等功奖章，是他传奇军旅生涯最耀眼的注脚。

桑榆未晚　故土长明的赤焰

1955 年，硝烟散尽，百废待兴。

部队领导关切地询问这位功勋卓著的老兵转业意向：“北京、上海这样的大城市，组织上可以安排。”张德运几乎没有思索，斩钉截铁地回答：“首长，我想回郯城，回家乡！建设家乡！”没有豪言壮语，只有对故土最深沉的眷恋和最朴素的承诺。

张德运带着简单的行囊和满身的荣誉回到了魂牵梦萦的马头镇。转业自主金，他没有用来为自己置办家业，而是默默投入家乡的集体建设。他像在部队一样，黎明即起，兢兢业业。无论是最初在基层岗位，还是后来响应号召回乡务农，他始终保持着军人的本色：行如风，坐如钟，做事光明磊落，为人正直清廉。那身洗得发白的旧军装，是他最珍视的礼服；那枚一等功奖章，被他用红布层层包裹，小心翼翼地珍藏在箱底，很少示人。他更愿意人们记住的是他此刻为建设家乡所流下的汗水。

时光荏苒，当年的战斗英雄成了白发苍苍的老者。然而，他心中的那团火从未熄灭。当历史的尘埃渐渐掩埋过往的峥嵘，当亲历者一个个凋零，张德运感到了前所未有的紧迫感。他不能再沉默了。

“我的年纪也大了，记性越来越差。”张德运对前来探望的笔者说，语气中带着不容置疑的坚决，“我得趁着还能说、还能记，把那些事讲出来！要让孩子们知道，今天的太平日子是怎么来的！要让他们记住那些牺牲的战友！”于是，这位年近百岁的老人，毅然走出家门，成了红色基因最执着的“播火者”。

走进庄严肃穆的烈士陵园，张德运在战友的墓碑前，用颤抖的手抚摸冰冷的石刻，声音哽咽地讲述当年并肩作战的情景，仿佛那些年轻的面孔从未远去；他站上学校明亮的讲台，面对一双双充满求知欲的清澈眼睛，将残酷的战争化作一个个鲜活的英雄故事，讲到动情处，腰板依旧挺得笔直，眼中闪烁着昔日的锋芒；他配合电视台录制口述历史纪录片，在镜头前，不厌其烦地回忆每一个细节——被俘时的屈辱与不屈，渡江时那两盏照亮死亡航程的汽灯，击毙匪首邓占山那惊心动魄的一瞬……这些珍贵的影像，通过互联网飞越千山万水，累计观看已超过2600 场次。他累计参与各类宣讲活动180 余场，每一次讲述，都是一次对历史的深情回望、一次对初心的庄重擦拭。

讲台上的声音渐渐平息，礼堂里掌声雷动，经久不息。孩子们簇拥上来，小手轻轻触摸着张德运爷爷胸前冰凉的勋章，好奇地问着关于“大长枪”的故事。老人慈祥地笑着，布满老年斑的手，温柔地抚过孩子们稚嫩的脸颊。那双手，曾紧握钢枪穿越枪林弹雨，曾扣动扳机击毙悍匪，如今，正将这用血与火淬炼过的记忆，郑重地交付给未来。

窗外，沂蒙山沐浴在金色的夕阳里，层林尽染，宁静而壮美。张德运望向远方，目光深邃。

九十九载人生路，从石站村绝望的少年到滨海军区的忠诚哨兵；从被俘不屈的硬汉到渡江战役的勇士，从威震闽西的剿匪英雄到扎根故土的默默建设者，再到如今皓首丹心、播撒火种的“活历史”，身份几经变换，战场几度转移，唯有那颗赤诚之心，如同沂蒙山巅的磐石，历经风雨，岿然不动，亦如他珍藏的勋章，在岁月的长河里，愈发闪耀着信仰纯粹、永不褪色的光芒。

枪林弹雨，锻造了张德运的钢筋铁骨；苒苒桑榆，辉映着他如磐的初心。这烽火淬炼的一生，本身就是一座矗立在时光长河中的不朽丰碑，无声地诉说着忠诚、勇毅与永恒的家国情怀。他的故事，是沂蒙精神的鲜活注脚，更是一簇在和平年代依旧熊熊燃烧、指引后人前行的不灭火炬。

★沂蒙老兵★

陈作忠

陈作忠，1916年10月6日出生，兰陵县庄坞镇人。1938年11月加入中国共产党，1938年12月入伍，先后任职鲁南军区第三军分区老5团行政管理员和供给处财粮科科长、山东野战军第八师后勤处军需科科长、中国人民解放军总后勤部军需部计划科副科长。1953年5月随部队赴朝鲜任解释代表团管理科科长，负责战俘遣返释放工作。1953年8月回国。回国后进入解放军总后勤部驻绥芬河转运站任行政科科长。抗日战争期间参加了临沂、邳县、宿羊山、济宁、许昌等地的对日作战。解放战争期间参加了济阳战斗、开封战役、睢杞战役、济南战役、淮海战役，其间荣获国家颁发的三级独立自由勋章和三级解放勋章。1958年因病转业回乡。返乡后陈作忠把全部的5600元转业自主金投给政府办企业，帮助层山公社成立了八一工厂，自己担任厂长，为家乡的乡镇企业做出了积极的贡献。

粮秣人生

1938年寒冬，兰陵县沙埠村的青年陈作忠踏着冻土走进鲁南第三地委抗日后备自卫团。这个22岁的农家子弟不会想到，自己手中的算盘将成为另一种武器。同年，他调入临沂战备动员委员会组织部，瘦削的肩膀扛起了组织地方民兵抗日的重担。在日寇“扫荡”的阴影下，他穿梭于蒙山沂水间，将分散的民间力量拧成一股绳——彼时鲁南大地烽烟四起，从邹坞暴动铲除汉奸王汉卿，到黄龙洞冒死抢运武器，抗日火种正从血泊中萌芽。

1940年，陈作忠的名字刻进八路军东进大队教导营的名单。半年严苛训练中，他白天在靶场磨破肩胛，夜晚在油灯下研习后勤调度。结业后奔赴临沂抗日游击总队，跟随丁梦荪、王宪廷首长，在枪林弹雨中执掌供应命脉。

1943年部队整编为鲁南军区5团，陈作忠辗转担任2营管理员、团供给处财粮科科长。硝烟最浓时，他伏在炮弹箱垒成的“办公桌”前，指尖在算盘上翻飞如电——前线每一声冲锋号背后，是他调配的粮秣、弹药与寒衣。

解放战争洪流奔涌，陈作忠调任山东野战军第八师军需科科长。他的足迹随大军南移：解放临沂的血战中，他组织民工连夜修复被炸毁的运输线；淮海战役60万大军压境时，他七天七夜未眠，调度3.8万斤小米穿越炮火封锁线。独轮车的吱呀声、挑夫肩头的扁担、骡马背上的弹药箱，汇成一条奔涌的支前长河。

“衣裳兜里总揣着半块高粱饼，边跑边啃。”晚年忆起这段岁月，陈作忠摩挲着三级解放勋章上的凹痕。这枚勋章里沉淀着车轮碾过冻土的印记，更铭记着1948 年冬开封战役的惊险——运输队遭敌机轰炸，他扑向粮车用身体压住燃烧的麻袋，后背至今留着焦黑的伤疤。

1950 年陈作忠调任解放军总后勤部军需部计划科副科长。三年后朝鲜停战协议签订，他作为解释代表团管理科科长奔赴板门店。遣俘营地里，陈作忠面对归心似箭的志愿军战俘与眼神阴鸷的“联合国军”人员，以铁律与温情编织特殊战场：登记名册精确到每一颗纽扣，转运路线规避所有雷区，甚至为重伤员特制担架。

某夜大雪封路，200 名战俘滞留边境。陈作忠带人铲雪开道10 余里，将热粥送到颤抖的战士手中。一位被截肢的排长紧攥他衣袖哭喊：“科长，我的枪交了吗？”陈作忠含泪点头，将“和平万岁”纪念章别在他空荡的袖管上。

归国后，陈作忠驻守绥芬河转运站，在零下40℃的严寒中胃病加剧，咯出的血染红雪地。

1958 年，严重的胃疾与北国风霜终于压弯了这位老兵的腰。他揣着转业证书回到苍山县，却将5600 元自主金（相当于当时工人20 年工资）全数捧给县政府：“给乡亲们办个厂子！”层山公社的八一工厂从此拔地而起。陈作忠挽起袖子当厂长，用战场调度术管理生产线，木工车间刨出的第一张书桌，被他亲手送到村小学。

1961 年全党大办农业的号召传来，这位正营级转业干部再次转身，扛起锄头走向沙埠村的盐碱地。担任生产大队党支部书记十年间，他带人挖通12 里引水渠，将亩产从90 斤提高到300 斤。村民至今记得老书记跪在田埂嫁接果树的身影——那双拨过军粮算盘的手，嫁接活了

400 棵梨苗。

2019 年秋，兰陵县新时代文明实践站的志愿者推开沙埠村一扇斑驳的木门。103 岁的陈作忠坐在藤椅上，胸前勋章列阵：三级独立自由勋章、三级解放勋章、“和平万岁”纪念章。低矮的土屋里，褪色的《参考消息》堆满窗台，民政局每月发的580 元补助是他全部收入。

“亲手打鬼子，保家卫国！”谈及那些烽火岁月，陈作忠枯拳紧握，眼中迸出火光。但提到淮海战役中为护粮车牺牲的18 名民工，泪水忽地漫过沟壑纵横的脸。

志愿者问陈作忠老人可曾后悔，他指着院外新修的公路：“当年战友们趴冰卧雪，不就为今天吗？”

老人没能等到建党100 周年。2020 年寒冬，这位拥有81 年党龄的老兵安然长逝。下葬那天，层山中学师生在墓前齐诵他手写的厂训：“机器声要像冲锋号一样响！”沙沙春雨中，八一工厂的机床声穿透薄雾，与他算盘珠的噼啪声、板门店的风雪声、淮海战场的车轮声，在蒙山沂水间交响成永恒的进行曲。

陈作忠的一生如沂蒙大地的深根：前半生扎进血火，在算珠与账册间为胜利开辟隐秘航线；后半生沉入泥土，用勋章换犁铧，把功勋化稻浪。这位总在“次要战场”创造主要价值的老兵，以粮秣人生印证了罗荣桓在鲁南的箴言：“后勤线就是生命线。”当硝烟散尽，陈作忠融入家乡的阡陌，成为大地最沉默的经脉——不炫功勋，却托举起一个民族的站立与奔跑。

★沂蒙老兵★

李法春

李法春，1926年出生，沂南县人。1938年参军，当时因年龄只有12岁，成了一名勤务兵，负责在前线和后方之间传送情报。1941年，李法春正式加入战斗部队，成为一名骑兵，参与了多次战斗，包括解放诸城、胶州、高密等地的战斗。在1943年攻打郯城的战役中，李法春头部负伤，至今仍留有后遗症。1946年，他成为陈毅元帅的警卫员，负责保卫首长的安全，这段经历持续了三年，其间参与了包括孟良崮战役在内的多次重要战役。

策马护帅

1938 年深秋，沂南县蒲汪镇的柿子树落尽了叶子。12 岁的李法春揣着块硬邦邦的红薯，蹲在村口看队伍路过。穿灰布军装的战士们背着枪，草鞋上沾着孟良崮的泥土，其中一个伤员胳膊上的血顺着绑腿往下滴，在冻土上砸出暗红的点。

“俺要参军！”李法春甩掉红薯扑过去，却被营长拎着后颈提起来：“你裤裆都没缝齐呢。”李法春梗着脖子把裤腰往上提：“俺虚报了两岁，能扛枪！”

就这样，这个身高刚过步枪的“小不点儿”成了勤务兵。第一次送情报是去30 里外的炮楼，他把信塞进挖空的红薯里，学狼嚎躲过巡逻队。路过鬼子据点时，听见里面传来老乡的惨叫，他趴在坟堆后攥碎了手里的红薯，信纸上沾了甜腥的浆汁。回到营地，连长摸着他冻裂的耳朵说：“这娃能担大事。”

1941 年春天，李法春第一次跨上战马。那匹叫“黑风”的蒙古马比他还高，他踩着土坡才爬上去，马鞍上的铜钉硌得胯骨生疼。训练时摔了17 次，最后一次落马时，马尾巴扫过他的脸，带起一阵腥风——那是前几天战斗中溅上的血。“骑兵就得拿命练！”班长甩着鞭子吼，李法春咬着牙爬起来，发现裤腿磨出个洞，膝盖上的疤和马肚带的铜扣一样圆。

1943 年1 月的郯城城墙像块黑铁。李法春伏在战壕里，听着城楼上鬼子的机枪“嗒嗒”响，每颗子弹都像砸在他天灵盖上。营长拍着他的钢盔：“炸城门时跟紧了！”李法春摸了摸怀里的手榴弹，木柄上刻着“杀”字，是去年在诸城缴获的。

爆破声响起时，“黑风”突然立起来。李法春拽着缰绳冲进炸开的缺口，碎石像冰雹般落下，有块砖头砸在头盔上，嗡的一声让他眼前发黑。城里的鬼子像疯狗一样从巷子里扑出来，李法春拔出马刀劈过去，却感觉后脑勺被重锤砸了一下，一枚迫击炮弹在两丈外爆炸，气浪把他掀下马背。

醒来时躺在担架上，纱布裹着半边头，血顺着脖子流进衣领。卫生员拿着镊子在他头皮里扒拉：“小子命大，弹片再深半寸就没了。”李法春想抬手摸摸伤口，却发现胳膊动不了，原来跌落时撞断了锁骨。远处传来冲锋号，他急得想喊，却咯出一口血沫子。

伤好后，李法春的右耳听力减弱了。有次夜里站岗，听见远处狼嚎，却分不清方向。那是1938年送情报时听过的声音，如今听起来像隔着层毛玻璃。战友们说他变沉默了，只有他自己知道，每当头疼发作，眼前就会浮现郯城城头的火光，像块烧红的烙铁贴在太阳穴上。

1946年春天，李法春站在陈毅面前时，手心里全是汗。司令员穿着打补丁的棉袍，袖口磨得发亮，正用红蓝铅笔在地图上画圈。“你就是那个骑马炸城门的小鬼？”陈毅放下笔，目光像蒙山的泉水，“以后跟我吧，别让炮弹再炸了脑袋。”

当警务员的三年，他的战马拴在陈毅指挥部的槐树下。每天天不亮，李法春就绕着院子走三圈，鞋底蹭过石子的声音比钟表还准。

有次孟良崮战役打响前，李法春发现伙夫买的菜里混着根有毒的野芹，立刻打翻菜筐：“这菜从哪来的？”后来才知道，那是特务混进炊事班下的毒。陈毅拍着他的肩膀笑：“你这鼻子比军犬还灵。”

1947 年冬，部队在沂蒙山区转移。夜里突然遭遇空袭，李法春扑到陈毅身上，用后背挡住飞溅的弹片。一块弹皮擦过他的左眼，血糊住了视线，他却死死抱着司令员滚进壕沟。卫生员给他包扎时，陈毅拿着手电筒照他的眼睛："小李，还能看见我吗？"他眨了眨流血的眼："能看见，司令员的痣在左脸。"后来这只眼睛留下了疤痕，看东西时总有道红影，像极了孟良崮战役时漫天的朝霞。

离别的那天，陈毅塞给他个布包："里面是副手套，冬天骑马别冻着。"回到家乡打开，却是封信和两块银圆，信上写着"望多保重，待胜利后共饮沂河水"。李法春把信藏在瓦罐里，和当年郯城负伤时取出的弹片放在一起，每逢阴雨天，金属就会泛出冷光，像司令员袖口的补丁。

年迈的李法春常坐在门槛上晒暖。左眼角的疤痕在阳光下像条红蚯蚓，每当孙子们问起，他就指指墙上的照片——那是1949 年在上海拍的，他站在陈毅身后，腰杆挺得比南京路的梧桐树还直。

"爷爷，你真见过陈老总？"孙子扒着他的膝盖问。老人摸出怀里的铜哨子，那是当年保卫陈毅时用的："有次他半夜要喝水，我摸黑去烧水，撞翻了煤油灯，他还帮我捡碎片呢。"说着说着，老人的眼睛突然发亮，仿佛又看见司令员在油灯下看地图的身影。

院子里的板栗树是他退伍后栽的，每年秋天都会结满毛刺球。他常带着重孙去捡栗子，用受伤的左手劈开壳："你太爷爷当年在战场上，就靠啃生栗子充饥。"有次孙子想把他的故事写成书，他却摆摆手："比我苦的战士多了，活着就该知足。"

2023 年春节，县里送来"光荣之家"的牌匾。老人让孙子把牌匾挂在堂屋正中，自己搬着马扎坐在下面，一坐就是半天。阳光透过窗棂，照在他布满皱纹的脸上，左眼角的疤痕微微跳动，像枚永不褪色的勋章。而他不知道，当年陈毅写给他的信，早已被孙子抄录下来，成为族谱里最珍贵的一页——那上面不仅有沂蒙老兵的忠勇，更有一个民族永不弯曲的脊梁。

当春风再次吹过孟良崮，李法春栽的板栗树又抽出了新芽。老人抚摸着树干上的弹痕状疤痕，那是1952年山洪冲倒树时留下的。远处传来学校的铃声，他眯起眼望向山下，仿佛又看见12岁的自己，揣着红薯追着队伍跑，而队伍里的战士们都回过头，对他笑着招手。那些面孔，有郯城牺牲的班长，有孟良崮负伤的战友，还有那位戴着墨镜的司令员，他们的身影渐渐融入沂蒙山的云雾，化作永远吹拂的山风，讲述着一个民族用血肉写就的忠诚与荣光。

★沂蒙老兵★

田功仍

田功仍，1922年出生，沂南县人。1944年入伍，入伍后先后在临沂参加攻打了鲁南土匪王洪九，孟家村、李家宅子、后乡、花园村四个据点，之后转战东北战场。

烽火辙痕

沂南县的夏夜蝉鸣如潮，99 岁的田功仍倚在竹椅上，枯枝般的手指在空中画出弧线："美国人的炮弹这么飞……"忽然指节僵住，仿佛又听见四平城外排山倒海的炮击，将花岗岩山体炸成齑粉的轰鸣。

1947 年冬，四平街的冻土被炮火烤成焦黑色。田功仍伏在距火线10 里的观察点，千里镜里腾起的烟柱遮蔽了朝阳。总攻信号升空时，他翻身上马直奔炮营，鬃毛在热风中燎出焦味。忽闻尖啸破空，本能地扑倒身旁的营长——气浪将两人狠狠拍进弹坑，灼热的泥土倾泻而下。

"把我埋了。"老人比画着弹坑深度。待他挣出土堆，见三匹战马已成血肉碎块，炮架扭曲如麻花。阵亡通知登记到第237 名时，文书突然停笔啜泣：名单上最后两个名字，是半小时前为他包扎伤口的卫生员兄弟。田功仍默默拾起半截炮管，管壁还留着未发射的榴弹——这截钢铁后来熔铸成他的二等功勋章。

朝鲜战场的盘山道上，运输车队如蚂蚁穿行。田功仍驾驶的嘎斯51卡车满载弹药，挡风玻璃用泥浆涂抹，车灯裹着三层黑布。敌机引擎声自云层泻下时，整个车队瞬间凝固。照明弹将山谷照成白昼的刹那，他瞥见崖壁间悬着的半截车厢——上月坠崖的六班战友，残骸还在寒风中摇晃。

"小谢倒下的样子刻在脑子里。"老人喉结滚动。那夜运输队遭俯冲扫射，同乡谢宝树肩头炸开碗口大的洞。田功仍扑过去堵伤口，热血从指缝喷涌如泉。垂死者嘴唇翕动，他俯身听见微弱气音："……炒面……给前沿……”话音未落，白汽已不再从破洞溢出。田功仍解下自己的粮袋覆在尸体上，雪地里绽开刺目的红梅。

停战协定签署次日，田功仍最后一次驾车驶过元山。朝阳川的焦土上，到处是嵌着弹片的饭盒、烧剩半截的棉鞋。他在溪边发现辆完好独轮车，木把手刻着“运输七连三班”——正是小谢生前推的车。田功仍将车抬上卡车，突然跪地捧起车斗里的炒面碎屑，混着泪水咽下喉管。

归国列车驶过鸭绿江时，他打开车窗。春风裹着金达莱花瓣涌进车厢，却在触到染血军装时倏然转向。邻座新兵哼起沂蒙小调，田功仍摸出珍藏的炒面袋，面渣早结成硬块，像极了小谢牺牲地冻凝的血冰。

2020 年秋，沂南县档案馆开启田功仍捐赠的铁盒。红绸包裹的军功章下，压着截变形的汽车弹簧。年轻馆员不解其意，老人忽然夺过弹簧按在耳畔：“听！”

众人屏息间，99 岁的胸膛爆出引擎轰鸣。那声音越来越响，混杂着防空警报、战友嘶吼、炮弹尖啸，最后所有喧嚣汇成刺耳的金属摩擦音——正是1953 年春夜，他驾车冲过封锁线时，敌机子弹擦过车顶的死亡奏鸣。

馆员含泪登记文物：“抗美援朝运输兵田功仍遗物：功勋弹簧一件。”老人却摇头，指向窗外车水马龙的街道：“真正的遗物在那呢。”阳光掠过他空洞的右耳——当年为听清敌机动向摇下车窗，弹片永久夺走了这只耳朵的听力。

田功仍蹒跚走出档案馆时，一群戴红领巾的孩子正经过英雄墙。浮雕上运输车队在炮火中蜿蜒前行，为首的司机做侧耳倾听状。老人突然挺直佝偻的脊背，对着浮雕上的年轻自己敬礼。风掠过他空荡的袖管，吹起满地金黄的银杏叶，像70 年前散落在朝鲜山路上的炒面碎屑，在和平的风中打着旋儿。

★沂蒙老兵★

徐乃荣

徐乃荣，1909 年出生，沂南县孙祖镇乔家庄村人。1939 年 2 月加入中国共产党，同年进入山东抗大一分校学习。早年参与南沂蒙地区村民自卫团开展游击战，1940 年加入八路军山东纵队，投身抗击日本侵略者战斗，多次与日军进行刺刀拼杀，参与孙祖九子峰等著名战役。孟良崮战役期间，他带领军、烈属向沂水北部转移，助力战役胜利。全国解放后，徐乃荣在沂南县农技站工作，1982 年离休。2019 年，与世长辞，享年 110 岁。

110岁老兵的烽火长歌

2019年农历二月的风掠过沂南县孙祖镇乔家庄，村口那株见证了三个朝代的老槐树簌簌作响。就在新芽初绽的时节，110岁的徐乃荣老人如一片沉静的秋叶，悄然融入了蒙山沂水的怀抱。当笔者怀揣记录本匆匆赶到那座爬满丝瓜藤的院落时，只看见堂屋正中那张覆着黑纱的遗像——沟壑纵横的脸上凝固着世纪风霜，目光却穿透岁月尘埃，依然凝视着这片浸透热血的土地。四年前那个蝉鸣聒噪的夏日，笔者与老人在村口槐荫下的匆匆一晤，竟成了永恒的遗憾。他递来的半块西瓜清甜犹在唇齿，那些未及倾听的烽火往事，已随山风飘散在九子峰的云雾里。

烽火淬刃

1909年寒冬，当紫禁城的琉璃瓦覆上薄雪，沂南县孙祖镇乔家庄的土坯房里，佃农徐家迎来了第五个孩子。母亲将婴儿裹进补丁摞补丁的破棉絮时，窗棂外正呼啸着光绪皇帝驾崩的北风。徐乃荣的童年是饥饿染就的灰黄色：啃食槐树叶充腹的苦涩，冬日赤脚踩霜的刺痛，目睹小妹饿毙在母亲怀中的绝望。沂蒙山的褶皱里，苦难如同野草般疯长。

1938年初春，日寇铁蹄踏碎蒙山晨雾。徐乃荣亲眼看见邻村张家沟升起冲天黑烟——32口男女老少被锁在祠堂活活烧死，焦煳的人油味弥漫十里山坳。

当鬼子的刺刀挑开自家草帘时，这个沉默的庄稼汉猛然抡起镢头，在鬼子惊愕的刹那砸碎其颅骨。血色黄昏中，他背着老娘逃进马牧池深山，身后是已成火海的乔家庄。

“打虎亲兄弟，上阵子弟兵！”1939年正月，南沂蒙抗日自卫团的旗帜在孟良崮北麓竖起。徐乃荣将老娘托付山洞，握着祖传的铡刀加入队列。这支“土字号”武装仅有七杆老套筒，余者皆持红缨枪与鬼头刀。他们在月黑风高夜摸进铜井据点，用菜油焚毁日军粮垛；在鬼子行军的山道布下石雷，滚木礌石轰然倾泻。最险一次在汶河滩，他们伪装送葬队伍，棺木里藏着的土炮突然轰鸣，将押运物资的伪军小队轰得人仰马翻。

1939年冬夜，油灯在孙祖区委的土窑里摇曳。区委书记老张蘸着锅灰，在草纸上画出镰刀锤头：“这图案比泰山还重，扛起了就再不能撂下！”徐乃荣皲裂的手指抚过粗线条，忽然想起饿死的小妹，想起焚毁的村庄。他咬破拇指按在党旗一角，滚烫的血珠在昏黄光晕里如星火迸溅。土窑外呼啸的北风，高文汉将“永不叛党”四个字揉进血脉……

血沃九子峰

1940年惊蛰，抗大一分校的课堂设在沂水岸边的松林里。徐乃荣盘腿坐在落叶上，炭条在桦树皮上记录战术要点。教官突然摔碎粉笔：“全体集合！鬼子扑向孙祖了！”

农历二月初八，寒星未退。徐乃荣作为山东纵队二支队新兵，伏在九子峰东麓的乱石堆中。望远镜里，500余名日伪军如黄蚁蠕动，钢盔在晨光里泛着冷铁幽蓝。三颗红色信号弹撕裂天际时，他扣动“汉阳造”扳机的手心全是冷汗。首轮排枪过后，身旁的莒县小伙头颅突然炸开，脑浆溅进他干裂的唇缝——那是徐乃荣第一次尝到死亡的味道。

战斗持续到次日黄昏。7连阵地仅剩17人，弹药耗尽。日军少佐挥舞军刀冲上山梁，雪刃劈开硝烟直取重机枪手。徐乃荣狂吼着挺枪突刺，刺刀穿透对方肋骨的瞬间，滚烫的鲜血喷了他满身。突然腰间剧痛，另一名日军的刺刀已扎进他左腹。濒死反扑中，他竟抡起步枪砸碎对方喉骨，断裂的枪托上沾着黏稠的血肉。“刺刀拼弯了就用牙咬！”30年后老人掀衣展示伤疤时，凹陷的腹部仍随着呼吸起伏如狰狞的嘴。

当孙祖镇升起红旗时，山坳里躺着200余具敌尸。徐乃荣在死人堆里扒出奄奄一息的指导员，背着他蹚过漂着尸块的汶河。指导员咽气前塞给他半块怀表：“替我……看着……新中国……”

游击岁月

1941年秋，5万日伪军如蝗虫漫卷沂蒙。徐乃荣带领妇救会转移至歪头崮，山道上空突然传来引擎轰鸣。三架九七式战机俯冲而下，炸弹将羊群掀上半空。徐乃荣扑倒身旁孕妇的刹那，气浪将他甩出三丈远。醒来时左耳失聪，怀里护着的孕妇虽存活，腹中胎儿却已胎死腹中。那夜他在岩缝里点燃草纸，跳动的火苗映着石壁上“生死与共”的炭字——那是抗大毕业时教官的赠言。

麻雀战在青驼寺一带打出传奇。徐乃荣的六人小队像山魈般神出鬼没：他们在鬼子炊烟升起时冷枪狙杀伙夫；将死蛇塞进日军水壶；更把蒺藜倒进胶鞋让敌人寸步难行。某夜奇袭葛沟据点，队员老李用火镰点燃马厩，徐乃荣趁乱摸进炮楼，用砍柴斧劈碎电台。撤退时发现追兵逼近，他竟学起狼嚎，引得满山野狼齐啸，吓得伪军魂飞魄散。

最惊险在1943年寒露。徐乃荣护送山东分局文件穿越封锁线，与日军巡逻队撞个正着。他将文件吞入腹中，纵身跳下十丈悬崖。醒来时躺在山洞，放羊娃正用草药敷他断腿。“文件……”“放心着哩！”孩子拍拍肚皮，“俺背你时觉得硌得慌，准是宝贝！”徐乃荣搂着孩子号啕大哭——蒙山百姓的脊梁，比花岗岩更坚硬。

转战人间

1947年孟良崮战役前夕，徐乃荣搀扶烈属王嬷嬷北撤沂水。老人裹过的小脚血肉模糊，却死死抱着儿子阵亡通知书不肯坐担架。夜过汶河浮桥，敌机投下的照明弹将河谷照如白昼。徐乃荣扑在老人身上，弹片削去他半片头皮。血雾迷蒙中，他撕下衣袖裹伤，继续背着老人攀越艾山。登顶时朝阳初升，他指着远处炮火说：“您听！这是给您儿子报仇的雷！”

1958年早春，徐乃荣站在界湖农技站的试验田里，掌心托着饱满的“沂南七号”麦种。身后传来年轻技术员的嗤笑：“老革命还信土法子？”他默默蹲下身，将抗大笔记摊在田埂——发黄的纸页上画满作物株距图，页脚批注：“山东纵队二支队于九子峰歼敌位置示意。”硝烟与麦浪在此刻重叠，战士的坚韧化作农人的执着。他培育的抗冻地瓜种，曾在1960年寒冬救活3000名饥民。

2014年清明，105岁的徐乃荣乘三轮车颠簸60里，将抗大毕业证献于沂南纪念馆。玻璃展柜里，证书上的毛笔字迹已晕染如血：“学员徐乃荣于游击战中完成学业。”馆长要给他复制件，老人摆摆手：“搁这儿吧，让娃娃们知道，打鬼子那会儿，课堂就在青纱帐里。”

2019年正月，老人倚在炕头哼《劝郎参军》：“……识字班缝军装啊，碾砣子压军粮……”重孙女举手机拍摄，他忽然颤巍巍指向窗外九子峰：“那山上……埋着好多娃娃兵……最小的才十五……”话音散入春风，成为世纪回响的绝唱。

出殡那日，乔家庄村民在灵柩覆盖党旗。送葬队伍行至九子峰下，山巅忽现云隙光，如巨掌抚过苍松翠柏。当年徐乃荣背指导员渡河的渡口，如今铁桥横跨汶河。桥墩上“1940·孙祖大捷”的铭文在春雨中锃亮如新。他的抗大证书在纪念馆第三展柜静静陈列。某天，一群红领巾驻足凝望。讲解员指着证书旁泛黄的照片——那是2015年夏，老槐树下最后的身影。老人手持蒲扇，脚下卧着黄狗，身后是漫山遍野的金色麦浪。照片下方题着老人亲笔：“俺替战友们看着呢，这好光景。”

★沂蒙老兵★

刘堂杰

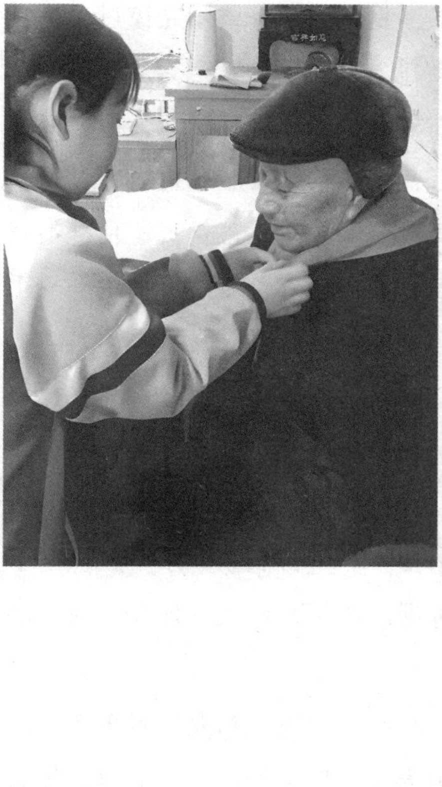

刘堂杰，1928 年 3 月出生，平邑县地方镇大井头村人。1944 年 5 月投身共产党领导的抗日武装，担任费县南新庄鲁南中学通信员。1946 年 6 月，在安徽池州老山战斗中，他执行任务时遭敌人机枪扫射，左脚、胸部左侧和左臂多处重伤，为保命忍痛截去左臂。1987 年离休。1998 年抗洪、2008 年汶川地震时，他踊跃捐款、缴纳特殊党费，还带头修路并资助困难学生，以实际行动诠释奉献精神。

独臂擎天

沂蒙山区的晨曦总带着几分历史的厚重，当第一缕阳光掠过平邑县地方镇大井头村的青瓦土墙时，16 岁就投身抗日的独臂老兵刘堂杰，正坐在院子里的老槐树下。他空荡荡的左袖管被山风轻轻扬起，像一面褪色的战旗，在岁月里猎猎作响。这片红色沃土曾孕育了“村村有烈士，户户都支前”的壮阔史诗，而这位独臂英雄的人生，正是沂蒙精神最鲜活的注脚——从放牛娃到通信兵，从断臂战士到红色教员，他用一只手臂撑起了民族的脊梁，更用一生的信仰照亮了后来者的征程。

放牛娃的烽火少年路

1928 年3 月，刘堂杰出生在大井头村一户贫苦农家。茅草屋顶漏下的星光、牛背上摇曳的夕阳、山坡上弥漫的硝烟，构成了他少年时代的三重印记。

这个在沂蒙山褶皱里长大的孩子，打小就听着“八路军打鬼子”的故事，看着村里青壮年陆续跟着队伍消失在山坳深处。大井头村流传着这样的民谣：“独臂英雄刘堂杰，16 岁抗日打鬼子。”

1944 年5 月，当费县南新庄鲁南中学的征兵队伍路过村口时，正在山坡放牛的16 岁少年扔掉牧鞭，揣着母亲连夜烙的糠饼，头也不回地跟上了队伍。

“那时候不懂啥叫革命，就知道鬼子烧了俺家的草棚，杀了邻村的王大爷。”老人布满沟壑的脸上，干涩的眼睛突然泛起光亮。在鲁南中学当通信员的日子，他是队伍里最小的“小鬼”，却干着最危险的活儿。个子矮够不着马鞍，就踩着土坯给战马挂缰绳；识字不多，就把情报内容编成顺口溜记在心里。有次深夜穿越封锁线，他把密信藏在牛粪里，光着脚在荆棘丛里跑了10里地，脚底磨出的血泡破了又结，硬是赶在天亮前把情报送到了联络站。“那时候就一个念头：跑快点，再跑快点，鬼子的刺刀追在屁股后面呢！”

16岁的肩膀本应扛起书本，他却扛起了钢枪；16岁的手掌本应握住牧笛，他却握住了手榴弹。当同龄人还在爹娘怀里撒娇时，刘堂杰已经在枪林弹雨中学会了生存智慧——听到飞机轰鸣就往岩石缝里钻，闻到硝烟味就知道风向变化，甚至能从马蹄声的轻重判断敌军人数。“有回遇到小股鬼子巡逻队，俺趴在麦垛里，大气不敢出，眼睁睁看着刺刀挑开俺藏身的麦秸，离鼻子就差三指宽。”回忆起这段经历，老人下意识地用右手比画出距离，仿佛那冰冷的钢铁仍在眼前晃动。

断臂之痛与信仰之坚

1946年6月的安徽池州老山，成为刘堂杰生命中永远的血色坐标。当时特务连与敌军鏖战三天三夜，子弹打光了，手雷扔完了，连长把最后的希望寄托在去师部取弹药的刘堂杰身上。

“趴在地上爬的时候，听见子弹嗖嗖从耳边飞，像割麦子的声音。”他至今记得泥土钻进伤口的刺痛，当离我方阵地还有20米时，一串机枪子弹突然扫来，左脚、左胸、左臂瞬间被火舌吞噬。

“醒来时躺在野战医院，左臂缠着厚厚的绷带，一股子血腥味。”

医生告诉他必须截肢，这个消息像炸雷在他头顶响起。“俺才18岁，没了胳膊咋打鬼子？”他挣扎着要下床，却被剧痛拽回现实。截肢手术没有麻药，他咬着毛巾直到嘴角渗血，汗水浸透了整个担架。术后左脚神经受损，比右脚短了整整1厘米，走起路来一瘸一拐，但他最痛心的还是空荡荡的左袖管——那是战士最引以为傲的武器啊！

伤愈归队后，刘堂杰拒绝了后方休养的安排，硬是用一只右手练习打枪、投弹、骑马。“别人用两只手，俺用一只手；别人练一遍，俺练十遍。”训练场上，他单臂举枪的身影常常成为标杆，汗水顺着残肢的疤痕滑落，在枪托上砸出深色的印记。

1946年2月，这个在战火中淬炼的青年正式加入中国共产党，宣誓时他把右拳举得格外高，仿佛要用一只手撑起整个信仰的重量。

解放后，刘堂杰带着伤残之躯投入社会主义建设。在平邑县供销社工作期间，他用独臂搬过百斤重的化肥袋，用单肩扛过成捆的布匹，仓库的水泥地上，至今留着他独臂支撑身体时磨出的凹痕。“那时候没想过苦，就觉得能活着看到新中国，比啥都强。”1987年离休时，组织要给他安排县城的房子，他却执意回到大井头村：“俺是喝沂蒙山水长大的，死也要死在这片土地上。”

红色课堂里的生命之光

2010年春天，地方镇中心校的辅导员刘德平第一次带着少先队员走进刘堂杰的农家小院时，老人正在用右手给院中的石榴树剪枝。看到孩子们胸前的红领巾，他眼睛突然亮了，像点燃了尘封多年的烽火记忆。“来，孩子们，坐俺身边，听听当年打鬼子的故事。”

从此，这间摆着土炕、墙上挂着毛主席画像的农家小院，成了方圆十里最特殊的课堂。刘堂杰会把珍藏的军功章摆在石桌上，用布满老茧的右手逐个摩挲：“这枚是解放济南时得的，那回俺单臂炸了敌人两个地堡；这枚是抗美援朝纪念章，可惜俺因伤没能去前线……”讲到动情处，他会突然卷起右袖，露出臂弯里深浅不一的伤疤：“看这道，是鬼子子弹擦过去的；这道，是跳壕沟时摔的……”

最震撼的场景，是他讲述截肢经历的时刻。老人会平静地挽起左袖管，露出光滑的残肢末端：“19 岁那年，俺在这儿没了胳膊。疼吗？疼啊，疼得想撞墙。可看看身边牺牲的战友，俺这点伤算啥？”孩子们盯着那只空空的袖管，突然明白课本上“牺牲”二字的重量。有个男孩偷偷抹眼泪，老人却笑着用右手拍拍他的头：“别哭娃，现在日子好了，你们不用再吃俺们那时候的苦。”

为了让故事更生动，老人让女儿把战斗经历写成纸条，贴在炕头的墙壁上。“费县伏击战”“老山弹药运输”“火线入党”……每个纸条都对应着一段血火交织的往事。讲到麻雀战时，他会用右手比画着打冷枪的动作；讲到支前群众时，他会指着院外的山路：“当年妇女们就是沿着这条路，用独轮车推粮食送伤员，车轮子都磨平了好几茬。”

永不褪色的精神旗帜

离休后的刘堂杰活得像一面永不褪色的红旗。1998 年抗洪，他让女儿把省吃俭用的500 元送到村委会；2008 年汶川地震，他拄着拐杖走了三里地，到镇上缴纳特殊党费；村里修路缺钱，他第一个把存折递给村干部；邻居家孩子交不起学费，他偷偷塞去书包和文具。“俺是党员，只要还有一口气，就得为党做事。”身体不便出门，他就让女儿每天读报纸念新闻，听到国家取得成就时，会像孩子一样拍手笑；看到贫困地区的报道，就念叨着要捐款。有次电视里播阅兵式，他坚持让女儿把自己扶到轮椅上，对着屏幕敬了整整10分钟的礼，独臂颤抖着，却始终没有放下。

老人的院子里种满了向日葵，花盘永远朝着太阳的方向。每当少先队员来访，他都会让女儿摘下最新鲜的石榴，用独臂剥开分给孩子们。“吃吧娃，这比俺当年啃的树皮甜多了。”阳光穿过老槐树的缝隙，在他残缺的左臂处投下斑驳的光影，仿佛当年的战火仍在以另一种形式燃烧。

离开大井头村时，暮色已漫上山头。回头望去，刘堂杰正坐在门槛上，独臂轻轻拍着身边的老狗。他的身影在夕阳里拉得很长，那只空荡荡的左袖管，像一支指向天空的箭头，指向那些被烽火照亮的岁月，指向一个民族永不屈服的精神高地。

沂蒙山区的风从远处吹来，带来了山外的繁华，也带来了对这片土地最深的敬意——这里的每一块石头都刻着牺牲，每一道山梁都挺着脊梁，而像刘堂杰这样的老兵，就是镶嵌在山河间最璀璨的星辰，用生命的余晖照亮后来者的征程。

当汽车驶离村庄，后视镜里的农家小院渐渐缩小，唯有那面在风中飘扬的红领巾格外醒目。那是老英雄最珍视的勋章，也是一个民族最珍贵的传承——在独臂撑起的天空下，红色的种子正在沂蒙沃土中生根发芽，等待着来年春天，长成一片蓬勃的森林。

★沂蒙老兵★

李美林

李美林，1928年出生，莒县人。1939年参军，1944年加入中国共产党。抗战时期参加过甲子山反顽战斗、石沟崖歼灭战、血战悬崮顶、挺进诸胶边等战斗，解放战争中参加过鲁南战役、济南战役、淮海战役、渡江战役等。曾先后为万毅、萧华、许世友、谷牧等担任过勤务员或警卫员。1949年4月，李美林在渡江战役中负伤，被安排在华东军政干校学习。干校毕业后，因二等乙级残废离开部队。1950年李美林回到家乡洪瑞区时才22岁。他当时年轻又识字，经常被安排以重要任务。那一年，他带领2000多名民工参加临沂飞机场施工，在竣工试航典礼上，作为施工代表发言，题目是“过去人民怕飞机，现在人民盼飞机”。这篇发言稿后来被刊登在了《大众日报》上。

半袋红粮

1939年早春的莒县坊上村，寒风依然刺骨。11岁的李美林裹着一件四处钻风的破棉袄，右手攥着磨得发亮的要饭棍，左手挎着豁了口的破提篮，正缩在墙角避风。远处突然传来一阵整齐的脚步声，一支陌生的队伍开进了死气沉沉的村庄。他惊恐地看着那些扛枪的人，却见他们对着倚门张望的老人恭敬地喊“大爷”“大娘”。几个兵径直朝他破败的家走去，和父亲低声商量着什么。很快，一口借来的大铁锅架在了院中，柴火噼啪作响，水汽氤氲升腾。

“你们是哪一伙的？”李美林鼓起勇气，凑近一个正添柴的战士。

“小兄弟，我们是八路军山东纵队第二支队！”战士抹了把汗，火光映亮他年轻的脸庞，“专打鬼子的队伍！”

“打鬼子？”李美林的眼睛倏地亮了。他默默蹲在灶边，帮着递柴火。部队开饭时，炊事班班长看着这瘦骨嶙峋、眼巴巴盯着饭食的孩子，还有他那同样干瘦的父亲，默默匀出两份掺着野菜的糊糊递过去。饥肠辘辘的父子俩，第一次尝到了饱腹的滋味。

这支队伍在村里驻扎了十几天。李美林扔了要饭棍，天天跟着战士们转悠，提水、抱柴，像条甩不掉的小尾巴。出操时，他跟在队伍后面踉跄地跑，听不懂那些“保卫家乡”“驱除日寇”的歌词，只觉得那整齐的吼声震得心里滚烫。一位姓刘的司令员注意到这个勤快的小鬼，拍着他瘦削的肩膀：“小鬼，想当兵不？扛枪打鬼子！”

“当兵……能吃饱饭吗？”李美林仰着脸，怯生生地问。

“能！”刘司令朗声大笑，手指向远方，“不光自己能吃饱，咱们扛枪打仗，就是为了让天下穷苦人都吃上饱饭！”这句话像火种，瞬间点燃了孩子枯寂的心。李美林用力点头。一支比他高出许多的“汉阳造”很快压上他稚嫩的肩膀，枪托几乎拖到地。李美林被编入宣传队，提着小糨糊罐，跟着大哥哥们穿街走巷。墨汁的清香混合着标语上“抗日救国”的字样，成为他最初的革命启蒙。

队伍开拔的日子到了。临行前，司务长看着李家家徒四壁的茅屋和父子俩褴褛的衣衫，沉默良久。部队给养早已捉襟见肘，他还是解下背上沉重的粮袋，倒出约莫半袋红得发亮的高粱米，塞到李美林父亲枯柴般的手中：“老乡，这点粮食，给孩子留着……熬过这阵子。”老人颤抖着手接过，泪水滴落在粗糙的麻袋上。李美林一步三回头，看着父亲抱着那半袋高粱米站在村口的身影越来越小，最终消失在早春的薄雾里。他不知道，这半袋红粮，将成为父亲和他穿越死亡线唯一的浮木。

部队在莒县、临沂北、沂水东的烽火中辗转。李美林大多跟着宣传队刷标语、学识字，偶尔在司令部端茶倒水。枪炮声是遥远的背景音，直到1939年夏，部队为反“扫荡”紧急转移，他这个“跟不上趟”的小鬼被疏散回家。

家乡已成人间地狱。大旱赤地千里，树皮、草根早被剥食殆尽，饿殍枕藉。汉奸横行，日寇肆虐。父亲像守护命根子一样守着床下土罐里那半袋八路军给的高粱米，只在饿得眼冒金星时，才颤抖着手抓出两小把，父子俩干嚼着粗糙的颗粒，混着野菜汤勉强续命。每一粒高粱米在舌尖碾碎的沙砾感，都让李美林想起刘司令的话：“让天下穷人都吃上饱饭！”

秋雨终于落下时，八路军四大队像救星般重返故土。李美林像离弦的箭，赤着脚一口气跑到星移庄村大队部，冲着大队长王见才大喊：“我要当八路！打鬼子！”他回到了队伍，被分配到汤头区区长祝月身边当勤务兵。战火中的区公所行踪飘忽，麦秸垛、山洞、河滩都是他们的“家”。

1940年初，日寇“扫荡”的阴云笼罩鲁南。李美林随区公所潜入沂水铁山下南柳村，彻底转入地下。为打击敌人气焰，祝区长决定拔掉日寇在汤头的据点。一个大胆的任务落在了全区年龄最小的李美林肩上——潜入汤山据点侦察。

几天后，一个瘦小黝黑的身影混入了被强征修工事的民夫队伍。李美林扛着几乎与他等高的铁锨，在汉奸监工的皮鞭下“磨洋工”，眼睛却像机敏的鹰隼，不动声色地扫视着岗哨、火力点、鬼子兵的活动规律。监工的汉奸头目瞥见他单薄矮小，一把将他揪出人群：“小崽子，腿脚利索！去，伺候太君夫人洗澡去！”

温泉池热气蒸腾，水汽模糊了视线。几个日本女人尖厉的嬉笑声传来，李美林低着头，强忍着屈辱，抱着她们花花绿绿的衣物和脸盆。手指触碰到冰凉的丝绸，耳朵却捕捉着关键信息——驻军人数、换岗时间、军官住处……下午，他又被指派往山顶炮楼送水。陡峭的岩石小道，沉重的木桶压得他肩膀生疼，汗水模糊了眼睛。他咬着牙，一步步向上攀登，心中默记着每一处拐角、暗堡的位置。当夕阳将山石染成血色，李美林已带着烙印在脑海中的据点详图，消失在暮色笼罩的山林中。

当夜，汤山顶杀声骤起。李美林紧握着他那支老套筒，跟着区中队的战士们如猛虎般扑向敌阵。黑暗中火光迸溅，子弹尖啸。他学着老兵的样子，瞄准一个在探照灯下挥舞指挥刀的矮壮身影，屏息，扣动扳机！“砰！”枪身重重撞在肩窝，震得他后退半步。远处传来一声野兽般的惨嚎，那鬼子军官应声栽倒，抱着鲜血喷涌的腿翻滚。奇袭得手！但鬼子的报复如影随形。不久后在小岭子村，区中队被围。惨烈的突围战中，两名熟悉的战士永远倒在了血泊里。李美林眼中最后一丝稚气，在硝烟与鲜血的淬炼中彻底退去。

1941 年，日寇的“扫荡”铁壁合围。已调入老四团的李美林，因年纪尚小，再次被编入沭水县大队。战火将他迅速催熟。他不再是宣传队里提糨糊罐的孩子，而是紧握钢枪、冲锋陷阵的战斗员。

一次深夜奔袭，目标是赣榆小常庄据点。情报显示驻有鬼子一个小队和百余伪军。李美林所在的县大队与山东纵队二旅一部协同作战。战斗在凌晨打响，伪军仗着鬼子督战和精良装备，抵抗异常顽固。枪炮声震耳欲聋，子弹在头顶织成火网。攻击部队久攻不下，伤亡增加。更危急的是，临沂方向的援敌突破了打援部队的防线——那挺关键的机枪竟在紧要关头卡了壳！

凶悍的鬼子援兵挺着刺刀，号叫着扑入阵地。惨烈的白刃战瞬间爆发！金属撞击的刺耳声、垂死的怒吼、刺刀捅入身体的闷响充斥耳膜。李美林拼尽全力架开一柄刺向他胸口的“三八大盖”，震得虎口崩裂，枪几乎脱手。

生死一线间，身旁的老班长怒吼着撞开那个鬼子，雪亮的刺刀狠狠捅进敌人腹部，血喷了李美林一脸。他趁机翻滚脱离，被战友拖回后方。此役双方伤亡惨重，小常庄据点像一颗顽固的毒牙，依然嵌在那里。李美林坐在战壕里，看着担架抬走牺牲战友残缺的躯体，用力攥紧了仅剩的两颗边区造手榴弹——它们威力小得像炮仗，有的甚至只冒股青烟。武器！没有好枪炮，多少好兄弟的血白流了！战士们的子弹袋总是瘪的，“每人三发子弹，打不着目标，你给我把子弹追回来！”连长的话沉甸甸压在心头。

1943年底，李美林从抗日完小毕业，被分配到滨海军区司令部警卫部队——沭水独立营，营长是威名赫赫的陈士法。此时滨海部队刚在赣榆打了一场漂亮仗，全歼日伪2000余人。然而，复仇的毒蛇已悄然吐信。

一个看似平静的清晨，独立营战士正在驻地马旦头村外出操，嘹亮的号子声回荡在田野。突然，尖锐的呼啸撕裂空气。"轰！轰！"炮弹在操场上炸开，土石飞溅！紧接着，密集的机枪子弹如瓢泼大雨横扫而来！

"敌袭！隐蔽！准备战斗！"陈营长的怒吼被爆炸声淹没。近千名精锐鬼子兵，趁着黎明前的黑暗，如同鬼魅般摸到了军区司令部眼皮底下！警卫营将士虽猝不及防，却以惊人的速度组织反击。李美林和战友们依托院墙、沟坎，用所有能找到的武器拼命还击。子弹打光了就甩手榴弹，手榴弹甩完了就上刺刀！村庄内外每一寸土地都在燃烧、都在厮杀。敌众我寡，凶悍的鬼子一度突入村内。刺刀见红的巷战在断壁残垣间展开，每争夺一间屋舍都要付出血的代价。

鬼子疯狂的进攻被战士们用血肉之躯硬生生顶住。敌人见突袭不成，久战恐遭合围，在丢下遍地尸体后仓皇撤退。硝烟尚未散尽，战士们喘息着开始清理战场、救护伤员。突然，一个通信员满脸是血，踉跄奔来，声音带着哭腔："快！政委……符政委他……"李美林的心猛地一沉，跟着人群冲向村东头。一处被炸塌半边的土墙下，滨海军区政委符竹庭倒卧在血泊中，头部重伤，昏迷不醒，鲜血染红了身下的黄土。这位深受战士们爱戴、年仅31岁的优秀指挥员，在方才激烈的战斗中不幸被弹片击中。虽经全力抢救，噩耗还是传来：符政委牺牲了！

整个马旦头村陷入了巨大的悲痛之中。几天后，在庄严肃穆的抗日山安葬仪式上，李美林和无数战士一样，泪水无声地滑过布满硝烟尘土的脸颊。山风呜咽，松涛阵阵，仿佛在为一个年轻生命的陨落而哀鸣。李美林挺直胸膛，向着覆盖着党旗的灵柩，敬了一个最标准的军礼。符政委的血，像最炽热的烙印，烫在他年轻的心上——总有一些牺牲，重于泰山；总有一些旗帜，需要以生命来捍卫。

李美林摸了摸腰间沉甸甸的子弹袋——里面已不再是可怜的三发子弹。经历赣榆大捷的缴获补充，他的子弹袋是满的，手榴弹也是威力更大的“新家伙”。他望向远方连绵的青山，那里是鬼子盘踞的方向。李美林眼中燃烧的不再仅仅是求生的渴望和吃饱饭的朴素愿望，而是淬火成钢的意志，是接过旗帜、继续冲锋的决绝。那半袋救命红粮滋养的生命，早已在血与火的熔炉中，锻造成刺向侵略者咽喉的利刃。

★沂蒙老兵★

于步敬

于步敬，1927 年 9 月 6 日出生，沂南县张庄镇后辉山村人。1944 年参军，1946 年入党，曾参加过陡山战役、济南战役、四川战役和孟良崮战役等重要战役。在孟良崮战役中，他所在的部队消灭了国民党军队 74 师，这是他印象最深刻的战役之一。于步敬在部队中担任过通信班班长，并在 1956 年成立高级社时担任社长，1959 年至 1984 年一直担任正书记。

血染征衣

第一次见于步敬老人时，他正用枯枝般的手指抚平军装褶皱。这件洗得泛白的旧军服前襟处，深褐色的斑痕如隐秘的地图——那是1947年孟良崮的焦土，1944年周村的血雨，是八十载光阴也洗不去的烽火印记。

1944年正月初二，沂蒙山的积雪还封着山路。于步敬将拉火雷裹进破袄，跟着武工队队长徐耀东潜入周村外围。月光下，两杆土枪的影子在城墙上摇晃得如同儿戏。当日军探照灯扫来的刹那，徐队长扣响的土枪竟哑了火！

“贴壳了！”于步敬至今记得队长嘶哑的吼声。子弹卡壳的脆响惊动敌哨，机枪火舌瞬间舔舐土坡。徐耀东猛推他滚进沟渠：“散开！各跑各的！”

于步敬在弹雨中发足狂奔，身后传来战友的惨叫——同乡于大柱被日军刺刀挑起，头颅成了城楼下的血腥灯笼。三日后雪夜追悼会，于步敬咬碎满嘴血泡，将半截哑火的枪栓埋进衣襟。

周村城墙在1945年秋夜震颤。于步敬所在3营如蚁群攀附云梯，碉堡射孔喷吐的火舌将战士成片扫落。他踩着温热尸体跃上城垛，刺刀捅进机枪手咽喉的瞬间，滚烫的血喷溅在土雷引线上。

“轰！”爆破的烟尘中，日军膏药旗化作漫天布屑。未及喘息，命令又至：急行军直扑淄博！

淄博城外的水泥碉堡成了新坟场。3营营长带头扛起炸药包冲锋，身中数弹仍向前爬行。于步敬眼见营长手指抠进泥土拖出血痕，嘶吼着跃过尸堆抢过炸药。碉堡基座的碎石划破膝盖骨，他点燃引信翻滚躲避时，震波将三颗后槽牙崩进喉头。满嘴血腥里望见水泥块漫天纷飞，恍如故乡四月初八庙会的烟花。

1947年5月的孟良崮，空气灼烧着硫黄与血腥。于步敬蜷缩在芦山阵地弹坑里，头顶74师的美制榴弹炮正实施“剃头战术”。总攻号吹响时，于步敬随人潮冲向主峰，忽然地动山摇——炮弹在身侧炸出三米深坑，气浪将他半截身子夯进焦土。

“像被活埋的树桩。”老人拍打双腿。意识模糊间，听见土层外传来排长的山东腔：“这有动静！”指甲扒开血泥的刺啦声愈来愈近，最后一道天光劈进黑暗——五根鲜血淋漓的手指撕开裂隙，硬将他从鬼门关拽回。阵地上幸存的12人相拥而泣，发现彼此军装已被炮火熔成褴褛的铠甲。

2023年清明，后辉山村的老槐树下，于步敬对着手机镜头整理军装。曾孙在屏幕那头喊：“太爷爷真帅！”老人忽然怔住，眼底泛起清光：“这衣裳……是徐队长埋枪栓那件……”

家人只当老人糊涂，却不知此刻他正穿越时空：晒衣绳上的旧军装忽而漫起硝烟，周村的土枪哑火声与淄博的爆破声在耳边交响。

夕阳将坠，于步敬老人执意独自坐在晒衣绳下。晚风鼓起空荡的袖管，仿佛里面还奔跑着那个怀抱拉火雷的沂蒙少年。村广播突然播放《八路军进行曲》，于步敬颤巍巍站起敬礼，身旁绳架上，旧军装的影子在黄土墙上越拉越长，终化作孟良崮上永不倾斜的战旗。

★沂蒙老兵★

李润洲

李润洲，1925 年 9 月出生，费县人。1941 年 2 月入伍，1944 年 7 月入党。参加辽沈战役、淮海战役、渡江战役，以及抗美援朝战争，荣立一等功 4 次、二等功 2 次、大小战功 15 次，先后打出一个三等功臣排和二等功臣连，为新中国的解放事业立下了赫赫战功。

铁血征途

山风掠过青石墙，九旬老人李润洲胸前的勋章叮当作响。当他布满老年斑的手指抚过“抗美援朝纪念章”凸起的五角星，冰封七十载的记忆骤然解冻——那里面有四平街头的硝烟、上海碉堡的血雾、长津湖的刺骨寒风，以及上甘岭焦土里嵌着的战友遗骸。

1941 年寒冬，16 岁的李润洲攥着半块地瓜走进八路军115 师教导5 旅营地。征兵干部望着他单薄的身板摇头：“小同志，机关勤务班缺人。”少年急得跺脚：“俺要上前线打鬼子！”彼时教导旅旅长梁兴初——后来的“万岁军”军长，正策马经过，闻言勒缰大笑：“好小子！先在机关练好本事，仗有你打的！”

四年后的四平街头，李润洲终于迎来真正的淬炼。1946 年，东北民主联军反攻的炮火中，这个曾经的勤务兵匍匐在瓦砾堆里，目睹血肉长城在钢筋水泥前崩塌。国民党守军机枪喷吐火舌，冲锋的战友如麦秆般倒下。“打三天三夜才撕开口子！”老人喉头滚动，“满地都是残肢断臂，护城河漂着血沫子。”当连队仅存30 余人冲进城区时，李润洲的绑腿已被凝固的血浆染成黑红。

平津战役的巷战硝烟尚未散尽，淮海平原的冻土又漫起硝烟。1949年上海攻坚战，李润洲所在的连队奉命爆破钢筋水泥碉堡。爆破手刚靠近射孔，敌方子弹瞬间引爆炸药包。“轰隆巨响里人就没了，后边的踩着血泊继续冲。”两百人的连队攻克碉堡群后，只剩二十几个血人站在黄浦江畔。有战士跪地捧起混着脑浆的焦土，突然放声痛哭——那捧土里嵌着半枚熟悉的纽扣。

1950 年深秋，鸭绿江畔朔风如刀。已升任连长的李润洲率部疾行，单衣在零下40℃的寒风中硬如铁甲。“平地积雪齐腰深，走五步滑回两步。”队伍在月夜拖出蜿蜒的黑痕，有人栽进雪坑再未爬起。更残酷的是饥饿——战士嚼着枯黄的树叶充饥，喉管被粗粝的纤维割出血丝。某夜休整时，18 岁的小战士偷吃两把炒面后猛灌雪水，突然倒地抽搐：“胀得像个皮球，眼珠都凸出来了……”

二次战役在长津湖启动。李润洲的加强营穿越美军封锁线时，照明弹将雪野照成白昼。重机枪子弹穿透行军队列，鲜血在雪地上泼出刺目的红梅。鏖战结束，全营1007 人仅存56 个活口。李润洲带领幸存者打扫战场，扒开雪堆寻找战友遗体。有个小战士冻僵的嘴里塞满枯叶，右手还保持着抓雪的姿势。“要是在国内……”他哽咽着说不下去，用刺刀在冻土上掘出浅坑。掩埋最后一名烈士时，冰镐撞到硬物——雪层下是叠压三层的尸骸。

最惨烈的发生在五圣山。1952 年秋季反击战中，李润洲的连队奉命固守前沿阵地。美军燃烧弹将山岩烧成琉璃状，焦煳味混合血腥气令人作呕。

三天拉锯战后，通信员拖着肠子爬进指挥所：“连长……全连就剩咱们了……”李润洲冲出坑道，阵地上横陈着200 多具遗体。三个炊事员从尸堆里抬头，手里还攥着半袋炒面——他们冒死穿过封锁线送来的给养，终究没能喂进战友嘴里。

硝烟散去时，李润洲在战壕里清点遗物。帆布袋倒出的布条堆成小山，每片都写着姓名籍贯——这是出征前战士们缝在衣内的“生死牌”。他颤抖着将布条按籍贯分类，湖北黄安的27 条，山东费县的19 条……当整理到写着自己名字的布条时，老连长突然佝偻了腰，泪水砸在血字上洇开朵朵暗花。

“为什么打仗？为谁打仗？”当年轻党员问及信念，李润洲老人胸前的勋章叮咚作响。他指向窗外车水马龙的街道：“为卖煎饼的大娘能安心出摊，为娃娃们放学笑着跑过马路。”阳光掠过他额头的弹痕，照在褪色的军功章上，“胜利那年，俺在战壕里梦见老家场院堆满麦子，金灿灿的……”

2019 年深秋，95 岁的李润洲站在费县烈士陵园。他缓缓抚摸花岗岩纪念碑，冰凉的石壁传来战友的余温。当少先队员将鲜花放在“无名烈士”碑前，老人突然挺直佝偻的脊背，对着绵延的青山敬礼。山风卷起他的白发，宛如当年长津湖漫天的雪末。纪念碑基座上，一行镏金大字在夕阳里燃烧：“你们的功勋，铺就了我们脚下的路。”

沂蒙山的暮色漫过窗棂，老人从箱底捧出泛黄的布条。五十六片血字在案头铺开，恰似当年战壕里的模样。其中一片字迹格外清晰：“李润洲，山东费县，共产党员。”他拿起这片曾为自己准备的“墓碑”，轻轻压在《朝鲜停战协定》影印件上。窗外华灯初上，孩童笑闹声掠过街道——这喧腾的人间烟火，正是所有布条上的名字，用十五载烽火青春换来的回响。

★沂蒙老兵★

郭智义

郭智义，1922 年出生，沂南县南左泉村人。1944 年参军，1946 年加入中国共产党，历经抗日战争、解放战争和抗美援朝战争。历任班长、连文书、营书记、团作战股股长、师工兵主任等职，后晋升副师职（行政七级）。1961 年毕业于工程兵学院，两次获评“五好学员”，留任工程兵科学研究院第一研究所主任十年。

沂蒙铁骨

1928 年寒冬，郭智义降生在沂南县南左泉村一个贫寒之家。他幼小的足迹踩在饥饿的土地上，跟随母亲逃荒要饭，颠沛流离。日军铁蹄踏碎山河的残暴景象，如同烧红的烙印，深深烫进他年幼的眼底与心中——那不只是苦难的印记，更成了他日后奔赴战场的原始推力。

1945 年，当抗战胜利的消息传遍大地，郭智义所在的部队被编入鲁中军区3 师9 团。然而战争并未远去，行军的尘土与硝烟成了他青年时代最熟悉的背景。

在攻打周村南门的动员会上，连队要挑选爆破强攻的勇士。指导员话音未落，担任班长的郭智义便霍然站起，声音铿锵，震动了营帐沉闷的空气："参加爆破有什么可怕的？怕死就别来当兵！"——这朴素的话语，却是沂蒙山石般的无畏宣言。硝烟弥漫中，郭智义与战友们用血肉为大军撕开前进的通路，炸塌了敌人坚固的南门。

战斗结束不久，指导员找到郭智义。火光映着指导员严肃而温和的脸庞，他郑重询问："你对党有什么要求？"年轻的郭智义却连连摇头，语气恳切："我没啥要求。只是做了一件该做的事，还远远不够。"当指导员宣布他符合党员条件时，他依然谦逊："我才表现一次啊，得看长远，日久见人心哪。"他朴素真诚的信念在硝烟中淬炼成熟，最终在鲜红的党旗下庄严宣誓。

1946 年春天，辽阳保卫战的枪声撕裂了冻土。郭智义连队奉命阻击敌人，两军近距离绞杀在一起。手榴弹在空中划出致命的弧线，你来我往。他敏捷地拾起敌人投来的第一颗、第二颗手榴弹奋力回掷。然而第三颗却滚到脚边，郭智义弯腰拾起的瞬间，爆炸撕裂了寂静与血肉——碎片无情地洞穿了他的手掌与大腿。伤痛烙进身体，却未曾磨灭他心中那团火。

南下途中，海南岛战役打响。部队登陆时遭遇敌人密集轰炸，20公斤重的炸弹呼啸落下，专门破坏登陆船只。潮水即将上涨，淹没的炸弹威胁更大。郭智义毫不迟疑，手枪一放，帽子一摘，袖子一挽便扑了上去。他凭借战场积累的经验，在令人窒息的紧张中，硬是徒手将六枚随时可能吞噬生命的炸弹一一扒出、排除。当浑身泥泞的郭智义归来汇报，满以为会得到赞许，换来的却是科长的严厉训斥："你的任务是什么？你抱炸弹？你的任务不是抱炸弹！"这一声责备，严厉之下涌动着对战友性命沉甸甸的珍视与保护。

1950年10月，朝鲜战火蔓延，郭智义未及拂去征尘，便再次踏上征途。跨过鸭绿江的瞬间，他蓦然回首：身后祖国安东灯火温暖辉煌，眼前朝鲜大地却是硝烟弥漫，一片黑暗。那刺目的明暗分界，无声诉说着战争的残酷法则。

在朝鲜云山地区，作为335团作战股长，郭智义与团长等人在河边空地研究部署。他敏锐察觉三岔路口地势危险，提议转移。话音未落，炮弹凄厉落下——通信股股长范春和通信员小王惨呼"俺娘啊"，腿已被炸断，团长也倒在血泊中。气浪灼热，郭智义以为自己难逃此劫，挣扎着跑了几步，活动身体，竟发现自己奇迹般毫发无伤。他拍拍尘土，在巨大的悲痛与侥幸中站起，转身便独自持枪摸入黑暗联络部队。最终后勤人马安然无恙，师部通令嘉奖，他用行动证明：死神夺走战友，却夺不走未竟的责任与钢铁的意志。

调任356团军务股股长后，危险依旧如影随形。一次奉命前往118师了解情况途中，敌机骤然袭来。他们刚刚冲出隐蔽点二三十步，身后原隐蔽处便被炸弹彻底覆盖。那一夜的行军，注定在轰炸间隙与生死竞速中穿行。严寒刺骨，饥饿噬心，敌机在头顶盘旋俯冲……但战士们心中燃烧着“抗美援朝，保家卫国”的信念，如同不灭的火炬。“雄赳赳，气昂昂，跨过鸭绿江”的歌声穿越硝烟与山谷，支撑着每一个浴血的身影。这歌声里奔涌着为牺牲干部、为倒下战友复仇的怒吼，也熔铸着超越生死的朴素誓言。

从鲁南乞讨的孩童，到周村南门无畏的爆破手；从辽阳城下血染的战士，到海南岛畔勇排炸弹的勇者；最终化为朝鲜战场硝烟中幸存的指挥员——郭智义的身影贯穿了民族解放与站立起来的烽火全程。他负伤的腿，排爆的手，以及鸭绿江畔那深情回望祖国灯火的双眼，在血色与火光中，默默诠释着一个战士最坚硬的骨头与最滚烫的心肠。

在时代风雷激荡中，正是无数郭智义这样背负家国命运的血肉之躯，用断骨残躯，硬生生扛起了一个破碎的山河。他们生命的底色里没有传奇的光环，只有土地般的沉默与承担；历史所铭记的，恰是这千万份沉默汇成的惊雷，最终唤醒了古老民族沉睡的尊严。

★沂蒙老兵★

张景元

张景元，1927年12月7日出生，费县梁邱镇书房村人。1946年入伍，同年10月加入中国共产党。服役于第3纵队7师警卫连、后改编入18军54师军部警卫营，任警卫员，负责保护作战指挥。参与济宁战役、睢宁战役、淮海战役、渡江战役、四川大西南战役等重要战斗，荣立一等功1次、二等功1次。全国解放后，随部队进入西藏二郎山修建公路长达六年。其间升任西藏军区警卫营2连政治指导员，正连级。1956年转业至贵州省公安厅劳改局，1962年积极响应国家号召放弃公职，举家返回费县书房村务农，回乡后担任村党支部副书记、大队长多年。2019年受邀参加新中国成立70周年阅兵仪式，成为“致敬”方阵成员之一。

深藏功与名

2020年仲夏，大青山党性教育基地的吉普车碾过费县梁邱镇的青石路时，蝉鸣正浓。当“送课下乡”小组推开书房村那扇斑驳的木门，93岁的张景元正坐在马扎上打磨锄头，苍老的手指抚过锃亮的金属面，像抚摸着某种古老的图腾。墙角木柜里，六枚军功章在灰尘下泛着暗铜色的光——淮海战役纪念章边缘的齿轮已磨平，一等功奖章绶带褪成浅黄，康藏公路修建纪念章背面还留着当年悬崖落石砸出的凹痕。

“这些老物件，早该进博物馆了。”老人笑着推开木柜，樟脑丸的气味混着时光的沉郁扑面而来。玻璃展柜里，1956年康藏公路通车合影上，年轻的张景元站在队伍前排，军帽檐下的眼睛亮得像雪山上的太阳。而此刻坐在我们面前的老人，沟壑纵横的面庞上，唯有谈及“18军54师警卫营2连”时，浑浊的瞳孔会骤然亮起，仿佛那些被岁月掩埋的烽烟，正从褪色的军功章里重新升腾。

儿童团长的枪与诗

1938年深秋，11岁的张景元躲在书房村东头的柿子树后，看见八路军骑兵队冲进村子时，马刀在夕阳下划出的弧线像燃烧的绸带。他记住了骑兵队队长包扎着血污的左臂，也记住了那人临走时塞给他的半块炒面窝头——那是他第一次近距离接触“打鬼子的人”。此后每个黄昏，他都会蹲在村口大槐树下，听路过的伤员讲台儿庄战役的枪炮声，讲沂蒙山妇女用乳汁救伤员的故事。

“俺爹说，人活一世，不能像田埂上的草，风一吹就倒。”老人摩挲着褪色的儿童团团长臂章，棉布上“抗日救国”四个字已模糊成浅灰的印记。16 岁那年，他正式成为书房村儿童团团长，任务是在村口石板上用白石灰画“鬼子坦克陷阱图”，用弹弓射落汉奸张贴的伪政府告示。有次日伪军“扫荡”，他趴在麦田里学布谷鸟叫，硬是用三套不同的鸟鸣声，把转移的乡亲们引到了安全山洞。

1945 年春天，17 岁的张景元在一个雨夜加入了费县抗日游击队。他至今记得领到第一支“单打一”土枪时的重量——枪管锈迹斑斑，扳机要用两块石头才能扣动。在一次伏击日军运输队的战斗中，他跟着老游击队员钻进齐腰深的芦苇荡，眼看战友被炮弹掀起的泥土埋住半截身子，却只能咬着牙把枪管对准敌人卡车的油箱。“枪响的时候，俺耳朵里嗡嗡响，直到闻到自己裤腿上的血腥味，才知道子弹擦着大腿飞过去了。”老人挽起裤脚，淡褐色的疤痕像条沉默的蚯蚓，盘踞在胫骨内侧。

那年冬天，游击队在抱犊崮山区转移时遭遇暴风雪，三天没吃一粒粮食。张景元和战友们靠啃树皮充饥，他把最后一块冻硬的榆树皮让给了伤员，自己却在深夜晕倒在雪地里。醒来时，老队长把仅有的半碗炒面汤灌进他嘴里，“小鬼，好好活着，等打跑了鬼子，咱要让沂蒙山的孩子都能吃饱饭。”这句话，成了他后来70 年人生的精神坐标。

通信兵的血肉电话线

1948 年11 月的淮海平原，炮火把夜空染成紫红色。21 岁的张景元蜷缩在战壕里，怀里揣着两截被炮弹炸断的电话线。作为陈毅部队3纵7师的通信兵，他的战场不在冲锋线，而在遍布弹坑的通信壕里。“嗒嗒嗒——”敌人的机枪子弹在头顶织成火网，他趁着爆炸的间隙跃出掩体，膝盖跪在结冰的泥水里接驳线头。某次接线时，一块弹片削掉了他左耳廓的皮肉，鲜血顺着电话线流进泥土，他却浑然不觉，直到总攻的冲锋号响起，才发现自己半个肩膀都成了暗红色。

“电话线就是指挥部的神经，断了就得用命接。”老人伸出布满老茧的右手，无名指和小指关节处有明显的扭曲——那是1948年12月的一个寒夜，为了按住被炮火震断的线头，他的手指在冰水里冻了整整三个小时。战友后来告诉他，当时他趴在弹坑里，像尊流血的石像，任凭子弹在耳边呼啸，双手始终死死压着那两根救命的铜线。

那场战斗后，他荣立二等功，奖状上写着“以血肉之躯固通信防线”，堪为全军楷模。

1950年深秋，四川大邑县的竹林在晨雾中若隐若现。张景元所在的18军54师警卫连正在执行剿匪任务，却不知已落入匪首马奎祥设下的陷阱。“老乡，俺帮您担水吧。”当战士们放下步枪帮村民干活时，十几个“农民”突然从蓑衣下抽出短枪，子弹呼啸着穿透了清晨的宁静。半小时激战后，十几位战友倒在血泊里，张景元被弹片击中右臂，却硬是咬着牙滚进旁边的粪坑，借着恶臭作掩护，匍匐爬到后山竹林。

“土匪躲在石缝里打冷枪，俺们只能用刺刀开路。”老人比画着拼刺刀的动作，腕关节处有道寸许长的疤痕。在那场持续三天的追剿战中，他带领一个战斗小组迂回到土匪据点侧后方，用绑腿结成绳索从悬崖攀缘而上，趁土匪换岗时突然袭击。当他用枪口抵住马奎祥咽喉时，这个双手沾满鲜血的匪首还在号叫：“你们解放军不敢杀老百姓！”张景元扯掉对方的伪装帽，露出暗藏的匪帮标记：“杀的就是你这种披着人皮的狼！”此战过后，他因“智勇双全活捉匪首”荣立一等功，军功章颁发仪式上，师长拍着他的肩膀说：“好小子，比俺当年还猛！”

二郎山上的悬空锤声

1951年春天，当张景元随部队抵达二郎山时，美国记者曾断言：“在这样的地方修路，简直是疯子的妄想。”海拔5000多米的山崖上，战士们腰系草绳悬在半空，8斤重的铁锤每挥动一次，都伴随着碎石坠落的轰鸣。“绳子磨在岩石上，吱呀吱呀响，像鬼叫。”老人指着墙上的老照片，画面里年轻的战士们像壁虎般贴在崖壁上，腰间草绳勒进皮肉，汗水混着血水滴在怒江峡谷里。

张景元记得，班里最年轻的战士小李，那天刚打完炮眼就喊“绳子松了”，话音未落就坠入云雾。等战友们找到他的遗体时，双手还保持着握钢钎的姿势。“那时候没人哭，哭了就是孬种。”老人声音沙哑，从抽屉里拿出个牛皮纸包，里面是三枚磨平的钢钎头，“这是俺战友的‘遗书’，他们没来得及说的话，都在这钢钎里了。”在二郎山修路的700多个日夜，他和战友们用血肉之躯在花岗岩上凿出了1200多个炮眼，每公里公路下，都长眠着三位战士。

1953年冬天，康藏公路施工遭遇百年不遇的暴风雪。运输队被困在唐古拉山，粮食断绝三天后，张景元和战友们开始挖一种叫“牛皮菜”的草根充饥。“那东西嚼起来像树皮，咽下去烧得胃里直冒火。”老人掀起衣襟，露出腹部几块暗红色的斑点，“这是吃草根中毒留下的，好多人拉血拉到站不起来。”最艰难的时候，连队杀了驮物资的牦牛，牛皮煮了三天三夜，连汤带渣全部分给战士，张景元把自己那份让给了发高烧的卫生员。

“夜里零下30℃，大家挤在岩洞里，用体温互相暖脚。”他指着照片里战士们冻裂的脚底板，那些伤口像大地的龟裂，结着黑紫色的痂。有次他去送炸药，路上遇到雪崩，半个身子被埋在雪里，是战友用刺刀一点点把他刨出来，发现他怀里的炸药包竟用军大衣裹得严严实实。“炸药不能湿，这是命令。”老人说得轻描淡写，仿佛在说件寻常事。1956年康藏公路通车那天，他站在怒江大桥上，看着第一辆卡车驶过，突然蹲在地上号啕大哭——那是五年来，他第一次为牺牲的战友们流泪。

木柜里的功名与田垄上的丰碑

1962年盛夏，贵州省公安厅劳改局的办公桌上，放着张景元连写三次的辞职申请书。“国家困难，俺是党员，该回家种地。”当领导挽留他时，这个参加过百余次战斗的老兵红了眼眶，“比起二郎山上埋着的兄弟，俺活着就该多干点实事。”他带着妻子和三个孩子，坐了三天三夜的绿皮火车，从贵阳回到沂蒙山区的书房村，行囊里除了几件旧军装，就是那木柜里的军功章。

回乡第二天，张景元就扛起锄头下了地。当时村里土地贫瘠，亩产不到百斤。他带着村民在荒山上炸石头修梯田，用在部队学的爆破技术开山辟路。“俺把剿匪时打山洞的本事用上了，放炮眼、装炸药，比老乡们干得都溜。”老人指着村后那片梯田，如今层层叠叠的麦浪里，还能看到当年炸石留下的痕迹。最忙的时候，他白天带领群众修水库，晚上打着手电筒规划农田，三个月没睡过囫囵觉，累得咯血也不肯歇。

在书房村当大队长的十几年里，张景元带领村民创造了一个奇迹：修建中型水库1座、小型水库4座，改造农田400多亩，植树造林500多亩，修建水渠700多米。“那时候没有机械，全靠肩挑背扛。”他卷起裤腿，膝盖上的老茧厚得像树皮，“修水库时，俺带头跳进冰水里挖坝基，乡亲们看俺跳，都跟着下去了。”村民王大爷至今记得，1972 年大旱，张景元带着大家连续奋战七天七夜，把水渠引到干涸的麦田时，他累得瘫在渠边，却笑着对大家说：“咱沂蒙人，就是要在石头缝里种出粮食来！”

这些年，他从未向任何人提起自己的军功。木柜里的奖章蒙上厚厚的灰尘，只有每年清明，他才会小心翼翼地取出来，用棉布擦了又擦。“跟俺一起打仗的兄弟，好多连名字都没留下，俺这点功劳算啥？”2018 年退役军人信息采集时，工作人员看到那些军功章惊得说不出话，92 岁的老人却摆摆手：“别声张，俺就是个种地的老头。”

烽烟散尽后的初心答卷

2019 年10 月1 日，北京天安门广场。当“致敬”方阵的礼车驶过检阅台时，93 岁的张景元穿着崭新的老式军装，胸前军功章在阳光下闪闪发亮。他努力挺直佝偻的腰板，向国旗敬了个标准的军礼，颤抖的右手迟迟不肯放下。“看到那些新式武器，俺就想起当年用‘单打一’打鬼子的日子，”老人抹着眼泪，“祖国强了，兄弟们在天上也能安息了。”

那天晚上，他在宾馆给孙子打电话，反复说着同一句话：“你爷爷这辈子，值了！”电视里重播阅兵式时，他对着屏幕里的18 军方阵敬军礼，直到画面消失。工作人员后来告诉他，当时老人的血压飙升，医生让他休息，他却固执地守在电视机前：“这是俺部队的魂，不能错过。”

张景元还成了当地学校的“编外辅导员”。每个月他都会坐着三轮车去给孩子们讲课，讲淮海战役的电话线，讲二郎山的钢钎，讲康藏公路上的雪。“孩子们，现在的好生活，是拿命换来的。”他把军功章传给孩子们看，看着他们好奇的眼神，仿佛看到了当年那个在柿子树下听故事的自己。

有次讲课中途下起雨，他坚持站在操场上讲完，“当年俺们在雨里打仗，这点雨算啥？”校长要给他打伞，他推开了，“孩子们淋雨，俺也得淋着，不然咋让他们知道啥叫艰苦？”如今，他的长孙张磊也成了一名军人，临行前老人把那枚一等功奖章塞进孙子包里：“到了部队，别给俺丢人，要像你爷爷当年那样，把命交给国家。”

尘埃里的星辰

书房村的黄昏，张景元常坐在门槛上，望着远处的山。木柜里的军功章依然安静地躺着，像沉睡的星辰。当有人问他后不后悔深藏功名时，老人会指着村头那片丰收的麦田：“你看那麦子，长在地里才有用，挂在墙上只能当摆设。”

在沂蒙山区的群山中，这样的老人或许还有很多。他们把勋章锁进木柜，把伤疤藏进衣袖，却把最珍贵的初心种进了祖国的土地。当张景元老人在2020年那个夏天，用布满老茧的手抚摸那些褪色的军功章时，阳光透过窗棂，在他沟壑纵横的脸上投下斑驳的光影——那是岁月刻下的勋章，是比任何金属都更珍贵的生命印记。

而我们知道，有些功名从未被隐藏，它们只是化作了田垄上的犁痕，化作了公路旁的基石，化作了一个民族永不褪色的精神坐标。在张景元老人的故事里，我们看到的不仅是一个人的传奇，更是一个时代的信仰——那些深藏在尘埃里的初心，终将在历史的星河中，绽放出最璀璨的光芒。

★沂蒙老兵★

韩寿春

韩寿春，1932 年 12 月 14 日出生，蒙阴县垛庄镇人。1946 年 1 月入伍，服役于 32 军，任卫生员。解放战争期间，参加了莱芜战役、孟良崮战役、淮海战役、渡江战役，南下福建，解放厦门。1950 年 10 月编入 27 军入朝参加朝鲜战争。其间参加了青川江战役、黄草岭战役等五次战役。1953 年 6 月回国，服役于济南军区边防公安 9 团。1957 年 1 月复员回乡务农。

青山忠骨映丹心

在蒙阴县垛庄镇的崇山峻岭间，孟良崮战役纪念馆的青灰色砖墙永远沉默着。每年总有那么几天，一位身着洗得发白军装的老人，会颤巍巍地出现在纪念馆的台阶下。他佝偻的脊背努力挺直，布满老年斑的右手缓缓举过头顶，向着烈士名录墙敬一个标准的军礼，浑浊的泪水顺着沟壑纵横的脸颊滚落："我以后来得不多了，我90 多岁了！"

这位名叫韩寿春的老人，是从枪林弹雨中走来的历史见证者。1932年，他出生在沂蒙山区一个普通农家。沂蒙大地的红色基因，如同山间清泉，浸润着这片土地上的每一个生命。1946 年，年仅14 岁的韩寿春，揣着对侵略者的满腔怒火，瞒着家人报名参军，成为鲁中军区医疗队的一名"小鬼兵"。那时的他还不知道，自己将踏上一条怎样惊心动魄的征程。

1947 年的孟良崮战役，是韩寿春军旅生涯的第一个重大考验。当枪炮声在山谷间炸响，这个稚气未脱的少年背着药箱，穿梭在硝烟弥漫的战场上。血肉横飞的惨状，震耳欲聋的爆炸声，还有伤员们痛苦的呻吟，让他第一次直面战争的残酷。但他没有退缩，反而迅速成长为一名合格的战地卫生员。

在担架队里，韩寿春争分夺秒地运送伤员；在临时搭建的救护所中，他和战友们连续奋战几十个小时，只为从死神手中夺回更多生命。

此后的淮海战役、渡江战役，韩寿春一路跟随部队南征北战。每一场战役，都是对生命极限的挑战；每一次抢救伤员，都是与死神的赛跑。

在淮海战役的阵地上，韩寿春和战友们连续三天三夜没合眼，双手沾满鲜血却不敢有丝毫懈怠；在渡江战役的滚滚波涛中，他看着战友们冒着枪林弹雨奋勇向前，心中涌起无限的敬意与感动。

1950年，朝鲜半岛燃起战火。韩寿春所在部队编入27军，跨过鸭绿江，奔赴抗美援朝战场。

那是一个异常寒冷的冬天，朝鲜遭遇50年一遇的极寒天气，最低气温达到零下40多摄氏度。

韩寿春至今记得，他们从安东入朝时的情景：漫天飞雪，道路被厚厚的积雪覆盖，部队接到的第一个命令就是星夜疾行150里，天亮前与美军接火。

在风雪交加的山路上，战士们深一脚浅一脚地跋涉着。韩寿春记不清自己摔了多少跤，只知道爬起来继续赶路。走到一半，他的体力已经严重透支，双腿像灌了铅般沉重。但为了不拖累队伍，他咬着牙连滚带爬地前进。在冰天雪地中，他的手和膝盖被磨破，鲜血滴落在白雪上，很快就结成了冰。更让他揪心的是，许多战友的双脚被严重冻伤，却依然用绑腿缠着，坚持爬行。

到达战场后，残酷的现实远超想象。

美军拥有先进的武器装备，士兵们穿着厚实的棉大衣，睡在铺着鸡毛褥子的帐篷里。而志愿军战士们只有单薄的棉衣，十几个人挤在一两床破旧的棉被下取暖。韩寿春所在的医疗队，连基本的医疗物资都严重匮乏。没有热水，只能给伤员喝凉水；药品不足，就想尽办法用最简陋的条件进行救治。

饥饿更是如影随形。敌机日夜不停地轰炸，给养根本运不上来。为了不暴露目标，战士们不敢生火做饭，只能把炒玉米磨成粉充饥。韩寿春记得，自己曾连续5天只吃了一个冻得硬邦邦的土豆，咬都咬不动，只能一点点地啃。有的战士甚至很多天吃不上一顿饭，但只要冲锋号响起，依然义无反顾地冲向敌阵。

在所有战役中，长津湖战役给韩寿春留下了最深刻的记忆。零下40多摄氏度的低温，让许多武器都失去了作用。志愿军战士们的步枪、机枪枪栓被冻住，无法射击；美军的先进装备同样故障频发。双方陷入了残酷的白刃战。韩寿春哽咽着回忆："我们的战士，哪怕冻伤、冻残了，依然举着刺刀往前冲！"他所在的团1000多人，战后仅剩下200余人；一个300多人的营，最后只剩下7个人。每一个数字背后，都是一个个鲜活生命的消逝。

作为担架队员，韩寿春每天都在与死神赛跑。他亲眼目睹战友们在枪林弹雨中倒下，也见证了无数生命的顽强与坚韧。"死不可怕，就怕缺胳膊少腿地活着。"这句话，道出了战争的残酷，也体现了战士们的无畏。

由于部队伤亡惨重，韩寿春后来被调到运输队，负责从国内运送兵员到朝鲜战场。这项任务同样充满危险，美军为了切断补给线，对铁路、公路进行疯狂轰炸。韩寿春和战友们只能在夜间行军，在敌人的炮火间隙中穿行。每一次运送任务，都是一次生死考验。但无论多么艰难，他们心中始终怀着一个信念：早日结束战争，早日回家。

1953年，抗美援朝战争胜利结束。

韩寿春终于踏上了归国的列车。望着渐渐远去的朝鲜半岛，他百感交集：这片土地上，埋葬着太多战友的英魂；这段经历，将永远铭刻在他的生命中。

复员后，韩寿春回到家乡，成为一名赤脚医生。他把在战场上救死扶伤的精神带到了乡亲们中间，用自己的医术为村民们解除病痛。

几十年来，他始终保持着军人的作风，生活俭朴，为人正直。每当有人问起他的战争经历，他总是感慨地说："我们的和平来之不易啊！"

2020年7月29日，退役军人事务部副部长钱锋在时任市委书记王安德陪同下，两位老兵赴基层联系点蒙阴县垛庄镇调研，并慰问看望了韩寿春、段玉发。韩寿春取出珍藏的战友名单，请求帮忙寻找他们的家人。当被问及有什么愿望时，老人只是说："想让孩子们知道，和平不是天上掉下来的。"

在孟良崮的山风中，在长津湖的冰雪里，在泛黄的家书和锃亮的勋章间，这位老兵的记忆依然鲜活如初。就像他常对来采访的记者说："俺这把老骨头哪天不在了，这些故事还得传下去。"

韩寿春的故事，是千千万万革命老兵的缩影。他们用青春和热血，换来了今天的和平与安宁；他们用生命和信仰，铸就了中华民族的精神丰碑。在岁月的长河中，他们或许会渐渐老去，但他们的事迹和精神，将永远激励着后人，在实现中华民族伟大复兴的道路上奋勇前行。当我们享受着和平年代的幸福生活时，不应忘记，在历史的天空下，曾有这样一群人，用生命谱写了最壮丽的篇章。

★沂蒙老兵★

万延汉

万延汉，1928年9月出生，莒南县十字路镇人。1948年10月参军入伍，同年加入中国共产党，服役于中国人民公安中央纵队5团，1949年3月随军进驻北京，主要担负开国大典的安保以及党和国家中央机关、中央首长的安全警卫工作。1952年11月入朝参战。在朝期间的主要任务是保卫运输线，保证军用物资运输畅通，1955年3月回国直接复员回乡。回国后任生产队队长6年。

永不磨灭的军魂

在莒南县十字路街道永泰社区，有一位备受尊敬的老人，他叫万延汉。岁月的沧桑并未掩盖他身上那股军人的英气。他的一生，犹如一部波澜壮阔的史书，记载着战争年代的烽火硝烟与和平时期的默默奉献。

1928 年，万延汉出生在莒南这片红色的土地上。自记事起，他便常听长辈们讲述共产党、八路军与老百姓亲如一家的故事。那些英勇无畏的革命事迹，如同点点星火，在他幼小的心灵中燃起了对革命的向往之情。在那个动荡的年代，莒南人民饱受战乱之苦，但他们始终坚定地支持着革命事业。万延汉在这样的环境中成长，耳濡目染着革命精神，心中的信念愈发坚定，他渴望着有一天能像那些英雄们一样，为国家和人民的幸福而战。

投身军旅　护卫开国大典

1948 年，解放战争已近尾声，新中国成立在即。万延汉怀着满腔热血，毅然奔赴江苏连云港新浦，加入了中国人民解放军。

1949 年3 月，万延汉随部队进驻北京。在这里，他接到了一项无比光荣的任务——参加新中国的安保工作，负责开国大典的安全保卫。这一消息让万延汉心潮澎湃，他深知这是党和人民对自己的信任，也明白开国大典对于新中国的重大意义。

"多少革命先烈流血牺牲，换来了新中国。我一定要用生命去保卫开国大典，亲眼见证新中国成立！"万延汉在心中暗暗发誓。

在北京的日子里，万延汉每天都在紧张而有序的训练、学习和巡查中度过。他时刻保持着高度的警惕，不放过任何一个可疑的人，不遗漏任何一处隐患。每一次巡逻，他都全神贯注，仿佛眼中的每一个角落都潜藏着可能威胁大典安全的因素。他深知，自己肩负的是历史的重任，稍有疏忽，就可能酿成无法挽回的后果。

1949 年10 月1 日，这是一个注定载入史册的日子。当毛泽东主席在天安门城楼庄严宣布中华人民共和国成立时，举国沸腾。礼炮声震耳欲聋，响彻云霄。在天安门附近执勤的万延汉，望着那飘扬的五星红旗，听着那激动人心的宣告，再也抑制不住内心的情感，热泪夺眶而出。那一刻，他心中充满了对革命先烈的缅怀，对新中国诞生的喜悦，以及对未来美好生活的憧憬。

抗美援朝　血洒异国战场

新中国刚刚成立，百废待兴，然而以美国为首的联合国军却悍然侵略朝鲜，将战火烧到了新中国的家门口。万延汉义愤填膺，他毫不犹豫地于1952 年跟随志愿军公安5 团跨过鸭绿江，投身到抗美援朝的战斗中。

在朝鲜战场上，万延汉带领一个班负责一处火车站的运输线保卫工作。这条运输线是志愿军前线物资供应的生命线，其重要性不言而喻。

朝鲜的夜晚，静谧中潜藏着无尽的危险。白天，美军的飞机频繁来袭，对运输线进行狂轰滥炸，所以晚上的保卫任务更加艰巨。万延汉和战友们时刻保持着警惕，不敢有丝毫懈怠。

一天夜里，按照计划，一列满载志愿军战士的火车将经过车站开赴前线。万延汉深知这列火车的安全至关重要，他提前安排战士们分散隐蔽在车站附近，随时准备应对突发情况。随着预定时间的临近，万延汉似乎听到了火车的轰鸣声，他的心跳也随之加快，心中默默祈祷着列车能够安全通过。

然而，就在这时，天空中传来了飞机的嗡嗡声。“不好！美军来了！快通知列车改道！”万延汉当机立断，大声发出命令。战士们迅速行动，及时通知了列车。在大家的共同努力下，列车成功躲开了美军的轰炸，上千名志愿军战士毫发未损。

气急败坏的美军恼羞成怒，向车站疯狂投弹。一时间，车站陷入了一片火海，万延汉也不幸被炸伤。他的手上和腿上血肉模糊，四颗门牙也被弹片击飞，但他依然顽强地坚守在自己的岗位上。

由于圆满完成了此次任务，万延汉被授予一等功勋章。但他并没有因此而骄傲自满，在伤势稍有好转后，又立刻投入到了保卫运输线的战斗中。

在接下来的日子里，万延汉和战友们始终用生命守护着这条运输线。他们饿了就吃一把炒面，渴了就抓一把雪，在极端艰苦的条件下，坚守着自己的职责。在万延汉心里，执行命令、完成任务就是他们作为军人的天职。

解甲归田　默默奉献家乡

抗美援朝战争胜利后，万延汉主动选择了退伍，回到了家乡莒南。他没有因为自己的战功而向国家索要任何特殊待遇，而是默默地拿起农具，耕耘在生他养他的土地上。

回到家乡后，万延汉始终以一名军人和党员的标准严格要求自己。

他积极参与家乡的建设，无论是农田水利建设，还是村庄的公益事业，都能看到他忙碌的身影。他用自己的实际行动，为家乡的发展贡献着自己的力量。

在日常生活中，万延汉也时刻保持着军人的作风。他生活俭朴，不贪图享受，始终保持着艰苦奋斗的优良传统。他经常教育晚辈们要珍惜来之不易的幸福生活，努力学习，为国家和社会的发展贡献自己的力量。

不忘初心　彰显军人本色

2020年，万延汉老人已至92岁高龄，但他依然身体硬朗、精神矍铄，安享着四世同堂的天伦之乐。然而，他心中的那份家国情怀从未减退。

疫情肆虐时，全国上下都投入到了抗击疫情的战斗中。万延汉老人虽然年事已高，行动不便，但他依然心系国家和人民。1月28日，他委托街道工作人员，主动向组织缴纳了1万元特殊党费。

“钱都是国家给的，我平时也花不着。现在国家有困难了，我就把这点钱拿出来，给大家买点防疫的东西。”万延汉老人朴实的话语中，透露出一名老军人、老党员对国家和人民的深厚感情。

万延汉老人的一生，是充满传奇色彩的一生。他在战争年代，冲锋陷阵，为国家和人民的解放事业立下了赫赫战功；在和平时期，他解甲归田，默默奉献，用自己的行动诠释着一名军人的初心和使命。他的故事，激励着一代又一代的莒南人，成为莒南人民心中的一座精神丰碑。他那永不磨灭的军魂，将永远在这片红色的土地上闪耀着光芒，激励着后人不断为实现中华民族的伟大复兴而努力奋斗。

★沂蒙老兵★

全成远

全成远，1930年4月出生，兰山区枣园镇人。1948年2月入伍，同年加入中国共产党，先后服役于华东野战军第7纵队20师58团1营机炮连，中国人民解放军第三野战军25军74师220团1营2连，历任班长、排长、连指导员。解放战争期间参加了潍县战役、兖州战役、济南战役、淮海战役、渡江战役、解放上海战役，其间荣立三等功3次。全国解放后南下福建参加地方建设，1952年10月入朝参战，入朝前改编入24军74师220团1营2连4排，在朝期间参加了三八线阵地战和第三次反击战，荣立三等功1次，全班集体三等功1次，1954年回国。回国后随部队驻防沧州，并参与地方建设。1963年保卫天津获个人防洪劳动模范称号，并荣立三等功。1964年响应国家“支边”号召转业到了内蒙古宁城县中国人民银行担任副行长职务，1973年调回山东省临沂市兰山区义堂公社任革委会主任兼财贸教导员直至1986年2月离休。

铁血丹心映山河

2020年，在兰山区枣园镇的街巷间，笔者去采访，见到了90岁的全成远老人，他步履坚定，虽已是满头银丝，但精神矍铄、声音洪亮。岁月的风霜在他脸上刻下深深的纹路，头部、腿部、后背的伤疤，是他戎马生涯最深刻的印记。每当他谈起往昔战火纷飞的岁月，眼神中便燃起炽热的光芒，那些被时光尘封的故事，如同汹涌的潮水，裹挟着信念、勇气与牺牲，向人们诉说着一位老兵的铁血丹心与不朽传奇。

苦难中萌发的革命火种

全成远出身于枣园镇孟村的贫农家庭，自记事起，贫穷与压迫如影随形。地主的剥削、战乱的纷扰，让年幼的他尝尽人间疾苦。在暗无天日的生活里，他亲眼目睹亲人劳作一年却难以饱腹，看到百姓在战火中流离失所。这些刻骨铭心的苦难，像一粒坚韧的种子，在他心底悄然生根发芽——改变命运、推翻压迫的渴望，渐渐化作对革命的无限向往。

十几岁时，全成远毅然加入儿童团，成为革命队伍中最年轻的力量。站岗放哨、传递消息，他用稚嫩的肩膀扛起责任，在一次次任务中，对革命的信念愈发坚定。1948年2月，18岁的全成远正式参军，编入华东野战军第7纵队。从那一刻起，他告别家乡，踏上了充满未知与挑战的革命征程，开启了一段波澜壮阔的人生篇章。

枪林弹雨中的生死淬炼

入伍后的全成远，跟随部队南征北战，先后参与解放潍县、泗水、邹县等战役。每一场战斗，都是生与死的较量，而兖州战役，成为他记忆中最为深刻的一页。

在解放兖州的战斗中，全成远所在班肩负着抢挖战壕的重任。他们驻扎在城西南的村庄，每日夜幕降临，村庄里的油灯一盏盏熄灭，而战士们却在黑暗中悄然集结。60 米的距离，在敌军严密的火力网下，如同一条布满荆棘的死亡之路。照明弹升空的瞬间，黑夜被撕裂，大地亮如白昼，轻重机枪交织成的火网，将前进的道路封锁得严严实实。

战壕长达500 米，是总攻时突击部队发起冲锋的关键通道。全成远和战友们分成小组，猫着腰，利用地形掩护，轮番冲向挖掘点。每一次锄头落下，都伴随着心跳的加速；每一次泥土翻动，都可能是死神的召唤。一天夜里，当全成远换班时，他看到战友倒在血泊中，那熟悉的面容上还带着未完成任务的不甘。担架队因敌军火力太猛无法靠近，全成远红了眼眶，他咬紧牙关，压低身子，在子弹的呼啸声中穿梭，终于将战友的遗体拖回安全地带。

这时，班长焦急的呼喊声传来："小全，你胳膊流血了！"全成远低头一看，右臂被子弹打穿，鲜血顺着袖口不断滴落。班长命令他留守养伤，可他眼神坚定："班长，我只是轻伤，不能下火线！"

简单地用布条缠绕止血后，全成远又冲进了战场。钻心的疼痛让他每挥一次锄头都要使出全身力气，左手握住锄头的虎口被震得发麻，但他依然咬牙坚持，直到东方泛起鱼肚白。

回到村里，房东大娘发现他受伤，心疼得直抹眼泪。老人家颤颤巍巍地杀了自家唯一的老母鸡，熬出一锅金黄的鸡汤。全成远连连推辞，大娘却红着眼眶说："你们为了俺们拼命，喝口鸡汤算啥！"在班长的劝说下，他喝下了这碗饱含着百姓深情的鸡汤。随后，全班战友凑齐了钱，悄悄放进大娘家的抽屉——不拿群众一针一线，是刻在骨子里的纪律，更是人民军队与百姓鱼水情深的见证。

此后，全成远又相继参与济南战役、淮海战役、渡江战役、上海战役。在淮海战役的风雪中，他背着受伤的战友在泥泞中前行；在渡江战役的浪涛里，他紧握钢枪守护战船；每一道伤疤，都记录着他对信仰的坚守。

异国土地上的浴血奋战

1950 年，抗美援朝的号角吹响。1952 年，全成远跟随部队从福建出发，辗转江西，最终抵达鸭绿江边。望着对岸燃烧的战火，他心中燃起熊熊斗志。跨过鸭绿江的那一刻，凛冽的江风扑面而来，他知道，自己即将踏上更加残酷的战场，肩负起保家卫国的神圣使命。

进入朝鲜后，部队向三八线的中线——平康线挺进。短短二三十里路，美军轰炸机如同黑色的乌鸦，成群结队地扑来。炸弹爆炸的轰鸣声震耳欲聋，树木被炸得粉碎，土地被翻起层层焦土。全成远和战友们只能在弹坑与岩石间穿行，许多战士倒在了前进的路上。"西边是陡峭的山壁，东边是深不见底的沟壑，我们没有退路，只能硬着头皮往前冲。"全成远回忆时，声音微微颤抖。突破封锁线的过程中，连队伤亡惨重，但全成远所在的班凭借顽强的意志和默契的配合，成为连队中唯一一个无阵亡、无减员的完整班。全成远也因此被授予三等功，所在班荣获集体三等功。

到达前线后，残酷的战斗才刚刚开始。白天，敌机在头顶盘旋，一旦发现目标便疯狂投弹；夜晚，志愿军战士们摸黑出击，与敌人展开近身搏斗。全成远在战斗中又两次负伤，但他只是撕下衣襟简单包扎，继续投入战斗。当时，物资极度匮乏，挖坑道急需炸药，利用敌军投下的哑弹成为解决问题的关键。这项危险的任务落到了全成远所在的班。作为班长，他主动承担起最危险的工作。一次，他们挖出一颗300 磅的哑弹，可谁也不知道如何拆解。找来工兵后，需要先将哑弹从坑底搬上来。全成远二话不说，下到坑底，双腿跨坐在炸弹两侧，双手颤抖着将绳子拴好。“拉！”随着他的一声令下，绳子绷紧，炸弹开始松动。“动了！”全成远大喊一声，转身向坑外狂奔。那一刻，他的心跳几乎要冲出胸膛，每一步都像是在和死神赛跑。

在挖哑弹的过程中，班里一名战士不幸被空袭的炸弹击中，瞬间消失在爆炸的火光中。开班会总结时，一名战士泣不成声：“班长，你每次都冲在最前面，你要是有个三长两短，我们怎么办？”战士们相拥而泣，泪水里既有对战友的思念，也有对班长的担忧。但擦干眼泪后，他们又继续投入到紧张的工作中，最终成功收集60 多麻袋炸药，不仅满足了自身需求，还支援了兄弟部队。

在平康线战斗半年后，全成远又随部队转战三八线西线。一个月后，第三次反击战打响。经过激烈的战斗，美国宣布停战。1953 年7 月，抗美援朝战争结束，但全成远所在部队依然驻扎朝鲜，直至1954 年才撤防回国。

军魂永驻的赤子之心

从战场归来，全成远将那段波澜壮阔的岁月深埋心底，默默回归平凡生活。虽然离开了部队，但他始终以军人的标准严格要求自己，将军人的精神融入生活的每一处细节。

在日常生活中，全成远保持着艰苦朴素的作风。他的家中陈设简单，衣物朴素，却干净整洁。他经常给晚辈们讲述战争年代的故事，讲到动情处，眼中泛起泪光："现在的好日子，是多少战友用命换来的啊！"

采访快结束时，老人挺直腰板，满怀激情地唱起《三大纪律八项注意》。嘹亮的歌声中，饱含着他对共和国和人民军队的无限热爱，那铿锵有力的旋律，仿佛又将人们带回那段激情燃烧的岁月。

★沂蒙老兵★

许汝川、于瑞珍

许汝川，1925年12月20日出生，现居于罗庄区罗庄街道。1934年3月入伍，1947年6月加入中国共产党，服役于65军195师584团3营。解放战争期间参加了河北宁城战役、解放张家口战斗以及太原、西安、宁夏等地的战斗战役，其间升职为营长。1950年10月入朝参战，在朝期间参加了鲨鱼洞战斗、上甘岭战役、黄草岭战役、议政府战役，1953年8月因伤回国。回国后在丹东疗伤，后到枣庄荣军第六中学学习二年。1955年转业到临沭县人事局任局长。1956年调入罗庄矿物局任办公室主任直至1985年离休。

于瑞珍，与许汝川系夫妻关系。1929年7月1日出生，1945年5月入伍。1947年2月加入中国共产党，服役于胶东滨海支队卫生队任护士。1950年10月入朝参战，1951年回国，1955年转业到临沭县医院任伺药员，1956年转业到罗庄矿物局保健站任站长，后调入大芦湖矿卫生所任所长。1984年离休。

永不凋零的双生星火

烽火谈判台上的钢骨脊梁

1951 年寒冬，一列从朝鲜战场驶向祖国的列车穿过东北的崇山峻岭。车厢内，25 岁的志愿军营长许汝川胸腹间的弹片在颠簸中隐隐作痛——这是开城保卫战留给他的“勋章”。

就在数月前，毛泽东主席在北京亲自点将，组建停战谈判代表团，并拟定核心策略：“能打方能言和。敌人谈判桌上得不到，战场就要打；战场上得不到，才回到谈判桌上谈。”

此刻许汝川尚不知晓，自己即将成为这场“文仗武打”的关键守护者。当谈判代表团进驻开城时，美方以帐篷为会场百般刁难。“美方代表很不高兴。”许汝川回忆道。

中朝代表当机立断：就地建造瓦房谈判场。许汝川带领战士昼夜奋战，拆解美军炸毁的铁轨为梁柱，仅用数日便建成12 间坚实瓦房。屋顶覆着缴获的钢板，可抵御炸弹弹片，窗棂间却留着机枪射孔——这座特殊的建筑，从此成为世界外交史上罕见的武装谈判堡垒。

美军对谈判区的骚扰从未停止。坦克每日三辆一组抵近侦察，炮管嚣张地指向瓦房，士兵竟在装甲车上逗弄猎犬示威。“这不是送狗肉来了嘛！”许汝川笑着下令。神枪手班长两发点射，猎犬应声而落。当战士抬回战利品时，许汝川拍着机枪班班长的肩：“下次瞄准坦克观瞄镜——打狗是加餐，打瞎铁王八才是正事！”

更严峻的考验在防御工事。面对美军持续轰炸，许汝川发现被炸毁的铁轨恰是绝佳建材。他指挥三营用钢轨覆顶，构筑深2 米、直径3 米的环形地堡群。地堡顶部三层交错的铁轨能弹开500 磅航弹，射击孔正对美军坦克必经之路。

某夜敌机俯冲轰炸，炸弹在地堡顶炸出刺目火花，内部却连灰尘都未震落。晨光中，许汝川指着扭曲的弹片对战士说：“看！这就是美国人的‘诚意’！”

谈判桌上，美方代表乔埃中将抛出“海空优势补偿论”，要求中朝军队后撤68 公里，让出1.2 万平方公里土地，遭拒后竟沉默端坐2 小时12 分钟，烟雾缭绕中只闻怀表嘀嗒声。消息传到阵地，许汝川拍案而起：“他们想让大炮辩论？那就辩！”当夜，他率突击队潜入敌后，炸毁两辆运送谈判文件的装甲车。这种“打谈结合”的斗争哲学，正是毛泽东主席亲授的制胜密钥。

谈判僵持时，彭德怀在电报中强调：“必须大举反攻，将其打败。”许汝川的警卫队化作尖刀——白天护卫谈判代表穿越火线，夜间化身侦察兵绘制敌军炮兵阵地图。某次护送南日大将途中遭遇伏击，他命令战士用身体围成盾墙，自己站在弹雨中最前沿高喊：“谈判代表在，阵地就在！”

铁轨上的初遇

在从朝鲜回东北的这一节颠簸的车厢里，命运悄然将两个伤痕累累的战士推到了一起。

她叫于瑞珍，21 岁，左脚脚踝裹着厚厚的绷带，每一次车厢的晃动都让她秀气的眉头紧蹙。那是在朝鲜收转伤员的夜晚，美军轰炸机的呼啸撕裂了长空，剧烈的爆炸将她掀翻在地，脚踝瞬间断裂。

许汝川坐在她身旁，侧目望去，看到姑娘因疼痛而苍白却依旧清秀的脸庞；她抬眼间，撞进他明亮而坚毅的目光里。

起初只是沉默，后来是几句试探的问候。当得知彼此都来自胶东——他莱州，她乳山，两颗因战火而漂泊的胶东儿女的心，瞬间拉近了距离。

车窗外是呼啸而过的夜色，车厢内是两个年轻灵魂的彼此靠近。交谈中，他们惊讶地发现彼此的人生轨迹竟如此相似。都是苦水里泡大的孩子：他4 岁便沿街乞讨，父母早逝；她幼年丧父，早早扛起生活的重担。都是烽火中淬炼的战士：许汝川13 岁已是儿童团团长，15 岁便扛起枪杆，转战西北、东北、华北，在抗日战争和解放战争的硝烟中九死一生；于瑞珍12 岁站岗放哨，16 岁离开制药厂参军，在解放战争的枪林弹雨中救护伤员，4 次荣立四等功。共同的苦难与共同的信仰，让两颗心在异国归途的列车上悄然萌动。

为了缓解于瑞珍对自己伤情的忧虑，许汝川讲述起自己身上的每一处伤疤：右腿上那道深沟，是白刃战中被日寇刺刀所留；左腿的枪伤，是冲锋时留下的印记；右胸那片狰狞的凹陷，则是炮弹弹片撕裂的证明……每一道伤疤背后，都是一段血与火的记忆。

许汝川还兴奋地讲起1944 年那场胜仗，讲起缴获的刻着“镇风”二字的日本指挥刀，讲起日本投降后战俘跪地求饶的景象。于瑞珍安静地听着，眼中闪烁着敬佩的光芒。许汝川从随身的包裹里，珍重地取出一件特殊的“战利品”——一只美军降落伞的残片。“那晚，我打掉了六只，”他带着几分骄傲，又有些腼腆，“这只最结实，给你看看。”细密的生丝在于瑞珍指尖滑过，蓬松而坚韧，像他们初生的情愫。

硝烟后的家园

列车终于抵达丹东。分别的时刻到了，他们被送往不同的部队医院疗养。一年的时光里，距离并未隔断思念。许汝川拄着拐杖，一次次辗转去看望她。于瑞珍的脚伤渐渐愈合，却永远失去了往日的轻盈，走起路来一脚高一脚低。他看在眼里，只有心疼，没有嫌弃。他们都领到了“二等乙级伤残”的证明，但许汝川庆幸自己还能行走，还能照顾她。

转业回山东后，他们在枣庄一起学习文化，像小学生一样从识字开始。随后，又先后来到临沭县安顿下来：他在县政府处理人事行政，她在县医院重拾医务工作。

1953 年，在沂蒙大地温暖的怀抱里，这两个从战火中走来的年轻人，终于结为夫妻。从此，沂蒙成了他们扎根的故土。两年后，他们一同调入罗庄煤矿，于瑞珍继续在医务所救死扶伤，许汝川则负责人事行政，将战场上的干练带入矿山的管理中，直到20 世纪80 年代双双离休。

风雨中的相守

生活并非一帆风顺。

20 世纪50 年代末的政治风暴席卷而来，许汝川因心直口快被划为“右派”，从管理岗位被贬到食堂当了一名伙夫。面对人生的急转直下，这个在战场上从未低头的汉子，在灶台间找到了新的支点。锅碗瓢盆的碰撞成了他新的战场，他潜心钻研，竟练就了一手好厨艺。每当看到她和孩子们津津有味地吃着他做的饭菜，他紧皱的眉头便舒展开来。于瑞珍默默支持着他，从未因身份的落差有过半句怨言。

更大的打击接踵而至——他们心爱的儿子意外离世。白发人送黑发人的剧痛，几乎将这对老夫妇击垮。那些日子，家里静得可怕，只有无声的泪水和沉重的叹息。

最终，是他们彼此眼中深不见底的哀伤和对对方无法割舍的牵挂，支撑着他们相互搀扶，一点点从绝望的深渊中爬出。伤痛沉淀在心底，生活总要继续。他们学会了在沉默中舔舐伤口，在相依为命中寻找活下去的力量。

你是我的腿，我是你的耳

时光流转至五年前。

岁月的侵蚀和旧伤的累积，终于让于瑞珍的左脚踝不堪重负，她彻底卧床不起。而许汝川的听力，也在漫长的时光里严重衰退，世界于他，只剩下一片模糊的嗡鸣。

于是，在临沂罗庄煤苑小区那间朴素的居室里，一幅最动人的生命图景徐徐展开：他成了她的腿，她成了他的耳。

门铃声响起，许汝川浑然不觉。于瑞珍便急切地呼唤他的名字，双手在空中比画着开门的动作，眼神里满是关切。他点点头，起身开门。许汝川每天雷打不动地出门买菜、散步，回来后，会坐在她床边，凑近她的耳边，把看到的新鲜事一一“汇报”——楼下的玉兰开了，街角新开了家小店，邻居家的小孙子会叫人了……于瑞珍仔细地听着，再贴着他的耳朵，慢慢地说些家常话。她知道他能“听”懂她眼神和唇语里的千言万语。许汝川小心翼翼地扶她起身，搀着她挪到卫生间，再一步一步挪回来。尽管她自己几乎寸步难行，却是他与外界声音沟通的唯一桥梁。

100 岁的许汝川，依然倔强地承担着午饭的烹制。大女儿包办了早晚两餐，而中午那顿，必定是他亲手做好，端到她的床前。馏得松软的馒头，熬得稠糯的小米粥，一盘金黄的炒鸡蛋，或是煎得两面焦香的小鱼，再配上一碟自家做的大酱。两张布满皱纹的脸凑在一起，头挨着头，共享着这简单却无比香甜的烟火滋味。

嫁给许汝川，于瑞珍从未下过厨。“我不会做饭！”这句话，从24岁的娇嗔到96 岁的坦然，她说得理直气壮，因为身边这个男人，用一生兑现了无声的承诺。

许汝川和于瑞珍，这对从朝鲜战场归途列车上一路走来的革命伴侣，用跨越世纪的相守，诠释了何为烽火淬炼的真情。枪林弹雨未能将他们分开，政治风波未能将他们打倒，丧子之痛未能将他们压垮。晚年的伤残，反而将他们锻造得更紧密无间。他们共用着对方的感官，支撑着彼此的生命，在寂静与扶持中，将“执子之手，与子偕老”的古老誓言，书写成沂蒙大地上一曲永不落幕的、关于爱与坚韧的生命赞歌。他们的身影，如同蒙山沂水间两株根系相连的古树，在岁月的风霜里，站成了永恒。

★沂蒙老兵★

闫兴福

闫兴福，1926 年 11 月 29 日出生，蒙阴县岱崮镇人。1945 年 2 月入伍，1949 年 4 月加入中国共产党，先后服役于山东军区二军分区 11 团、23 军 68 师 202 团 2 营 5 连。解放战争期间参加了解放临沂战役、鲁南战役、潍坊战役、莱芜战役、孟良崮战役、淮海战役、渡江战役、解放上海战役、解放舟山群岛战役，其间升职为副排长。1950 年 10 月入朝参战，在朝期间参加了朝鲜第二次战役、独立峰战役、404 高地战役等多次战斗，1952 年 6 月回国。回国后随部队在烟台威海和莱阳驻防，1956 年 6 月复员。回乡后任生产队队长 8 年、党支书 4 年。

从机枪手到家庭党课主讲人

1926年冬天，闫兴福出生在冶子河村一间土坯房里。幼时记忆里最深的是逃荒路上饿死的乡亲和日本兵进村时母亲把他塞进地窖的颤抖。“那时候就想，要是有杆枪，准能把那些畜生打跑。”

1945年1月，当八路军征兵队路过村口，20岁的闫兴福揣着半块冻硬的窝头就跟上了队伍，从此成为胶东军区13团的一名机枪手。

解放蒙阴城的战斗是他的入伍首战。

城墙下的壕沟结着冰，闫兴福抱着缴获的“歪把子”机枪趴在冻土上，枪管被炮火烤得发烫。“冲锋号一响，血就往头上涌。”他记得日军碉堡的火舌扫过身边战友的钢盔，却顾不上害怕，只知道把一梭梭子弹压进枪膛。当部队炸开城门时，他的机枪已经打红了枪管，枪管上还挂着几块日军碉堡崩裂的木屑。

真正让闫兴福记住战争残酷的是解放临沂城的战役。1945年深秋，为追击负隅顽抗的日伪军，他端着机枪冲在最前面。突然左侧土坡后一挺重机枪嘶吼起来，两颗子弹瞬间击穿他的左大腿。“当时没觉得疼，就是腿一软栽倒了，血顺着裤管往靴子里灌。”战友们把他抬下火线时，他还抓着机枪不肯放手，直到昏迷前还在喊：“别管我，打鬼子！”

术后的一年里，闫兴福躺在后方医院的草铺上，看着窗外落叶又抽芽。大腿内侧的伤疤像条扭曲的蚯蚓，时刻提醒他为什么而战。

伤愈归队时，营长拍着闫兴福的肩膀说：“好样的，闫兴福，这三等功你当得起！”那枚铜质的三等功勋章，他一直藏在贴身口袋里，直到1987年第一次召开家庭党员会时，才郑重挂在胸前。

1947年孟良崮战役打响时，闫兴福已是班长。他带着全班在板崮山梁阻击国民党援军，用机枪织成火网封锁峡谷。“国民党军的美式装备是好，但他们不知道咱沂蒙子弟兵的骨头有多硬。”他记得连续三天没合眼，嘴唇干裂得渗血，却死死盯着山下蠕动的敌军。当听到孟良崮主峰传来胜利的号声，全班战士抱着机枪在阵地上哭成一团。

淮海战役是闫兴福经历过最惨烈的厮杀。

1948年冬，他所在的26军在滕县截击孙良诚部，机枪子弹打光了就拼刺刀。“那天雪下得跟鹅毛似的，血把雪地染成了紫黑色。”在追击杜聿明集团时，闫兴福的机枪曾一口气打穿三个国民党兵的钢盔，枪管热得能烙熟面饼。当俘虏们排着长队走过时，他才发现自己的棉裤膝盖处早已被血浸透结冰。

1949年渡江战役，闫兴福主动加入突击队。木船在江面上被炮弹掀起的浪头抛起又落下，他抱着机枪趴在船头，看着对岸国民党军的探照灯扫过江面。

“船一靠岸就往上冲，脑子里只有一个念头：打过长江去，解放全中国！”七天七夜的追击战，闫兴福和战友们穿着磨破的胶鞋从南京追到杭州，脚底的血泡破了又长，却没人喊过一声累。

1950年冬，闫兴福随26军奔赴朝鲜战场。在零下40℃的长津湖，他的机枪冻得拉不开栓，就把枪管揣在怀里暖。“美军的飞机跟苍蝇似的嗡嗡叫，但咱志愿军不怕死。”最难忘的是拦截中央高地的战斗，闫兴福带领3班在被炮火炸平的山头坚守七天七夜。美军一万多发炮弹把山岭削去两米，他们就躲在弹坑里吃冻土豆，用机枪打退八次进攻。有天夜里，他靠在冻僵的战友尸体旁打盹，醒来时发现机枪枪管上结了层冰花。“那天我一个人打死17 个美军，有次连发子弹一下子撂倒7 个。”老人说起这段往事，枯瘦的手在空中比画出机枪扫射的弧线。二等功的证书已经泛黄，但上面“闫兴福同志作战勇猛，指挥果断”的评语，依然清晰如昨。

1956 年复员返乡时，闫兴福把军功章和证书锁进木箱，只字不提战场上的事。他穿着打补丁的军装，扛着锄头就下了地。“跟牺牲的战友比，我能活着回来，还能种几亩地，就该知足。”担任生产队队长的8 年里，他带着乡亲们在石缝里刨土，把冶子河村的荒山坡改造成果园。如今村口那片枝繁叶茂的苹果树，还是他当年带着村民栽下的。

“文革”期间，他被推选为村主任。有次公社要给他评困难补助，他硬是把申请表撕了：“我有手有脚，咋能要国家的钱？”家里四个孩子穿的都是补丁摞补丁的衣服，小儿子闫京国记得，有年冬天他冻得直哆嗦，父亲却把部队发的棉大衣送给了“五保户”王大爷。“俺爹总说，党员就该先想着别人。”

1987 年除夕，看着围坐一桌的儿女，闫兴福突然有了主意。他从木箱里取出珍藏的勋章，郑重挂在胸前：“今天咱开个家庭党员会，说说咱党的好。”从此每年除夕，农家小院里都会响起他的声音：“打淮海的时候，咱34 万人打国民党135 万人，为啥能赢？就因为咱共产党心里装着老百姓！”孩子们起初觉得父亲唠叨，但看着他胸前闪耀的勋章，听着那些带着硝烟味的故事，渐渐明白了什么是信仰。

2018 年除夕的家庭党员会格外难忘。当闫兴福带着儿孙们重温入党誓词时，蒙阴县民政局局长包西堂和村支书闻讯赶来。“我志愿加入中国共产党……”苍老而洪亮的声音在小院里回荡，老人胸前的解放勋章在灯光下熠熠生辉。站在他身边的小孙子闫浩，悄悄把右手握成了拳头——这个刚递交入党申请书的年轻人，第一次如此真切地感受到爷爷身上的力量。

闫兴福老人最爱坐在门槛上看村口的水泥路。

这条路是他当村支书时带着村民修的，两旁的白杨树已经长得碗口粗。每当有年轻人路过，他总会喊住人家，讲讲当年打鬼子的故事。“现在的娃没见过苦，得让他们知道，这好日子是咋来的。”

闫兴福的四个孩子都成了党员。大儿子闫京平在县供销社退休后，主动担任社区义务调解员；小女儿闫京花在村里办起幼儿园，免费教留守儿童唱红歌。“俺爹常说，党员不是头衔，是得给老百姓办实事。”闫京国指着父亲卧室墙上挂着的入党誓词，那是老人80岁时亲手抄录的，每个字都力透纸背。

“八一”建军节时，冶子河村小学请闫兴福去讲党课。老人让孙子扶着站在讲台上，卷起裤腿露出那道伤疤：“同学们看，这就是侵略者留给我的纪念。你们要记住，没有共产党，就没有今天的中国。”台下的孩子们瞪大眼睛，有的偷偷抹起了眼泪。那一刻，老人仿佛又回到了1945年的战场，只是这一次，他用故事当作武器，在孩子们心里种下了信仰的种子。

暮色中的冶子河村炊烟袅袅，闫兴福颤巍巍地走到院子里，把晾晒的党旗收起来。布料摩挲的声音里，仿佛还能听见当年机枪扫射的轰鸣声和战友们冲锋时的呐喊声。他轻轻抚摸着旗面上的镰刀锤头，就像抚摸那些长眠在战场上的兄弟。

“爹，该开家庭党员会了。”小儿子闫京国端来马扎。老人点点头，从衣柜里取出那套洗得发白的旧军装，郑重地别上解放勋章。当他在堂屋正中央坐下时，窗外的月光恰好落在他的勋章上，照亮了勋章背面刻着的两个字——人民。这或许就是一个沂蒙老兵最朴素的信仰：从扛枪打仗到教育后代，他用一生诠释着什么是共产党员的初心。就像沂蒙山上的松柏，历经风霜雨雪，依然挺拔如初。而那些在除夕小院里响起的入党誓词，早已超越了家庭的范畴，成为一个民族永不磨灭的精神回响。

★沂蒙老兵★

姚文亮

姚文亮，1928年6月25日出生，现居于罗庄区盛庄办事处。1948年6月入伍，1949年10月加入中国共产党。服役于22军炮65师614团3营4连。解放战争期间参加了淮海战役、渡江战役、解放南京、海南岛战役，其间荣立三等功1次。1950年10月入朝参战，任22军炮65师614团3营4连炮长。在朝期间参加了上甘岭战役和三八线防御战等多次战斗战役，荣立三等功1次、四等功4次。1953年10月回国。回国后在德州速成中学学习半年，1954年10月复员。回村后任民兵连连长长达30年。

战火中的坚守

在罗庄区盛庄街道吴白庄社区的老槐树下，抗战老兵姚文亮总爱坐在藤椅上，望着天边的云。风掠过他布满沟壑的面庞，那些被岁月封印的战火记忆，便随着老人浑浊却坚毅的目光，化作一幕幕震撼人心的画面。这位曾立2 次三等功、4 次四等功，还荣获金日成亲自授予军功章的抗战老兵，用一生的经历，书写着一部波澜壮阔的英雄史诗。

1948 年，年轻的姚文亮握紧钢枪，毅然投身中国人民解放军的队伍。淮海战役的硝烟里，他在枪林弹雨中穿梭，每一步都伴随着生与死的考验；渡江战役的浪涛中，他和战友们迎着敌人的炮火奋勇向前，只为打破黑暗，迎接黎明。在解放南京、杭州、福建等战役的征程上，他用无畏的勇气和坚定的信念，在战火中淬炼成长，并光荣地加入了中国共产党。党旗下的誓言，成为他此后人生的精神支柱。

1949 年，解放南京的硝烟尚未散尽，姚文亮所在部队便接到新的命令，即刻向南进发。从南京到杭州，七天七夜的急行军，疲惫如影随形，困意阵阵袭来，但战士们心中只有一个信念——解放全中国。他们风餐露宿、日夜兼程，脚下的土地浸透了汗水，却从未有一人停下脚步。

攻打舟山群岛一个小岛时，姚文亮已是主炮手兼炮兵班副班长。当小火轮船载着威力强大的山炮缓缓靠近岛屿，随着首长一声令下，他迅速进入战斗状态。敌人的炮火呼啸而至，在海面上炸起巨大的水花，但他毫不畏惧，沉着冷静地操作着山炮，左右开炮，动作行云流水。震耳欲聋的炮声中，他全神贯注，心中只有消灭敌人的目标。

一个小时的激战，1000名敌军被全歼，小岛顺利解放。因在战斗中的英勇表现，姚文亮第一次荣立三等功。那枚闪耀的勋章，是对他勇气与智慧的最高褒奖，也让他更加坚定了保家卫国的决心。

1950年10月，抗美援朝的号角吹响。姚文亮随部队登上了没座位、没窗户、没厕所的“闷罐子”火车。狭小昏暗的车厢里，空气浑浊，战士们挤在一起，却斗志昂扬。“保家卫国，立功报国”的口号在车厢中回荡，每个人的眼中都闪烁着炽热的光芒。

抵达朝鲜后，残酷的现实摆在眼前。

敌人的飞机如同恶鹰般在头顶盘旋轰炸，为减少伤亡，部队只能选择在夜间行动。朝鲜的深冬，气温低至零下40多摄氏度，寒风如刀，割得人脸生疼。由于不能生火，战士们只能以雪充饥，就着炒面艰难下咽。夜晚，他们相互依偎在雪窟中，用彼此的体温取暖。恶劣的环境没有磨灭他们的意志，反而让他们心中的怒火越烧越旺，发誓一定要打落敌人的飞机，让侵略者知道中国人民志愿军的厉害。

一次战斗中，敌军炮弹突然密集袭来，姚文亮所在的全班7名战士瞬间被气浪掀翻。当战友们在炮坑中扒出他时，只见他仍死死抱住一门迫击炮。“不害怕吗？”战友们心疼地问。“上了战场，就没打算活着回去！”他的回答斩钉截铁。在他心中，火炮是部队的宝贝，是战胜敌人的关键，“好炮要用在刀刃上，决不能有丝毫闪失”。这份对武器的珍视和对使命的坚守，支撑着他在绝境中顽强不屈。

战场上，炮火连天，震耳欲聋。

作为炮兵，姚文亮负责瞄准、调整方向和角度，根据命令精准射击。敌人的炮弹似乎无穷无尽，但志愿军炮兵也毫不示弱，每天消耗的炮弹能装满两卡车。连日的激战，让战士们疲惫到了极点，有的战士甚至在装填炮弹时，因极度困倦而睡着。即便如此，没有一个人退缩，他们用顽强的毅力，坚守在各自的岗位上，为了胜利拼尽最后一丝力气。

上甘岭战役，是抗美援朝战争中最为惨烈的战役之一。姚文亮所在的炮兵排，在数番恶战中伤亡惨重，排长不幸阵亡。危急时刻，姚文亮临危受命，代理排长一职。面对敌人疯狂的进攻和猛烈的炮火，他没有丝毫慌乱，而是沉着冷静地指挥战斗。

一天，一架美军F84战斗机在阵地上空嚣张盘旋，不断进行扫射和轰炸。姚文亮紧盯着敌机，心中燃起熊熊怒火。他迅速调整苏联高射炮的角度，屏住呼吸，等待最佳时机。“轰！”随着一声巨响，高射炮喷出火舌，炮弹如离弦之箭直扑敌机。片刻间，敌机冒出浓烟，拖着长长的尾巴坠落。亲手击落美军战机的那一刻，姚文亮激动得热血沸腾，心中的自豪感油然而生。他也因此再次荣立三等功，成为战友们心中的英雄。在这场战役中，他用实际行动为美军“划定禁飞区”，有力保障了志愿军的作战安全。

抗美援朝胜利后，姚文亮没有选择立刻回国，而是继续留守朝鲜，为当地的战后重建贡献力量。直到1954年，他才踏上了返乡的归途。

复员回到家乡的姚文亮，将满身的荣耀深藏心底。他主动担任村里的民兵连连长和调解员，凭借着在战场上磨炼出的果敢和公正，为村民解决了一个又一个矛盾纠纷。哪家有争吵，哪家有矛盾，大家都愿意找他评理。他总是耐心倾听，公平调解，成为村民们信赖的“和事佬”。

几十年来，姚文亮严格遵守规定，报销药费从不超额，从未向组织提出过任何特殊要求。“和那些牺牲在战场上的战友相比，我能活着，还能过上安稳日子，已经很知足了。”每当说起那些逝去的战友，老人的眼中便泛起泪光。在他心中，对战友的思念从未停止，那些共同浴血奋战的日子，那些倒在身边的身影，永远是他心中最深的痛，也是他珍惜当下生活的动力。

姚文亮的故事在社区里口口相传，成为激励新一代的精神源泉。他用自己的一生，诠释了什么是忠诚、勇敢与奉献。他是历史的见证者，是民族的脊梁，他的事迹将永远铭刻在人们心中，激励着一代又一代中国人为了国家的繁荣富强、人民的幸福安康而不懈奋斗。在和平年代的阳光下，他的故事如同璀璨的星辰，照亮着我们前行的道路，让我们永远铭记那段峥嵘岁月，传承那份不朽的精神。

★沂蒙老兵★

季兰俊

季兰俊，1931年出生，罗庄区五寺庄村人。1948年3月入伍，1951年入朝参战，1953年停战协定签订后回国，1954年8月复员。复员后，季兰俊先是在一家煤矿工作几年，后回到家乡务农。

血色黎明

泛黄的纸页在灯光下微微颤动，九旬老人季兰俊用布满沟壑的手指抚过那些深浅不一的字迹。纸边毛糙的笔记本里，凝固着70年前朝鲜半岛的炮火硝烟——那里有照明弹撕裂的夜空、苏制榴弹炮的怒吼，以及十轮卡车在浮桥上碾过的呻吟。当临沂市罗庄区的晨曦漫进窗棂，这位抗美援朝老兵的目光穿透时光，重回鸭绿江畔那个改变命运的冬夜。

1951年深冬，一列闷罐车在东北荒原上嘶鸣疾驰。季兰俊与战友们紧贴冰冷的车壁，怀揣着未竟的海南战役遗恨，被一纸紧急军令送往陌生的朝鲜战场。车抵江岸，眼前景象让所有人屏息：鸭绿江面浮桥如蛟龙蜿蜒，由木船串联铺板而成。十轮卡车载着庞大的苏式榴弹炮——这些“二战”未曾启用的钢铁巨兽，此刻正沉重地碾过颤巍巍的桥板。江水在车轮间隙翻涌，季兰俊紧握车栏，忽然天空绽开刺目光团：“照明弹！闭灯！”指挥员嘶吼未落，美军战机引擎声已撕裂长空。

暗夜行军成为生死博弈。当敌机如秃鹫般盘旋搜索，季兰俊与通信员跃下驾驶室，反穿棉衣露出白色衬里。两人分踞道路两侧沟壑，化作移动的“人形路标”。雪色衬里在黑暗中泛着微光，引导驾驶员驾车从“人墙”通道间穿行。寒风中，他们像两尊活动的雪雕，用血肉之躯为钢铁炮队导航。每一步踏下，冻土里的弹片硌着鞋底，硝烟与硫黄的气息渗入骨髓——这是朝鲜给他们的凛冽见面礼。

炮7师20团3营的阵地上，新装备的苏制榴弹炮昂起炮管。1951年初春的金华大桥畔，季兰俊经历首战淬火。观测镜中，45 辆美军坦克碾过冰河，钢铁洪流震得观测所尘土簌落。“全连集火！”命令如闪电传遍炮位。装填手肩扛50 公斤炮弹健步如飞，季兰俊紧盯标尺，炮弹出膛的气浪掀起他的帽檐。数轮齐射后，望远镜里呈现奇景：35 辆坦克化作燃烧的废铁，炮管如熔化的蜡烛般弯曲垂落，残余坦克仓皇遁入硝烟。

胜利的振奋未持续多久。某次转移途中，美军炮弹如暴雨倾泻。一发240 毫米重炮击中牵引车，9 名炮手瞬间化作焦土。季兰俊在百米外的防空洞遭遇气浪冲击，整个人如落叶被掀飞，重重摔落坡底。耳鸣目眩中，他摸到额角温热的血，身旁半截焦黑的军鞋还冒着青烟。此情此景，正如黄惠顺回忆上甘岭坑道中目睹战友化为焦炭的创痛：“很长时间都没吃下饭。活着的人一定要打好，给战友们报仇。”

1952 年严冬，金城前线风雪肆虐。指挥所突传敌情：美军加强团正在山前集结。危急时刻，季兰俊所在连队仅剩单炮值守。“各炮注意！”电话里的指令斩钉截铁。他独自坚守炮位，摇动手轮调整射角。引火绳拽动的刹那，炮弹呼啸着扑向目标区。半个时辰后，前沿传来捷报——整团敌军被炮火吞噬，雪地上唯余弹坑与残骸。

炮兵虽不在最前沿，却时刻面临死神觊觎。季兰俊多次执行最危险的定时炸弹排除任务。某日巡查公路时，通信员发现未爆弹体，连开三枪未中后，竟挥锹扑向炸弹：“我把它铲沟里去！”话音未落，爆炸气浪将人抛向半空。季兰俊冲向血泊中的战友，颤抖着将溢出的肠塞回腹腔。担架未至，年轻的身体已在他怀中冷却。这般惨烈，恰似李光力目睹7 名铁道兵被塌方掩埋的黎明：“惊恐的呼喊声划破宁静，人们从四面八方向出事地拥来……”

1952 年10 月，上甘岭战役炮撼群山。季兰俊的炮阵地距主峰仅

8 里，坑道外终日翻滚着烟与火。某日敌机俯冲投弹，一枚穿甲弹竟钻透坑道顶壁，贴着他头顶掠过！崩溅的碎石在额角撕开血口，他草草包扎，发现运输排排长被弹片洞穿腹部。夜幕降临，他搀扶伤员登上吉普车奔往野战医院。

途中新车兵不慎开灯，瞬间招致四架敌机追杀。机枪子弹穿透车门，驾驶员腿部鲜血喷涌。季兰俊撕开急救包压住动脉，鲜血浸透绑带。转移伤员后，他独自跋涉回阵地，血色月光将弹坑累累的山路染成暗紫。此时五圣山观测所里，炮兵观察员黄惠顺正嚼着冻硬的炒面记录坐标。收音机里断续的乡音是他们唯一的慰藉，坑道深处传唱的“雄赳赳气昂昂”压过了炮火嘶鸣。

1953 年7 月27 日，停战协定落笔时刻，前线骤然沉寂。季兰俊钻出坑道，看见久违的阳光洒满焦土。忽然欢呼声如春雷滚过山峦，战士们相拥雀跃，把磨光的钢盔抛向天空：“哇哇的，跟赶会一样！”此刻，张清云正抚摸军功章怀念砥平里血战的四个战友；孙元福含泪仰望新中国70 周年纪念章，喃喃自语：“多希望在天上的战友们也能看到。”

解甲归田的季兰俊，将染血的军装叠进箱底。每逢重大节日，他必郑重佩戴勋章，对着镜子整理风纪扣——如同曾章远老人在胡家镇小楼前挺直佝偻的腰背，唱起“雄赳赳气昂昂”时眼中迸发的光芒。当村党支部邀请他讲述朝鲜往事，90 岁高龄的他如青松挺立，两小时军姿纹丝不动。党课结束，有青年问及可曾畏惧，老人抚额角疤痕轻笑：“既然选择上前线，生死早置之度外。”

2019 年，季兰俊在退役军人服务站郑重递出回忆手稿。纸页翻动声里，炮7 师的雷霆怒吼、通信员铲向定时炸弹的身影、运输排排长在吉普车里的呻吟，穿越时空呼啸而至。工作人员轻抚“和平万岁”纪念章上的展翅白鸽，恍见七枚相同徽章随牺牲的铁道兵长眠朝鲜宁边的雪坡——它们与千万忠魂共同夯筑了和平的基石。

老人常坐窗边哼唱《中国人民解放军军歌》，沙哑的“向前向前”飘过社区花园。嬉闹的孩童不知，这歌声里埋藏着整代人的青春：闷罐列车驶过安东的灯火，鸭绿江浮桥在履带下呻吟，上甘岭的月色浸透血与雪。从沂蒙山走出的少年，终成守护国门的丰碑——而今这扇门后，炊烟安稳，稻浪镏金，恰是当年他们用命托举的黎明。

★沂蒙老兵★

柳国良

柳国良，1927 年 7 月出生，莒县人。1946 年 7 月入伍，次年 12 月加入中国共产党。先后毕业于鲁中卫校、第八纵队卫校等多所院校，学习、工作表现优异，屡获嘉奖。历经泰安、鲁西南、济南、淮海、渡江等重大战役，参与抗美援朝，在枪林弹雨中英勇抢救伤员，五次立功受奖，获解放奖章、胜利功勋荣誉奖章及多枚战役纪念章。1955 年被授予中尉军衔，新中国成立后辗转多地从医任职，曾任解放军第 146 医院医务处主任等职，1982 年 8 月光荣离休。

白袍战歌

山东莒县的秋阳穿过玻璃窗，93 岁的柳国良抚摸着褪色的医药箱。箱内镊子与纱布排列如初，仿佛随时要奔赴前线。当老人指尖触到箱底暗格里的半截止血钳，淮海战役的炮声与朝鲜雪原的马嘶骤然在屋内炸响。

1946 年深秋，19 岁的柳国良站在鲁中卫校操场上。指导员的目光扫过这群青涩面孔：“想家不？”少年脱口而出：“出来为人民服务！”掌声雷动中，他不知这句誓言要用多少血与火来淬炼。

战地救护的第一课在梁山脚下展开。部队与敌57 师在菏泽平原展开“推磨战”，柳国良背着药箱在夜雾中疾行。黎明前的黑暗中，困倦如潮水淹没意识，他“嘭”地撞上树干，抬头时部队已消失在墨色里。这样的迷失在转战岁月里成了常态，直到某日部队突然回马围歼，两天激战后敌军番号从地图上抹去。庆功宴上，卫生队队长拍着他肩膀：“昨夜你救的爆破手，今早炸开了城门！”

真正震撼的洗礼发生在前线包扎所。担架抬进大腿骨折的沂蒙老乡，伤者竟徒手抓着刺出皮肉的骨碴！柳国良强抑颤抖为他包扎，白纱布顷刻浸透血色。翌日清晨，他捧着夹板寻到农家小院，老班长指指东边新坟：“天没亮就走了。”柳国良僵立坟前，药箱里的磺胺粉在朝阳下闪着无用的光。

1948 年冬，淮海战役的烽火烧至碾庄。柳国良的救护所设在离火线三里地的地窖，震波将顶棚泥屑簌簌震落。总攻前夜，炮群怒吼撕破寂静，他正给伤员喂水，忽闻窖外传来非人惨叫——弹药手拖着燃烧的躯体翻滚，焦煳味混着血腥弥漫。

“打了一晚上，天亮停了。”老人回忆时手指无意识抠着桌沿。当硝烟散尽，他和战友踩着炽热的弹壳进入碾庄核心。黄百韬兵团覆灭处，断肢与脏器冻结在血冰里，卫生员们用铁锹清理战场。掩埋班长时，柳国良发现他怀里紧攥着半截铅笔，本子上未写完的是给未婚妻的信：“等打完仗，俺用勋章给你打簪子……”

朝鲜新义州的焦土景象，给1950年冬烙下残酷印记。柳国良率30辆马车队跨过鸭绿江时，身后安东灯火辉煌，眼前却是被燃烧弹犁过的地狱。车队在元山遭遇空袭的瞬间，他扑向最近的伤员——气浪将两人掀进弹坑，灼热的金属碎片擦着头皮飞过。

“骡子死了六匹。”老人比画着，“女卫生员脂肪层翻在外面，我背她时血顺着脖子灌进衣领。”更惨烈的是转运途中，眼见重伤员气息渐弱，他撕下急救本写阵亡通知：“插根木棍在马车旁，算留个记号。”当车队最终抵达后勤部，30辆马车仅剩半数，辕杆上凝结的血冰在月光下泛着幽蓝。

春节那天的馒头宴成了战争记忆的暖色。柳国良与战友刘世玉较劲吞下14个馒头，鼓胀的胃袋几乎撑裂棉衣。众人哄笑中，给养员突然掩面痛哭——他想起冻死在阻击阵地的整个连队，那些战士胃里最后装的是枯叶与雪团。雪原上，88师团长曾仰天嘶吼：“炸弹撂我头上吧！全营冻死，回国怎么交代？”

1982年离休那日，柳国良将战地医药箱移交年轻医生。箱内新增的朝鲜地图上，标着30处马车队遇袭点，每处都粘着褪色布条——来自未能归国的伤员。年轻医生好奇触碰布条时，老人忽然按住他手腕：“急救包放左上格，止血钳要焐热再用。”

2020 年在莒县荣军院，柳国良为参观者演示战场包扎。三角巾在他枯瘦指间翻飞如蝶，九旬身躯挺直如松。有孩子问及勋章来历，他掀起裤管，弹片留下的凹痕在苍老皮肤上依然刺目。“这不算勋章，”老人将孩子小手按在疤痕上，“真正的勋章是淮海战役那个小战士坟头的青苗，是朝鲜雪地里没送出去的14 个馒头。”

消毒水的气息弥漫荣军院长廊。这味道伴随柳国良从沂蒙山到长津湖，此刻又渗入养老院雪白的床单。当查房护士推开窗，春风裹着樱瓣涌入，恍惚间又见碾庄血战后初升的朝阳——那光照着战地救护所前排队等待包扎的年轻面孔，他们衣领蒸腾的热气，终将融尽一个古老民族的寒夜。

★沂蒙老兵★

韩成山

韩成山，1926年4月17日出生，沂南县人。曾任华东野战军8纵24师70团3营卫生班副班长。1947年4月下旬，在鲁中山区黄崖山阻击战中，他所在连队担负正面阻击任务掩护部队与群众转移。战斗中，连队打退敌军多次进攻，因敌众我寡、弹药耗尽，坚守主峰的一排陷入重围。在弹尽粮绝之际，韩成山与排长朱际昌等战友以石为武器与敌搏斗，最终跳下悬崖。跳崖后，韩成山身负重伤，幸得农民石贞文救助，经71天治疗休养康复。伤愈返乡后，他多次寻找部队无果。30余年后，其事迹被原部队发现，因其英勇无畏、死里逃生的经历，被尊称为“活烈士”，其事迹成为革命精神的生动写照。

复活的“跳崖烈士”

沂蒙山区的风掠过孟良崮烈士陵园的石壁，将“韩成山”三个字打磨得光滑而深邃。1947 年那个血色4 月，22 岁的他随着6 名战友纵身跃下黄崖山480 米的绝壁，却在30 年后被老战友从“烈士”名单中“挖”了出来。1992 年，当江泽民同志握住韩成山残缺的右手时，那道跳崖留下的伤疤仍在隐隐作痛——这是一段被战火淬炼、被岁月掩埋，最终在人间烟火中重新绽放的生命史诗。

黄崖山的血色黎明

1947 年4 月的沂蒙山区，映山红开得像燃烧的火焰，却驱不散国民党74 师进驻时的阴霾。蒋介石将这支部队称为“王牌”，企图用美式装备和机械化部队踏平沂蒙革命根据地。韩成山所在的华东野战军8 纵24 师70 团3 营7 连，接到的命令是在黄崖山正面阻击，为大部队转移争取时间。

“急行军20 里，鞋底都磨穿了。”韩成山晚年抚摸着右脚的老茧，仍能想起1947 年4 月26 日凌晨的山路。

月光下，战士们的刺刀闪着冷光，汗珠子滴在碎石上瞬间蒸发。黄崖山主峰如一头巨兽盘踞在沂蒙腹地，西面是刀削般的绝壁，北面是深沟，东面缓坡是唯一的进攻通道——这里是天然的堡垒，也是无法撤退的死地。

四架敌机在清晨7点准时出现，引擎声撕裂了山谷的寂静。韩成山趴在战壕里，感觉大地都在震颤。

“炸弹落下来时，气浪把人掀起来又摔下。”他后来在报告中比画着，“小王就趴在我左边，一块弹片飞过来，人就没了。”炮击持续了一小时，阵地变成焦土，刺鼻的硝烟里混杂着血腥味和泥土味。

国民党军一个营的兵力踏着炮灰冲上来时，7连的机枪才刚刚冷却。韩成山所在的一排负责主峰防御，他数着弹匣里的子弹，每扣动一次扳机，就有一个敌人倒下。但敌军像潮水般涌来，一个营被打退，又增派一个营，最后变成两个团的兵力全线压上。太阳偏西时，阵地上只剩下不到20名战士，弹药箱已经见底。

“同志们，人在阵地在！”排长朱际昌的声音嘶哑却坚定。韩成山抱起一块石头砸向最近的敌人，指关节在石块棱角上蹭破，鲜血渗进石头的纹路。当最后一颗手榴弹在敌群中炸开时，朱际昌转身面向悬崖，大喊：“共产党员跟我来！”韩成山记得那一刻的寂静——风声、枪声都消失了，只有六个人手挽手跃下绝壁的身影，在夕阳里拉成黑色的剪影。

七十一天的石洞余生

坠落时的剧痛像电流击穿全身，韩成山再次醒来时，满天繁星正透过灌木丛的缝隙闪烁。右腿传来骨折的锐痛，右手拇指只剩半截，后脑壳黏糊糊的全是血。他用左手扒开身边的枝叶，发现自己落在半山腰的灌木丛中，而不远处的崖底，躺着另外五名战友的遗体。

“渴……水……”第二天清晨，当石贞文老人背着柴刀出现时，韩成山的声音微弱得像蚊子叫。这位蒙阴县垛庄镇东大洼村的老农，看到军服上的“八一”标志，立刻把他背到隐蔽的石洞里。“那时候盐比金子贵，石大爷把家里仅有的一小包盐全化了水，给我洗伤口。”韩成山回忆时，眼角总会泛起泪光，“有天他端来碗羊肉汤，我才知道他把家里唯一的小羊宰了——那可是他家来年的指望啊！”

石贞文每天天不亮就出门，用陶罐装着煎饼糊糊和山泉水，再采来止血的草药。为了躲避还乡团搜山，71 天里他们转移了四个藏身点。韩成山的右腿用树枝固定着，右手缠着草药，石大爷就一口口喂他吃饭，用破布蘸着盐水为他擦拭伤口。有次还乡团的狗叫声就在洞口外响起，老人把韩成山藏进石缝，自己出去故意引开敌人，回来时脸上带着血痕。

“第71 天晚上，石大爷给我做了副拐杖，烙了20 斤煎饼。”韩成山架着双拐在夜色中前行，每一步都像踩在刀尖上。七天七夜的潜行，他白天躲在破庙或山洞，夜晚借着月光赶路，终于在第八天黎明看到了老家沂南县辛集镇招贤村的炊烟。而此时的部队，已在沂水为“牺牲”的烈士们举行了追悼大会，韩成山的名字被刻上了孟良崮烈士陵园的石壁。

三十载的隐姓埋名

回到家乡的韩成山，把军功章和伤残证明锁进木箱，只字不提黄崖山的经历。他拖着瘸腿在生产队干活，右手缺失的拇指让他握不住锄头，就用手掌根部顶着木柄；右腿的旧伤每逢阴雨天就钻心疼痛，他就用热毛巾敷着继续下地。

乡亲们只知道他是退伍老兵，没人知道这个沉默寡言的汉子曾是“跳崖烈士”。

“我给部队写过十几封信，可那时候部队到处转战，根本联系不上。”韩成山坐在门槛上，望着远处的沂蒙山，“有人劝我找政府安排工作，我想，比起牺牲的战友，我能活着就不错了，不能给国家添麻烦。”他用部队学来的医术为乡亲们针灸，背着自制的药箱走村串户，治好了无数人的头疼脑热，却从不收一分钱。

1977年5月，当年的机枪班班长刘楹厚与副班长齐立法来到黄崖山悼念战友，在山脚下的牛头湾村偶然听说“老石家救活一个跳崖战士”。“我们当时就蒙了，以为听错了。”刘楹厚在回忆录里写道，“30年前亲眼看见他们跳崖，追悼会都开了，怎么可能还活着？”两位老人连夜赶到东大洼村，听石贞文的儿子讲述了救人经过，又冒雨步行三个小时赶回沂南，终于在蔡家洼村找到了韩成山。

“当我看见他瘸着腿从灶屋里走出来，右手少了个拇指，后脑壳有道明显的疤痕时，眼泪唰地就下来了。”齐立法后来在报告会上哽咽着说，“我们抱在一起哭，30年了啊，以为他早化成灰了，没想到他就在离我们20里的地方，默默当了30年农民！”

英雄“复活”的血色证明

刘楹厚决心为韩成山恢复身份。他带着韩成山的口述材料，先后找到当年的营教导员江一震、7连连长卢亲智、连指导员范玉平取证。“那时候交通不便，我坐火车到烟台，又转汽车去蓬莱，光路费就花了1000多块——那可是1977年啊！”刘楹厚翻出当年的车票，纸张已经泛黄，“但一想到韩成山在山洞里吃了71天的苦，这点累算什么？”

部队调查组来到黄崖山时，牛头湾村的老人纷纷做证：“石大爷当年确实救过一个八路军，腿断了，手也伤了。”“还乡团还把石大爷吊起来打，问他把人藏哪了，老爷子啥也没说。”

1977年7月21日，在黄崖山主峰的座谈会上，部队党委正式宣布认定韩成山的身份，并授予他“二等甲级残废证”。当调查组把100元慰问金递给他时，这个在战场上没掉过泪的汉子，哭得像个孩子。

“八一”建军节，韩成山被邀请到部队作报告。站在讲台上，他卷起裤腿露出右腿的伤疤，举起残缺的右手：“同志们，这道疤是跳崖时摔的，这个拇指是砸敌人时被石头碾断的。但比起我那五个跳崖的战友，我幸运太多了！”台下的年轻士兵们齐刷刷地站起来，掌声雷动。

此后的几十年里，韩成山走进学校、机关、部队，作了几百场报告，每次都会展示这些战争的印记。

1990 年，政府为韩成山盖了四间瓦房；1994 年，他与贺法英老人结婚；1992 年，江泽民同志视察临沂时亲切接见了他。当总书记的手握住他残缺的右手时，韩成山激动得说不出话来——这只手曾举起手榴弹，曾握住拐杖，如今被总书记紧紧握住，仿佛握住了整个国家的敬意。

永不褪色的生命勋章

韩成山的晚年，仍保持着艰苦朴素的作风。他把政府发的抚恤金省下一部分，买了茶叶点心去看望村里的“五保户”；谁家孩子交不起学费，他偷偷塞钱；邻里闹矛盾，他拖着瘸腿去调解。“党和国家给我的太多了，我做的还远远不够。”他常对来看望他的学生说。

2011 年2 月，85 岁的韩成山在睡梦中安详离世。

临终前，他让家人把军功章摆在床头，轻轻抚摸着“英雄连”的锦旗。如今，在孟良崮烈士陵园，他的名字依然与其他烈士并列，但旁边多了一行小字：“黄崖山阻击战幸存者，1977 年恢复身份。”

从黄崖山的绝壁到沂蒙的乡间小路，韩成山用85 年的人生，书写了一个关于牺牲与坚守的传奇。他纵身一跃的果敢，隐姓埋名的淡泊，以及晚年奔波宣讲的热忱，构成了沂蒙精神最鲜活的注脚。当后人抚摸孟良崮石壁上他的名字时，那道被岁月磨平的刻痕里，依然能触摸到战火的温度与生命的坚韧——这是一枚永不褪色的勋章，镌刻在沂蒙的青山之间，也镌刻在民族的记忆深处。

黄崖山的风仍在呼啸，当年的战壕已长满青草，但韩成山和他的战友们用生命铸就的精神丰碑，永远矗立在沂蒙大地，指引着后来者在和平年代继续前行。那纵身一跃的身影，不仅跳出了个人的生命奇迹，更跳出了一个民族在危难时刻的不屈脊梁，成为中华民族精神宝库中永不熄灭的火炬。

★沂蒙老兵★

孙学亮

孙学亮，1929 年 4 月 3 日出生，临沂市河东区树沂庄人，现为五级革命（因战）伤残军人。解放战争期间，是中国人民解放军华东野战军 7 纵 21 师 3 团 1 营 1 连 1 排 3 班的战士、班长。

生死营救的永恒证言

童年记忆里，沂蒙的天空被苦难压得格外低垂。孙学亮目睹老实巴交的农民，被沉重的租子榨干了最后一口生气，土地在眼前被生生夺走，如同剜心。房屋倾颓，炊烟断绝，亲邻们牵着枯瘦的孩子，像被风扯断根的蓬草，消失在布满车辙印的黄土路上。凄厉的啼哭与沉默的泪水，深深灼痛了少年尚显稚嫩的心。

1944 年6 月，年仅15 岁的他，便将这切肤之痛化作了决绝的行动，毅然加入了汤头区民兵大队树沂庄小队。抓捕汉奸的暗夜潜行，打土豪分田地时的激昂呐喊，是他对那吞噬一切的不公发出的第一声怒吼，也是他为自己选择的一条充满艰险却通向光明的道路。

1946 年8 月25 日，17 岁的孙学亮正式成为中国人民解放军临沂县大队一员。百日大练兵的汗水还未干透，当年12 月，他便被编入威名赫赫的华东野战军7 纵21 师3 团1 营1 连1 排3 班，从此，沂蒙子弟的血肉之躯融入了人民解放战争的钢铁洪流。

孙学亮跟随钢铁劲旅的足迹，踏遍了决定中国命运的战场：鲁南战役的炮火撕开沉沉夜幕，白塔埠战役的冲杀声震耳欲聋，孟良崮的硝烟弥漫于嶙峋山石之间，济南城头的红旗在血与火中最终猎猎招展，直至淮海平原上那场规模空前的决战。枪林弹雨，已成家常便饭；突袭、遭遇、白刃相搏……几十次大小战斗的生死淬炼，将“有国才有家”的信念如钢印般深深烙进他的骨髓灵魂。

白塔埠一役，炮火织成的死亡之网铺天盖地。敌军火力点如毒蛇吐芯，死死咬住我方进攻通道。

危急关头，孙学亮所在连队指挥员骤然暴露在敌方射界之内。那一刻，时间仿佛凝固，眼见首长身影在弹雨中飘摇欲坠，孙学亮没有丝毫犹豫。他如离弦之箭冲出掩体，迎着交织的曳光弹，猛扑到首长身边。他用自己的身体形成一道移动的屏障，奋力掩护首长后撤。子弹带着死神的尖啸擦身而过，泥土碎石在身畔疯狂迸溅。突然，一股巨大的力量狠狠撞入他的左手——钻心的剧痛瞬间炸开，鲜血染红了衣袖。低头望去，半个手掌已被炸飞，森白的骨碴暴露在外。孙学亮强忍几乎令人昏厥的痛楚，牙关紧咬，用残存的意志和那只鲜血淋漓的手，死死抓住首长，一步一血印，硬是将人从鬼门关前拖了回来。此役的忠勇，为他赢得了一等功的殊荣。

淮海战役的严冬，战场化作巨大的冰窟。滴水成冰的深夜，为构筑关键工事抵御敌军反扑，任务十万火急。冻土坚逾磐石，铁锹砸上去火星四溅却只留下白印。孙学亮和战友们奉命挖掘掩体，时间不等人。眼看工具难以撼动这冰封的大地，孙学亮猛地扔掉铁锹，大喊一声："用手！"话音未落，他已率先扑跪在地，用那双早已布满冻疮和裂口的手，疯狂地刨挖起来。指甲在坚硬的冰土上迅速翻卷、剥落，十指很快血肉模糊，每一捧冻土都浸染着鲜红。剧痛刺骨，他却浑然不觉，心中只有一个燃烧的念头：挖！再快一点！每一秒都关乎着更多战友能否活过明天！寒风中，他赤红的双手与黢黑的冻土形成刺目对比，仿佛永不熄灭的生命之火在燃烧。这场以血肉对抗钢铁的搏斗，再次为他赢得了二等功的荣光。

然而，战争的无情不仅体现在血肉的创痛上。部队在硝烟弥漫中紧急转移，一路颠簸奔袭。当孙学亮在某个疲惫不堪的间隙，下意识地摸向胸前那个珍藏着他无上荣誉的小布包时，心猛地一沉——那个曾紧贴心口、浸染着硝烟与体温的布包，连同里面那枚象征着他以命相搏换来的军功章，竟已不知失落于哪段烽火征途。空荡荡的胸口，只剩下被汗水与血迹浸透的粗布军衣紧贴着皮肤，那瞬间的失落与茫然，比他身上任何一处伤口都更深地刺入了灵魂。这份巨大的遗憾，如同一个永不愈合的隐痛创口，伴随了他的一生，也成了家人心中沉甸甸的叹息。

1950年9月，带着满身的伤痕与无法弥补的遗憾，孙学亮因伤残复员，回到了河东区树沂庄那片养育他的土地。他卸下了军装，却从未卸下军魂。

作为在战火中入党的共产党员，“退伍不褪色”是孙学亮刻入生命的信条。他拖着伤残之躯，以仅存的半只手掌重新握紧锄头，在田垄间默默耕耘。那身褪色的军装被他珍重地挂在墙上，军人的标准却被他坚定地立在家中。他长期教育家人子女要爱党爱国，为国家和集体倾力奉献，更将炽热的报国情怀化为行动，亲手动员自己的二弟跨过鸭绿江，参加志愿军，保家卫国。

岁月如沂河之水，无声流过八十余载。战争的硝烟早已散尽，但那四年烽火锻造的记忆，却如磐石般沉在老人心底最深处。

每当寂静的夜晚，或是某些特定的日子，那些并肩浴血的战友名字便会不由自主地从他口中喃喃念出。每一个名字的吐出，都像一把钥匙，瞬间打开记忆的闸门。刚强的老兵浑浊的眼底便会泛起无法抑制的泪光，微微颤抖的嘴唇无声地诉说着那些未能一同归来的身影，以及那些再也无法重逢的青春。

残酷的战争留给孙学亮的，不仅是心底永不磨灭的战友面容，更有身体上无法摆脱的伤痛印记。左手那残缺的手掌，是白塔埠那场生死营救的永恒证言。而深嵌在躯体里的弹片与伤痕，则成了最敏感的“天气预报”。每逢阴雨将至，旧伤便如苏醒的毒蛇，在骨缝筋肉间啃噬游走，带来钻心刺骨的钝痛，这是岁月也无法消磨的战争回响。

光阴荏苒，英雄迟暮。

孙学亮老人布满沟壑的手掌，常会缓缓抚过胸前那片空荡的衣襟，那里曾佩戴过他用血肉换来的荣光。他亦会无意识地摩挲着左手那触目惊心的残损断口。每一次触碰，都是对烽火岁月的无声回溯。那残缺的手掌上，每一道深刻的褶皱都浸染着硝烟的颜色，每一次抚摸，都如同打开了一卷沉默的战争实录。

这伤痕，岂止印刻于一具衰老的躯体？它早已化作民族记忆里一道倔强的刻痕，深嵌于大地之上。当孙学亮的目光穿越窗棂，投向远方宁静的田野与炊烟，那目光深处，沉淀着血与火淬炼出的磐石信念——正是千千万万如他般平凡而坚韧的脊梁，以血肉之躯承接了时代的惊雷，在破碎的山河之上，才最终托举起这片我们今日得以安稳立足的土地。那残损的手掌抚过的，是消逝的硝烟，更是永存的家国。

★沂蒙老兵★

孔现洽

孔现洽，1928年出生，平邑县保太镇纯厚村人。1945年6月入伍，1947年4月入党。先后参加了莱芜战役、仲村战斗、潍县战役、淮海战役、渡江战役、解放上海和解放定海7次战斗。1982年至1987年承包大队林场200多亩，安置劳动力50余人。

老蒙山兵

老人缓缓挪到墙边，墙上那张照片中，22 岁的青年一身洗得发白的军装，眼神灼灼，仿佛随时能穿越照片，回到那炮火纷飞的战场。时光倏忽而过80 余年，照片中人已是90 多岁的孔现洽老人，他用枯瘦的手轻轻拂过相框，指尖微颤，那布满皱纹的脸上，却依稀可见照片中青年挺立的轮廓。“拍这张照片那年，我才22 岁啊……”老人喃喃道，声音里裹着岁月磨蚀的沙哑。他眼底深处，那些被硝烟与热血浸透的旧日时光，如蒙山深处的云雾般汹涌翻腾起来。

孔现洽生于蒙山脚下的纯厚庄村，少年岁月是刻在骨头里的饥饿。那时家中贫瘠如洗，腹中常日空空作响，饥饿像一条冰冷的蛇，盘踞在胃里，噬咬着少年的精气神。16 岁那年，他赤着上身，只穿一条破得不能再破的裤子，偷偷溜出家门，一路奔向费北独立营的驻地。当营长看着这个几乎衣不蔽体、瘦骨嶙峋却眼神倔强的少年站在面前时，心头蓦然一热。那天晚上，孔现洽捧着一只粗瓷大碗，碗中面条的热气蒸腾着模糊了他的双眼。他一碗接一碗地吃着，面条滑入腹中的踏实感，仿佛驱散了16 年来所有的空洞与寒冷。他默默咽下最后一口面汤，心底轰然作响：“吃饱饭的路，只有跟着共产党走！”部队发下军装那一刻，孔现洽的手指小心翼翼抚过那簇新的、挺括的粗布，一遍又一遍，仿佛那是世间最珍贵的宝物。他穿上军装，挺直了脊梁，一股从未有过的滚烫力量在瘦弱的胸膛里冲撞激荡。

然而，父亲终究还是寻来了部队驻地。

当父亲那双布满老茧的手紧紧攥住他瘦削的肩膀，声音里含着哭腔哀求他回家时，孔现洽挺直了腰背，声音斩钉截铁："爹，我要干革命！不解放，我不回！"父亲望着儿子眼中燃烧着的火焰，那火焰陌生又滚烫，最终只能默默转身，背影在苍茫的暮色里，显得格外佝偻孤单。

在部队，孔现洽做事勤恳、为人耿直，营长渐渐不再喊他的名字，而是笑呵呵地唤他"老蒙山兵"。这朴素的称呼里，凝聚着信任，更承载着蒙山子弟特有的那份坚韧与赤诚。

不久后，费北独立营与费东独立营合并升级，成为蒙山独立营，正式编入主力作战序列。参军头两年，孔现洽尚有机会短暂归家探望双亲。然而自部队升级后，他随同队伍南征北战，辗转于炮火连天的战场——莱芜、仲村、潍县……故乡的山影与父母倚门张望的身影，便彻底隐没在无情的战火硝烟之后。孔现洽凭着踏实和勇敢，从通信员逐步成长为一名班长。

潍县城外，硝烟弥漫，遮天蔽日。城墙已摇摇欲坠，国民党守军如惊弓之鸟般开始溃退。一小股敌人仓皇拥出，向城外一片开阔地奔逃。我军机枪班猛烈扫射，子弹在焦土上溅起密集的烟柱，却未能有效阻滞那伙亡命之徒。

恰在此时，孔现洽跟随营长疾步路过前沿。眼见敌人即将散入远处复杂的地形，孔现洽心头一凛，几乎是本能地，他猛地举起步枪，果断扣动扳机。

"砰！"

一声清脆的枪响撕裂了喧嚣。跑在最前面的一个敌人应声扑倒，身体在尘土中抽搐了几下便不动了。这突如其来的死亡震慑了所有逃窜者。

“再动，跟他一个下场！”孔现洽炸雷般的怒吼穿透硝烟，带着不容置疑的杀气。

那带头的敌兵被这声怒喝和同伴的死亡彻底击垮，慌忙扔下枪，双手抱头死死趴在地上，身体抖如筛糠。后面跟着的十来个敌人也完全蒙了，如同被抽掉了脊梁骨，纷纷扔掉武器，惊恐地高举双手，乱作一团。

孔现洽端着枪，一步步沉稳地逼上前去，枪口稳稳地指向这群失魂落魄的俘虏。很快，后续赶来的战友迅速上前，将这十余人牢牢控制住。营长赞许地重重拍了拍孔现洽的肩膀，那无声的力量胜过千言万语。

长江的夜，漆黑如墨，唯有对岸星星点点的炮火，在无边的黑暗中炸开猩红的花朵。江风裹挟着浓重的硝烟和水汽，冰冷刺骨。渡江战役的号角已然吹响。孔现洽作为小队长，负责指挥四条从渔民处征集来的木船。他立在船头，紧盯着前方，心中只有一个念头：“打过长江去，把战士们一个不少地带到对岸！”

“打过长江去，解放全中国！”这口号此刻不是呼喊，而是沉甸甸压在他心头的誓言。

船只离岸，劈开浑浊的江水，向对岸的黑暗与炮火冲去。船至中流，炮弹呼啸着在附近江面炸开，巨大的水柱冲天而起。撑船的船夫何曾见过这等阵仗？手一哆嗦，长长的竹篙“扑通”一声脱手掉进了汹涌的江水中。船身立刻剧烈摇晃起来。

“莫慌！有我！”孔现洽的声音异常沉稳。他一边大声安抚吓得面无人色的船夫，一边毫不犹豫地探身向前，双手紧紧抓住船舷，以身体为锚竭力稳住船身。冰冷的江水打湿了他的衣裤，他毫不在意，目光如鹰隼般扫过起伏的江面。忽然，他瞅准一个浪头间隙，眼疾手快，竟从翻涌的浊流中一把捞起一根顺水漂来的竹篙！他奋力撑篙，汗水混着江水从额角流下，凭着惊人的臂力与意志，硬是将这条失去控制的船稳稳靠上了南岸湿滑的滩涂。

作为基层指挥员，孔现洽早已习惯了在生死线上奔跑传递命令。一次激烈的攻坚战后，他感觉胸口像被烙铁烫过，每一次呼吸都牵扯着肺腑深处尖锐的刺痛，他不敢再跑，脚步沉重地挪回连部。

“老孔！”教导员一眼就看出他的异样，“你这脸，蜡黄！人也瘦脱了形，咋回事？”孔现洽只含糊道有些发热。连长和教导员当即命令他必须休息。

偏偏此时部队接到命令，要赶往吴淞口参观。孔现洽咬紧牙关：“一排之长，岂能不在？”他硬是拖着沉重的身体跟上了队伍。返程途中，他胸口那团滚烫的灼痛越来越猛烈，仿佛有烧红的炭块在胸腔里翻滚，他只能死死用拳头抵住心口，每一步都走得冷汗涔涔。

参观结束的第二天清晨，部队集合准备前往营部。孔现洽挣扎着起身，刚走出几步，一股浓重的腥甜猛地涌上喉咙。他再也抑制不住，剧烈地呛咳起来，三口黏稠、乌黑的血块接连喷溅在脚下干燥的黄土地上，刺目惊心。

“排长！”一个年轻战士失声惊叫，慌忙冲过来扶住他摇摇欲坠的身体。孔现洽抹去嘴角残留的血迹，望着地上那几摊发黑的血迹，声音微弱却透着一种近乎倔强的平静：“跑得太急，不打紧……歇歇就好了。”他被紧急送往后方医院，后来又在康复大队整整休养了半年。那吐在地上的三口黑血，如同三枚沉重的烙印，深深刻进了他的戎马生涯。

1955 年，孔现洽转业回到了蒙山环抱的纯厚庄村。脱下军装，他很快被推选为村支书。在那些艰苦创业的岁月里，他带领着乡亲们改造贫瘠的土地，兴修水利，仿佛指挥着另一场没有硝烟的战斗。他扛着铁锹走在开渠队伍的最前面，沟渠里流淌的，分明是他未凉的热血和始终如一的担当。他依旧习惯挺直腰板走路，那姿态仿佛从未离开过队列。

部队是孔现洽此生无法割舍的血脉。

在他的言传身教下，长子、次子相继穿上了军装，在军营里各自奉献了8年青春。这份红色情怀在家族的血脉里无声流淌。当长子的孩子也郑重地穿上崭新的绿军装，即将踏上征程时，孔现洽久久凝视着这个酷似自己当年的青年。孙子临行前，老人默默取出珍藏多年的那枚淮海战役纪念章，郑重地别在孙子胸前。孙子在部队一干就是15年。厅堂的墙上，并排悬挂着几张照片：孔现洽年轻时的戎装照，两个儿子不同时期的军人照，以及孙子在军营里的英姿。四代人的面容在时光里变迁，唯有那身军绿，穿越岁月，一脉相承，无声诉说着忠诚的接力。

夕阳熔金，透过老屋的窗棂，温柔地洒在孔现洽饱经风霜的脸上。他缓缓抬起头，目光再次落回墙上那张22岁的军装照。照片里的青年眼神清澈而坚定，穿透了80年的烽烟，与此刻老人眼中沉淀的沧桑与无悔，在夕阳的光晕里静静交融。

“为啥当兵？”老人苍老的声音在安静的屋子里响起，像是叩问岁月，又像是自问自答，每一个字都沉甸甸地落下，“不就是为了……解放全中国吗？”他布满老年斑的手在膝盖上轻轻拍了拍，仿佛拂去历史微尘，随即一抹坦荡无憾的笑意在他深刻的皱纹间缓缓漾开，“我当兵，从不后悔！半点儿都不后悔！”

“老蒙山兵”——这名字早已不再仅仅是一个来自山乡的士兵代号。它已化作一种象征，融进蒙山的沟壑，汇入村庄的溪流，最终沉淀为一个民族记忆深处不屈的基石。当炮火归于沉寂，硝烟散尽，唯有那身永不褪色的军装，依然在岁月的长河里无声诉说着：何为信念，何为奉献，何为穿越时光而始终滚烫的赤子之心。

★沂蒙老兵★

杨义成

杨义成，1930年出生，兰山区人。1945年8月参军，参加三下江南、四战四平、辽沈战役、平津战役、渡江战役以及衡宝战役等，多次受到部队嘉奖。1946年，在四平战役中，他独自护送12名病号跨越600多里路程，确保所有病号安全到达目的地。

六百里的生命线

2019 年，一个春光明媚的上午，笔者站在南关社区一栋普通居民楼前，手中记录本上的问题在阳光下显得苍白无力。当86 岁的杨义成老人打开门时，笔者看到的不是想象中的佝偻老者，而是一位腰板挺直、目光如炬的老军人。他耳聪目明，思维敏捷，谈起70 多年前的往事，那些硝烟弥漫的记忆在他眼中重新燃烧起来。

“别人能行我也能行！”杨义成老人突然提高的嗓音让笔者手中的笔微微震动。1945 年8 月的临沂街头，15 岁的杨义成追着行军的队伍，单薄的衣衫被夏末的风吹得鼓胀，像一面倔强的旗帜。部队干部第三次推开这个执着的少年时，他直接抱住了路边的杨树：“你们一天走100 里，我就跟100 里！”

当时的山东军区某部正在紧急开拔，没人会把一个半大孩子的话当真。但三天后，当队伍在沂蒙山区休整时，干部们惊讶地发现，那个叫杨义成的少年居然真的跟了上来。他的布鞋磨穿了底，脚掌渗出的血混着黄土结成硬痂，怀里却还紧紧抱着那个空荡荡的挎包。

“从临沂到东北，我们走了整整37 天。”杨义成从樟木箱底取出一张泛黄的地图，上面用红铅笔歪歪扭扭地画着行军路线，“过胶济铁路时遇到鬼子巡逻队，班长把我按在臭水沟里，蚂蟥爬满了腿。”他忽然笑起来，露出几颗坚固的牙齿，“到山海关那天，指导员拍着我肩膀说：‘小鬼，从今天起你算正式兵了。’”

笔者见到杨义成说这话时，右手无意识地摩挲着左臂上一道10厘米长的疤痕。那是他人生中第一支三八大盖留下的“纪念”——在辽西的雪地里练习射击时，后坐力让枪托狠狠撞上了他的胳膊。

1946年初春的吉林蛟河，杨义成蹲在野战医院的帐篷里，面前的水盆已经染成暗红色。17岁的卫生员正在给一名腹部中弹的排长清洗伤口，突然听到“咻”的破空声，下一秒帐篷支柱就被子弹削去半截。

“四平战役那会儿，我们卫生队离前线不到三里地。”杨义成从茶几抽屉里取出个铁皮盒子，里面整齐排列着七枚不同时期的勋章，“最缺的不是纱布，是时间。伤员送下来时，肠子流出来的要先用搪瓷碗扣住，气管被血块堵住的得马上切开脖子……”

1946年4月，四平保卫战进入白热化阶段。一个深夜，杨义成被急促的敲门声惊醒。油灯下，团卫生队队长的脸显得格外凝重：“小杨，有12个伤寒病号必须立即转移。”年轻的卫生员还没完全清醒，手里就被塞进一张潦草的手绘地图和两盒奎宁。

“当时就给我配了两辆马车，车夫都是临时从老乡那里借的。”杨义成起身从书柜取出一本相册，指着其中一张泛黄的照片：冰封的松花江畔，十几个裹着棉被的人影蜷缩在马车上。“有个姓张的机枪手高烧到40℃，一路上都在说胡话，把我都当成他娘了。”

护送第七天的黄昏，杨义成在桦树林边发现了被炸毁的木桥。原本30多米宽的河面因春汛暴涨到近百米，浑浊的河水裹挟着断枝轰隆作响。病号中有人开始剧烈咳嗽，咯出的血沫子在暮色中显得发黑。

“我把12个人分成三组，能走的扶着走，不能走的用树枝扎担架抬。”老人突然停下叙述，从阳台取来根老山参，“那晚经过个朝鲜族屯子，老乡给了这个，说是能吊命。”月光下，17岁的卫生员用刺刀把人参切成薄片，挨个塞进病号舌底。有个小战士哭着想吐出来：“杨班长，这该留给重伤员……”

第六天深夜，当杨义成牵着首辆马车走进蛟河县城时，守城的哨兵差点开枪——这个满身泥浆的人形生物已经72小时没合眼，肩头的绷带渗着脓血，唯一能证明身份的，是紧紧攥在手里的红十字袖章。

“后来统计，我们绕了200多里山路。”老人从衣柜深处取出个蓝布包袱，里面整齐叠放着一件洗得发白的军装，“12个人，一个不少全送到了。”他轻轻抚过衣领上褪色的红十字标志，忽然哼起几句东北小调——正是当年为安抚病号情绪，他跟朝鲜族老乡学的民谣。

1947年1月，杨义成随部队强渡松花江。

气温骤降到零下43℃，江面的冰层能承受坦克重量，却冻不住年轻战士们的鲜血。“枪栓要用尿浇开，伤员伤口刚暴露就会结冰。”老人展示着一张罕见的黑白照片：雪地上，十几个“白胡子兵”正用体温化开冻硬的绷带。

在三下江南战役中，已成为卫生班班长的杨义成发明了“雪窝包扎法”——挖雪坑做临时手术台，用缴获的美军睡袋当无菌垫。

有天夜里，杨义成连续处理了23个冻伤伤员，最后自己两个脚趾永远留在了牡丹江畔。

“1948年打天津，我们跟着突击队冲进城里。”杨义成忽然兴奋起来，从沙发底下拉出个炮弹箱改成的储物盒，“看，这是当时从敌人医院缴获的。”他举起个生锈的金属器具，这是“二战”时期的美制野战手术器械，“就靠这个，我们在火车南站救了上百个老百姓。”

1953年从朝鲜回国后，杨义成被调到曲阜炮兵部队任军医。转业回到临沂时，他把所有战利品都上交了，只带着那个装满病历的牛皮挎包。“在工人保健站接诊，有次发现个孩子得的是战时常见的疟疾……”老人笑着摇头，“开药方的手居然抖得写不成字。”

阳光透过窗户照在杨义成胸前的勋章上，渡江战役纪念章与抗美援朝纪念章轻轻相撞，发出细微的脆响。当笔者问及为什么很少向子女讲述这些经历时，他正在擦拭“献给共和国创立者”纪念章的手指突然停顿。“活着回来的人，没资格炫耀。”老人把勋章逐个放回天鹅绒衬里的木盒，“那些留在东北雪地里、朝鲜山沟里的孩子们，才是真英雄。”他的目光落在墙上泛黄的战友合影上，照片里站在角落的年轻卫生员，眼神明亮得像是能穿透时光。

★沂蒙老兵★

侯德宝

侯德宝，1923 年出生，1946 年参军，先后参加了豫东战役、淮海战役和渡江战役。在战争中受过伤，尤其是脚部和腰部有枪伤和炮弹碎片穿透的伤痕。1950 年复员后回到家乡，积极参与新中国社会主义建设，并继续影响和激励家人投身国防和地方建设。

红色家谱

1946年5月，沂蒙大地新绿涌动，解放区招兵的布告在春风里翻飞。

19岁的侯德宝站在布告前，心潮起伏。他识字不多，但“保家卫国”四个字像火种般烙入心底——没有犹豫，他毅然加入了第三野战军的行列。

当兵的经历从此成为他生命最深的刻痕，却也是归乡后最难言说的部分。豫东战役和徐蚌会战的硝烟已散，却在他身上留下永恒的印记：脚掌被炮弹碎片穿透的旧伤，腰部以下臀部的枪痕，都在无声诉说血肉之躯曾怎样穿越枪林弹雨。

侯德宝的儿子侯民后来忆起父亲，那些沉默的夜晚，父亲只偶尔透露过零星的恐惧：当子弹呼啸、战友在身边倒下，血肉之躯怎会不战栗？

然而，连长嘶哑的冲锋号令、战友们前仆后继的身影，终将恐惧淬炼成一种更坚硬的东西——那是一种无惧生死的必胜信念。

1949年渡江战役的硝烟尚未散尽，1950年，侯德宝解甲归田。可家中的板凳还没坐热，他又响应号召北上，在黑龙江宜春红旗林场当了一名伐木工人。他的一生如老黄牛般低头前行，没有豪言壮语，只用最朴实的行动和话语教育子女：“本分做人，踏踏实实。”

一颗从军的种子在沉默的土壤里悄然萌芽。墙上侯德宝身着军装的照片，像一枚无声的勋章，在孩子们的心底投射下敬畏的光影。当兵的想法如同血脉里无声的召唤，在侯家兄弟间悄然传递。

1990年3月，未满18岁的侯民便踏上征途，成为一名解放军战士。

但真正读懂父亲那沉默如山的背影，却是在他驻守西藏阿里之后。那里是世界屋脊的屋脊，平均海拔4700米，昼夜被高原的阳光重新分割：午夜12点，天幕仍固执地亮着；凌晨4点，新一天的晨曦已悄然铺展。稀薄的空气如无形的手扼住呼吸，罐头蔬菜与干拌黄花轮番上桌，肠胃的渴望与身体的极限日日交战。正是在这生命禁区的边缘，侯民度过了自己的18岁生日。艰苦的磨砺如重锤击打，最终锻造出他对保家卫国最切肤的认知，对军人荣誉最赤诚的皈依。服役期间他荣立两次三等功，第一年就光荣入党。2014年，复员归来的侯民担任了三合屯社区的党总支书记。他以军人特有的执行力，半年为集体追回财产700余万元，又亲手搭建起临沂市第一家村级退役军人服务站。2020年，"沂蒙优秀兵支书"的荣誉是对他另一种战场上的"军功章"——社区街巷的琐碎事务里，他始终以另一种姿态诠释着军人本色：为人民服务，永不退役。

侯德宝的精神血脉，终于流淌成了一条壮阔的河。三子侯永、四子侯福、六子侯民、七子侯斌，以及第三代六个孙辈，相继穿上军装，足迹远至新疆、内蒙古、广西乃至香港，在辽阔的国土上各自守卫一方平安。

"90后"的孙子侯建鑫，2009年入伍，2016年退伍。七载军旅，他多次奔赴救灾一线，风霜刻入眉宇，磨出磐石般的筋骨与心志。"男孩子谁没有军旅梦？"侯建鑫说，"何况爷爷和父辈已经树立起榜样。再苦再累，也要挺直脊梁扛过去。"即便告别军营，他依然以军人的标尺丈量生活，"总想为社会、为他人多做点什么"。

从淮海战役的硝烟到阿里无人区的长风，从伐木林场的斧声到社区服务的细语，侯家三代11人，以血肉之躯在时间与空间上接力延展着"忠诚勇毅"的坐标。侯德宝老人沉默的伤疤与遥远的战火，并未被岁月尘封，而是化作了家族血脉中永不褪色的印记——一件无声无息、却足以支撑整个家族精神大厦的传家宝，在时光的流转中越发清晰厚重：那并非金银珠玉，而是融于血液的红色基因，一种超越生死、跨越代际的赤诚与担当。它告诉我们，真正的传世之宝，恰是那于无声处、在生死间锻打出的精神印记，足以让平凡的血脉奔涌成护卫家国的万里长城。

★沂蒙老兵★

李玉龙

李玉龙，1931年出生，临沭县人。1946年6月参军，被分配到华东2纵4师11团1营当勤务兵。1950年10月，他被编入中国人民志愿军27军80师，参加了抗美援朝。在二次战役中，由于天气寒冷，脚被冻伤了，至今仍未恢复。

通信兵的冰雪长津湖

临沂城冬日的阳光透过玻璃窗，在褪色的军功章上折射出细碎金光。94 岁的李玉龙摩挲着一张泛黄照片——画面里背着方形电台的年轻士兵眼神锐利，覆满冰霜的眉毛下，是长津湖刻下的第一道皱纹。当老人指尖划过相纸上那台苏制电台，70 多年前的电磁波仿佛仍在耳畔嘶鸣。

1946 年麦收时节，15 岁的放牛娃扔下鞭子挤进征兵队列。招兵干部捏着他单薄的肩头皱眉："娃娃，枪比你还高呢！"李玉龙踮脚拽过汉阳造："俺给陈毅司令送过鸡毛信！"沂蒙山的星火早在他心里点燃：分到手的三亩坡地刚冒出青苗，还乡团便举着火把扑来。李玉龙将地契缝进裤腰，连夜翻过五道山梁投奔华东野战军。

孟良崮战役的炮声成了他的成人礼。当通信员首日，他冒死穿越国军封锁线，弹雨中怀揣的命令浸透鲜血。淮海战场零下10℃的战壕里，他裹着缴获的美式雨衣收发电报，冻僵的手指在电键上敲出冰碴儿。这个总被老兵唤作"小仔子"的少年不曾想到，四年后他将面临真正的极寒地狱。

1950 年11 月，鸭绿江浮桥在车流下呻吟。

李玉龙所在的九兵团电台班挤在敞篷卡车上，单衣在寒风中冻成铁甲。车队刚过江心，五颗照明弹骤然撕裂夜空。"敌机！闭灯！"嘶吼声里，20 岁的电台班班长扑在机器上，用身体挡住纷扬的霜雪。

长津湖战役打响时，电台班成了全师的命脉。李玉龙带着八个摇机兵驻守半山腰防空洞，洞壁终日震落冰凌。美军电子侦察机幽灵般盘旋，蛛网似的天线成了死亡路标。每当空袭警报响起，这个清瘦的山东汉子便爆发出惊人力量——50公斤的电台压弯他的脊背，皮肉冻粘在金属外壳上，一扯便是血淋淋的印记。

“比枪炮更要命的是冷。”老人喉结滚动，“摇机兵手上的冻疮烂见白骨，摇柄一转血水直流。”最惨烈的夜晚，后勤队送来半车炒面。饿极的战士抓把雪就往下咽，炒面在胃里胀成石块。黎明时分，三个摇机兵蜷在雪地永远睡去，怀里还抱着结冰的摇柄。

二次战役的绞肉机吞噬着九兵团。某夜急行军，李玉龙发现雪堆里露出美式电台天线的闪光。扒开积雪，竟是完好无损的敌军通信车！崭新的SCR–300报话机让他呼吸急促——这宝贝能顶志愿军半个通信营。

“台长！缴获的！”李玉龙刚背起机器，远处传来引擎轰鸣。美军巡逻车雪亮的灯光扫过山谷。“扔了！”台长的吼声劈开寒风，“保咱们的电台！”李玉龙踉跄扑向防空洞，身后爆起冲天火光。他死死护住苏制电台的真空管，灼热气浪将棉衣烤出焦洞。洞内摇曳的油灯下，摇机兵们用身体围成人墙，为这维系15万大军的“神经中枢”阻挡寒气。

最艰难时，全师仅剩他们一台电台。李玉龙发明了“梯次摇机法”：四人轮班摇动发电机，每10分钟换一次人——冻僵的手指需要塞进别人怀里才能回暖。零下40℃的深夜，收报键结出冰壳，他拆下绑腿布裹住手指敲击，电文纸上渐渐洇开粉红血印。

1952年深秋，丹东车站飘着细雨。刚下火车的李玉龙被震天锣鼓淹没。欢庆人群里，他看见卖烤地瓜的老汉把铁桶推倒，金黄的薯块滚向归国士兵；女学生把红领巾系在战士残损的枪管上。突然有人高喊：“签字了！停战协定签了！”

挤在邮电局窗外的李玉龙浑身一震。玻璃窗内，报纸头条的墨字未干：《朝鲜停战协定正式签署》。雨水顺着他的脖颈流进衣领，令他心口发颤。恍惚间又回到长津湖那个雪夜——他蜷在油布下接收电令，冻裂的耳朵贴在冰冷耳机上，忽然传来明码广播：“我军收复平壤！”

2019 年春天，李玉龙在孙子协助下登录军事论坛。年轻军迷展示着数字化通信方舱照片，老人忽然指着屏幕：“这个位置该装防震支架。”见对方困惑，他笑着比画：“当年我们拿背包带捆电台，过冰河时差点把摇机兵勒断气。”

书柜最深处，褪色的苏制耳机静静躺在天鹅绒盒中。阳光穿过耳罩的裂纹，照亮内壁刻着的三行小字：“1950.11–1952.9/ 频段：7.5MHz/ 呼号：沂蒙山。”邻居家飘来电视剧《功勋》的片尾曲，老人跟着轻哼时，布满老年斑的手指在膝头轻轻敲击——仍是70 多年前发电报的节奏。

楼下孩童追逐笑闹，清脆童音惊飞窗台麻雀。李玉龙凝视着阳光下翻飞的羽翼，仿佛又看见长津湖的雪原上，那些永远停在行军路上的战友。他们凝固的身姿，已化作托起和平的群山；而电波永不停歇，在历史的天空传递着一个古老民族浴火重生的密码。

★沂蒙老兵★

胡丙富

胡丙富，1927年出生，现居罗庄区盛庄街道后盛庄社区。1951年3月参军入伍，同年3月响应党的号召参加抗美援朝战争，到达朝鲜后被分配到后勤空军汽车运输连，担任汽车运输连9班班长。

车轮上的生死线

2021 年一个秋日的上午，笔者在临沂市罗庄区盛庄街道后盛庄社区的一间老宅里，见到了94 岁的胡丙富老人。他轻轻摩挲着胸前的抗美援朝荣誉奖章、和平鸽纪念章与光荣在党50 周年纪念章，金属的冰凉触感仿佛将他带回那段炮火纷飞的岁月。

1951 年3 月，年仅20 岁的胡丙富从家乡踏上征程。当他跨过鸭绿江时，映入眼帘的是满目疮痍的土地：冰封的江河横亘前路，崎岖的山路暗藏杀机，而更致命的威胁，是美军随时可能呼啸而来的战机。胡丙富被分配到后勤空军汽车运输连，成为9 班班长。这个看似与前线厮杀无关的岗位，实则是战争机器运转的关键齿轮——每一辆满载弹药、粮食和药品的卡车，都是前线战士的生命线。

“我胆大，我不怕，再大的事我都不怕！”回忆起当年，胡丙富老人眼睛突然迸发出光芒。上甘岭战役期间，他主动请缨执行物资运输任务。那是一段被战火灼烧的死亡之路：美军将公路按危险等级划分为三级，最艰险的三级公路本应是车辆禁区，却因鲜有人迹成为胡丙富的“突破口”。

“别人不敢走，我敢！单独一辆车，目标小！”胡丙富驾驶着破旧的卡车，在弹坑密布的山路上颠簸前行。当大部队车队接连遭遇轰炸时，胡丙富凭借过人的胆识和经验，巧妙避开敌机侦察，硬是将急需物资送到了前线。“后来听说去的大部队的车大多都被炸了，只有他们的这一辆运送到了前线，当时解了战场上的危机。”儿媳陈学霞的讲述，让这段尘封的往事重现惊心动魄的光彩。

然而，幸运并非总能眷顾勇者。一次运输途中，车队刚驶上大桥，十几架美军战机突然俯冲而下。炸弹在江面炸起数十米高的水柱，弹片如雨点般飞溅。战友孙景玉吓得浑身颤抖，甚至想纵身跳入刺骨的江水。千钧一发之际，胡丙富一把将他揽在怀里："别犯傻！闭眼听我指挥！"他死死踩住油门，在爆炸的气浪中操控着剧烈摇晃的卡车，凭借多年驾驶经验，在敌机第二轮轰炸来临前冲过了大桥。

"我这条命是他给的。"多年后，孙景玉仍心有余悸地说道。这样的生死时刻，在胡丙富的运输生涯中数不胜数。寒冬腊月，他蜷缩在寒冷的驾驶室里，双手被冻得失去知觉仍紧握方向盘；暴雨倾盆的夜晚，他摸着黑在泥泞的山路上缓慢前行，稍有不慎就可能连人带车坠入悬崖。但他从未退缩："只要能把物资送到战友手里，死也值了！"正是无数像胡丙富这样的运输兵，用生命接力保障了前线的每一发子弹、每一口粮食，为战役胜利奠定了坚实基础。

如今，当年并肩作战的战友们大多已魂归故里。胡丙富独自走过烈士陵园时，总要在战友墓碑前伫立良久："去年，俺去打听了，都没了……"老人的声音哽咽，泪水顺着皱纹滑落。那些共同出生入死的兄弟，那些在炮火中互相扶持的日子，早已成为他生命中最沉重也最珍贵的记忆。

每当孙辈们围坐在身边，胡丙富就会小心翼翼地捧出珍藏的奖章。阳光下，金属的光泽与老人眼中的骄傲交相辉映。"这是传家宝，到时候传给我，我再传给我儿子。"儿媳陈学霞的话，道出了一个家庭对英雄的敬仰与传承。

★沂蒙老兵★

卢西生

卢西生，1930年出生，临沭人。1948年参军，先在滨海医院担任护士，后期编入山东警备团。1950年10月25日，作为第一批入朝抗美战士，随中国人民志愿军第26军78师232团支援朝鲜，时为通信连通信员。

铁血信路

1948年，滨海医院里多了一名年轻护士的身影——卢西生。他或许未曾想到，这双照料伤病的手，两年后将翻山越岭传递着决定生死的军令。当朝鲜半岛燃起烽火时，卢西生所在的山东警备团已奉命启程，在藤县与南方转战而来的英雄部队会合，整编为中国人民志愿军第26军78师232团。新中国初立，百废待兴，然而当部队在辽东休整时，百姓们倾其所有为战士赶制棉服，备下炒面。卢西生接过那20斤炒面时，指尖触及的是滚烫的民心与沉甸甸的嘱托。

深秋的寒夜，列车载着年轻的战士，义无反顾地驶入半岛的黑暗。1950年10月25日，第一批入朝部队中便有卢西生的身影。抵达后仅休整三四日，严酷的生存与行军便以最暴烈的方式袭来。敌人飞机如秃鹫般盘旋，部队只能与夜色同行，每晚5点出发，在零下30℃的冰封山林中跋涉，直至东方微明。一夜行军，战士们的棉鞋早已被汗水浸透，待到醒来，鞋底竟冻得如薄冰般断裂。宿营处所，不过是冰冷的山沟或裸露的山坡；一件单薄的军大衣，唯有依靠战友紧贴的体温才能熬过寒夜。为了隐蔽，烟火断绝，炒面拌雪成了唯一的热量来源。偶尔收到冻成冰坨的熟土豆，竟成了奢侈的补给。后来偶遇朝鲜百姓，战士们便挤进农舍，严严实实堵住所有门窗，才敢在黑暗中匆匆吞咽一顿难得的温热——那温度短暂，却足以点燃身体深处残存的火种。

整整38天，卢西生和战友们就在这冰与火的淬炼中默默前行，步步踏碎着极限。当有人问起何以坚持，卢西生只一句："抗美援朝，一心为了保卫祖国，再苦再难，也是我们军人的职责。"言语间没有壮阔波澜，只有磐石般的信念在冰天雪地里灼灼闪光。

在通信连里，卢西生肩负起战地信使的使命。炮火纷飞中，他接到向3营传递指令的紧急任务。他伏低身体，穿行于火网，炮弹在身边不断炸开，气浪如重锤击打，震得他双眼发黑、天旋地转。他咬紧牙关，凭着意志在生死线上奔跑。当指令终于送达，他早已浑身泥土，耳朵里嗡鸣不止，但任务终究是完成了。第五次战役的硝烟里，卢西生依旧奔跑在保障通信的生死线上，后又调至团部担任架线员。线路就是部队的神经，他的双手在炮火中一次次接通那些沉默的铜线，让命令与呼号在焦土之上传递不息。直至部队换防，卢西生才随队撤回祖国。

1956年，卢西生解甲归田，成为一名管理区文书。七十载光阴流转，当年年轻的通信兵已年逾九旬，但烽火往事依旧清晰如昨。当被问及最深刻的记忆，卢西生老人沉默片刻，眼中浮起痛楚的暗影："一次行军，一匹马不知怎么跑出了树林，暴露在开阔地……"话音未落，那惨烈的画面已随他的描述铺展开来——敌机循踪而至，疯狂倾泻炸弹，反复盘旋扫射，整整一个上午，那片土地被彻底撕裂。这惨景深深刻入他的脑海。卢西生随即又挺直了微驼的背脊，语气中带着军人的骄傲："在部队八年，我没犯过一个错误，跟着党走，没错！"三等功的勋章和多次嘉奖，无声地证明着这条铁骨铮铮的信路。

我们身处和平年代，虽已难以完全体味战争极致的残酷与寒冷，但卢西生的故事，犹如一炬不熄的火光，穿透岁月，让我们真切触摸到那一代战士胸腔里奔涌的热血——那是国家危难之际舍小家为山河的决然，那是直面牺牲也要守护家国的万丈豪情。

★沂蒙老兵★

陈心万

陈心万，1940年5月11日出生，现居于临沂市兰山区北园路。1949年5月，陈心万的父亲人称“小麒麟童”的陈锦章和母亲花玉兰带领着陈家班辗转各地演出。他们和二野的战士们相遇时，正是最需要宣传力量的时候。在二野12军军长王近山的邀请下，陈家全家穿上军装，成为二野12军京剧团正式成员，那一年，陈心万还不足9岁，是一个名副其实的娃娃兵。入伍后，服役于第二野战军第三兵团第12军政治部文工团京剧队。1953年4月入朝，编入中国人民志愿军政治部京剧团。在朝期间所在京剧团为志愿军慰问演出1000多场次。1956年8月回国后随即复员。复员后先后在济南工作两年。1958年8月进入临沂地区京剧团，先后任职演员、副团长、市政协委员。其间于1981年7月加入中国共产党。2000年5月离休。

"戏比天大"

1940年，北平城浸润在悠远的皮黄声腔里，陈心万降生于一个绵延五代的京剧世家。父亲陈锦章，艺名"小麒麟童"，声震南北；母亲花玉兰，名扬海参崴与上海滩，是当之无愧的坤伶翘楚。他们掌舵的"永馨社"陈家班，是流动的艺术堡垒。1949年5月，江南初夏，浙江兰溪，一座临时搭建的戏台前，征尘未洗的第二野战军将士们正沉浸在锣鼓丝竹中。陈家班的精湛演绎，赢得满堂喝彩。硝烟未散，鼓角铮鸣，二野三兵团副司令员、人称"王疯子"的猛将王近山，与副军长肖永银带领部队向大西南高歌猛进，正需这样一支能鼓舞士气的文艺尖兵！一番恳切相邀，陈家班20余口，从陈锦章、花玉兰夫妇，到伯伯、叔叔、姑姑、兄姊、舅舅、姨妈，慨然应允。顷刻间，水袖罗裳换作朴拙军装。9岁的陈心万，个子尚不及一支步枪，却挺起稚嫩的胸膛，成为二野三兵团12军京剧团里最年幼的文艺战士。战火硝烟从此成了他成长的底色，他追随着解放大军的滚滚铁流，一路唱过山山水水，直抵重庆解放的欢腾时刻。

1950年，朝鲜半岛战云骤起。志愿军将士浴血奋战之际，以陈家班为骨干的京剧团在国内化作无形的精神引擎。陈心万虽年少，却已是入伍一年的"老兵"。他们不分昼夜，足迹踏遍后方城乡。简陋的土台、喧嚣的厂矿、繁忙的车站码头，都成了他们的舞台。锣鼓铿锵，唱腔激越，新编的剧目、传统的忠烈故事，无一不在呐喊：恢复生产！支援前线！保卫和平！无数个星夜兼程，无数场倾情演绎，将后方人民的心与前线将士的血脉紧紧相连，为抗美援朝的钢铁长城注入了澎湃的民心伟力。

当五次战役的硝烟渐渐沉淀，1953 年初春，鸭绿江的坚冰开始碎裂。为更直接地鼓舞前线浴血奋战的英雄儿女，志愿军总部政治部决定组建文工团京剧队。一支特殊的队伍迅速集结——以陈家班50 余名骨干为核心，由陈锦章亲自率领。13 岁的陈心万跟随父亲，再次跨过那条奔涌的大江。他们隶属的志愿军第三兵团，正是鏖战上甘岭、坚守金城防线的铁血雄师。陈心万稚嫩的双肩，从此扛起了在炮火硝烟中为最可爱的人唱响英雄赞歌的重任。

朝鲜战场的生活，是粗砺与坚韧的写照。陈心万回忆，异国他乡，物资匮乏是常态。一碗炒面，几根豆芽菜，便是日常果腹之物，饥饿时常如影随形。部队纪律严明，即使是至亲骨肉，父母也需分住男女演员班，他和哥哥亦不在一个班里。“我虽小，也是入伍四年的老兵了，习惯了！”陈心万语气里透着超越年龄的成熟，唯有提及演出的辛劳时才流露一丝属于孩子的困倦，“晚上演出结束常是深夜，身体累极了，早上真恨不得多睡会儿啊！”然而，只要锣鼓点一响，所有的疲惫仿佛瞬间被驱散。

真正的舞台在战场，在战士身边。部队打到哪，戏就演到哪。休整间隙，白天，战士们七手八脚搬来汽油桶，叮叮当当地搭起简易戏台。头顶是敌机刺耳的盘旋声，四周是高射机枪、防空炮昂首指向苍穹，警惕地守护着这片难得的欢乐。就在这“边看戏边打仗”的奇特氛围中，陈家班的折子戏开演了。陈心万和父兄们全情投入，《李自成进京》的慷慨悲歌，《六国封相》的忠义豪情，字字句句敲击着战士们的心扉。台下，一张张被硝烟熏黑的脸庞绽放出笑容，叫好声、掌声此起彼伏，暂时冲淡了战争的阴霾。

夜色深沉，坑道成为更常见的舞台。

摇曳的烛光映照着战士们渴望的眼神。外面，敌人的炮弹不时呼啸而至，猛烈爆炸震得坑道顶壁泥土簌簌落下，落在演员的肩头、脸上。但只要战士们喊一声："再来一段！唱得好！"台上的演员便抖擞精神，水袖翻飞，唱念做打一丝不苟。那在炮火震颤中依然高亢入云的唱腔，是穿透死亡阴霾的生命强音，是激励勇士前行的精神号角。

当被问及小小年纪直面炮火是否恐惧，陈心万的目光瞬间变得如磐石般坚定："起初哪能不怕？炸弹就在附近炸开，地动山摇！"他顿了顿，声音里充满力量，"可看到阵地上的志愿军战士，顶着枪林弹雨冲锋陷阵，连死都不怕，我这唱戏的，还怕个啥？！"这份勇气，源于对前线将士最深的敬仰，也源于融入血脉的军人担当。

1953 年7 月27 日，板门店。停战协定落笔的刹那，和平的曙光终于刺破朝鲜半岛上空积郁已久的阴云。消息传来，群情沸腾。在三八线朝方一侧，一座精心搭建的舞台拔地而起，红旗招展，彩带飘扬，充满了劫后重生的喜悦。陈心万与陈家班满怀胜利的豪情，为凯旋的英雄们献演经典神话剧《十八罗汉斗悟空》。金箍棒舞动如风，神佛斗法精彩纷呈。台下，志愿军总部首长、朝鲜人民军将领、中朝谈判代表以及上千名官兵，掌声、欢呼声如山呼海啸，经久不息。那震耳欲聋的喝彩，那热泪盈眶的笑脸，那被战火淬炼后格外珍贵的和平欢庆，深深烙印在少年陈心万的心中，成为一生最辉煌的记忆底色。

1954 年春天，春寒料峭中，陈家班来到志愿军三兵团司令部驻地慰问。一出诙谐生动的古装剧《十三妹》上演。陈心万在剧中反串彩旦赛西施。他描眉画鬓，插科打诨，将一个生动活泼、略带夸张的丑角形象演绎得活灵活现。台下，兵团司令员许世友将军看得开怀大笑，爽朗的笑声感染了全场。戏毕，许司令大步走上台，亲切地拍着陈心万的头，连声称赞："这小鬼，好样的！演得真不错！有味道！"中午会餐，团长鼓励陈心万："许司令那么喜欢你，去敬杯酒！"陈心万心中忐忑，但仍鼓起勇气，涨红着脸，双手微微发颤地端起酒杯，走到许司令面前，用尽力气大声说："毛主席万岁！许司令，我敬您一杯酒！"许世友朗声一笑，眼中满是赞许，接过酒杯一饮而尽。那粗糙大手的温热，那豪迈一饮的畅快，成为陈心万烽火青春里最珍贵的勋章，闪耀着统帅对文艺小兵的深切关爱与勉励。

在朝鲜战场的三年多时光，是血与火的淬炼，也是青春在战火中升华的历程。陈心万以出色的表现，入朝第一年便光荣加入共青团，多次受到部队嘉奖。他用稚嫩的嗓音和坚定的身影，在特殊的战位上践行着保家卫国的誓言。

1956 年秋，部队文艺团体整编，志愿军文工团京剧队除少数骨干留守，集体转业归国。陈家班这个艺术整体，如同蒲公英的种子，飘散四方，分别安置于北京、济南、江西、新疆等地。16 岁的陈心万脱下心爱的军装，先到江西上饶京剧团短暂停留。1958 年，一个深具意义的召唤传来——他应邀来到魂牵梦萦的沂蒙山区，加入临沂地区京剧团。从此，陈心万将人生之根，深深扎进了这片奉献的热土，开始了长达数十载的"艺展老区"生涯。

在临沂京剧团，陈心万深厚的家学渊源和战场历练出的坚韧品格，绽放出夺目光彩。他天赋出众，文武兼修。唱腔，高亢入云，穿石裂帛，极具穿透力与感染力；扮相，或英武俊朗，或威严端方，气度不凡。他迅速成为剧团的顶梁柱，在传统戏的广阔天地中大展身手：《辕门斩子》中，他是执法如山、威严与慈爱交织的杨六郎；《萧何月下追韩信》中，他化身老辣深沉、求贤若渴的萧何，月下急追的趟马功令人叫绝；《四进士》中，他饰演仗义执言、智慧过人的宋士杰，口齿清晰，念白铿锵；《夜奔》（《逼上梁山》）中，他演绎悲愤交加、英雄末路的林冲，一段“数尽更筹，听残银漏”的唱做，将人物的绝望与反抗宣泄得淋漓尽致；《甘露寺》更显功力，他一人分饰乔玄的圆融世故与鲁肃的忠厚耿直，转换自如，性格迥异却各放异彩。

特殊年代来临，传统戏偃旗息鼓，八部样板戏成为舞台唯一。陈心万以其扎实功底和塑造能力，在样板戏中同样塑造了令人难忘的经典形象。他是《智取威虎山》中智勇双全、气贯长虹的杨子荣；是《沙家浜》中阴险狡诈、城府极深的刁德一；是《杜鹃山》中鲁莽刚直、最终觉醒的农民自卫军队长雷刚。这些角色深入人心，以至于他走在临沂街头，卖菜的老农会亲热地招呼一声“老刁”，年轻人则在他身后兴奋地低呼：“杨子荣！老九！”他回以温和的微笑，心底却流淌着梨园子弟的执念：“我姓陈啊，唱戏的陈。”

春风再度吹拂神州大地，传统戏曲迎来复苏的春天。陈心万胸中压抑已久的艺术激情如火山般喷发。他满怀赤诚，将陈氏家族的看家瑰宝——60 本连台本戏《金鞭呼家将》在临沂舞台隆重推出。这部由他父亲陈锦章先生早年联合名伶，根据评书改编、曾风靡海参崴的鸿篇巨制，讲述呼延家族三代忠烈、保家卫国的壮烈史诗。20 世纪五六十年代在临沂上演时便曾万人空巷。此次复排，盛况空前，连演数十场，场场爆满，再现当年辉煌。陈心万在剧中饰演刚正不阿的王延龄、铁面无私的包拯等角色，唱念做打，一招一式，尽显数十年锤炼的深厚功力和对忠义精神的深刻理解，将陈门绝艺与呼家忠魂，深深烙印在沂蒙观众的心间。

陈心万的艺术追求永不止步。1982 年，临沂京剧团锐意创新，排演新编历史剧《道同》。陈心万身兼导演与主演（饰道同）二职，倾注大量心血。该剧参加山东省戏剧演出月，一鸣惊人。他个人凭借出色的导演构思和精湛的表演，一举摘得“导演奖”和“优秀表演奖”双项桂冠。同台献艺的著名艺术家方荣翔、郎咸芬等，均对其艺术造诣给予高度评价。1986 年，剧团排演的《刘𫘝献书》在临沂引起轰动后，再度被推荐参加省级会演，陈心万不负众望，再次将“导演奖”和“表演奖”收入囊中。业内赞誉纷至，同行无不感叹：“临沂京剧团能在全省艺坛占据重要一席，正是因为有陈心万这样功底深厚、艺德高尚，将毕生心血都献给京剧的艺术家作为中流砥柱。”

艺术的成就与贡献，终获国家层面的认可。1986 年，陈心万光荣加入中国戏剧家协会。同年，众望所归，他被任命为临沂京剧团团长。从台前到幕后，从演员到管理者，角色转换，责任更重。他秉持着在战火中熔铸的信念，以“戏比天大”的执着精神统领剧团，抓创作、育人才、闯市场，直至光荣离休。他将志愿军文艺战士不畏艰难、勇于奉献的精神与梨园世家对艺术的极致追求完美融合，书写了一位人民艺术家鞠躬尽瘁的赤诚篇章。

陈心万的一生，是一部行走的京剧史诗。从北平胡同的咿呀学语，到兰溪戏台前全家穿上的戎装；从朝鲜前线炮火连天的坑道舞台，到沂蒙老区万人喝彩的剧院剧场。9 岁扛起的“文艺枪”，从未放下。“戏比天大”，于他而言，绝非一句轻飘飘的行话，而是融于血脉的信仰，是用生命践行的诺言。这信仰萌芽于烽火连天的军旅，在沂蒙山水的滋养中开花结果。它承载着梨园世家的千年血脉，更闪耀着抗美援朝伟大精神的不朽光芒。陈心万的舞台，不仅在勾栏瓦舍，更在万里江山与人心深处。那激越的唱腔，是穿越时空的铿锵战鼓；那挺拔的身影，是民族艺术坚韧不屈的脊梁。当大幕落下，掌声渐息，那份“戏比天大”的赤诚与担当，已化作不熄的薪火，在岁月的长河里，在后来者的心间，永远燃烧、永远传唱。

★沂蒙老兵★

苏善峰

苏善峰，1934 年出生，沂南县人。1948 年 1 月 1 日入伍，正值解放战争时期，其部队为中国人民解放军三军仪仗队的前身，训练严格，每日站军姿达 5.5 小时。晚年于沂南县天河养老服务中心疗养，90 多岁时仍能踢正步，展现军人风采。

无声的界碑

1948 年元旦的寒风如钝刀刮过北平城头。

新兵苏善峰站在空旷的操场上，身体绷直如待发的弓弦。阳光刺眼地照在脸上，几只早春的马蜂被这静止的“树干”吸引，嗡嗡地在他脸颊边试探、盘旋。尖锐的刺痛从颧骨蔓延开，皮肤下的筋肉因本能而抽动，但他眼皮都未曾眨动半分——班长铁铸般的声音仿佛仍在耳畔炸响：“站着！就是天塌下来，脚跟也不许离地一寸！”汗水沿着脊椎沟蜿蜒而下，在冰冷的棉衣里凝成冰线。当收操的哨声终于撕裂凝固的空气，苏善峰几乎是以折断的姿态栽倒。然而，这只是开始，一种比枪林弹雨更严酷的淬炼，正将他锻造成共和国心脏前第一道沉默的界碑。

苏善峰所属的部队正是日后威震寰宇的三军仪仗队前身。他们的战场没有硝烟，却关乎一个新生政权的尊严与威仪。1949 年那个铭刻史册的秋日，苏善峰作为标兵，伫立在天安门广场东侧。清晨9 点，金水桥前的石砖地面还沁着夜寒。苏善峰钉子般钉在指定位置，挺直的脊梁如同嵌入大地的标尺。远处，山呼海啸般的声浪由远及近——那是接受检阅的浩荡队伍，钢铁洪流与铿锵脚步汇聚成震撼大地的脉搏。从东长安街到西单，几十万人的钢铁洪流，要在他们这道由血肉铸成的甬道间穿行整整五个半小时。时间失去了刻度，双腿从刺痛到麻木，最终化为不属于自己的沉重石柱。

阳光炙烤着军装，汗水流进眼睛，涩得发疼。每一次呼吸都牵动着几乎僵死的肌肉，每一次心跳都在对抗着身体崩溃的极限。他眼角的余光能瞥见城楼上那个万众仰望的伟岸身影，这无声的注视，比任何鞭策都更沉重地压在他的肩头。苏善峰像一尊被时光定格的青铜雕像，唯有意志在无声地咆哮，支撑着这具躯体，在沸腾的海洋边，凝固成最沉默的岸。

这份淬火般的坚毅，让苏善峰被选入了警卫团，从万众瞩目的仪仗场，步入了真正的核心禁地——那红墙之内，静水流深，却维系着整个国家的命脉。营房紧邻中南海那片沉静的碧水，此地听不到战场的嘶吼，但每一次口令交接的顿挫、每一次脚步在游廊下的轻微回响，都绷紧着无声的弓弦。

营长第一次训话，目光如冰冷的探针刺入每个人的骨髓："你们肩上扛的，不是自己的脑袋！是共和国的根基！首长安全若出半点纰漏，耽误的是整个国家往前走的年头！"这重逾千钧的嘱托，沉甸甸地砸在苏善峰的心上，从此，每一次呼吸都带着使命的硝烟味。

苏善峰被安排在首长办公区域执勤。低矮的屋舍覆着旧时的黑瓦，古朴而凝重。他像一道无声的影子，在屋前屋后的廊柱间、在花木扶疏的庭院里，执行着单调而致命的巡弋。游动哨的职责是流动的屏障，眼睛是永不熄灭的探照灯。视线掠过每一扇窗棂的暗影，扫过每一道月洞门的曲折，捕捉任何一丝不合时宜的涟漪。寂静本身，成了最危险的敌人。他必须时刻保持一种奇异的清醒：感官敏锐如猎豹，而内心却要沉静如古井。首长们深夜窗棂透出的灯光，秘书们匆匆进出的身影，甚至风中偶尔飘来的只言片语，都是必须视而不见、听而不闻的禁区。"不该说的不说，不该问的不问，不该看的不看"——这三句铁律，如同无形的锁链，将一切好奇与探究的本能死死禁锢。

最微小的日常，都渗透着严苛的纪律。一次值岗，一阵穿堂风拂过，将首长办公桌上一张写满字迹的纸轻轻吹落，滑到苏善峰的脚边。那纸张近在咫尺，墨迹未干，仿佛带着核心机密的温度。苏善峰心头一紧，立刻蹲下身。动作干净利落，目光却死死锁定在自己脚前一尺见方的青砖上，绝不斜视分毫。他用指尖精准地捏住纸张无字的边缘，如同处理一枚未爆的炸弹，迅速起身，目不斜视地将其放在门廊外侧专设的秘书桌上。整个过程，苏善峰的视线如同焊死在地面，不曾向那墨迹洇染的纸面偏移一丝一毫。他知道，这间屋子里飘落的每一片纸屑，揉皱的每一个纸团，都可能承载着影响国运的决策。它们最终的归宿，只能是特定角落那个上了锁的保密纸篓，或是在警卫严密监视下，于焚化炉中化为绝对安全的青烟。忠诚在这里，是绝对的自我放逐，是灵魂深处对“界限”二字最虔诚的恪守。

朝鲜战场炮火连天的消息不断传来，紧张的气氛如同无形的铅云笼罩着红墙内外。首长们办公室的灯光常常彻夜长明，烟灰缸堆满烟蒂，偶尔传出的咳嗽声压抑而沉重。

苏善峰笔直地站在自己的哨位上，能清晰地感知到那份山岳般的压力。但他必须将一切忧虑、关切都深埋心底，脸上不能流露分毫异样。首长身体有恙？那是绝不能打探、更不能外传的绝密。他只是一道更沉默、更警觉的影子，将所有的担忧都转化为巡逻时更轻捷的步伐、观察时更锐利的眼神。他的存在，本身就是一种无声的屏护。

时光荏苒，当年的铁血警卫早已解甲归田。在沂南县宁静的养老院里，阳光暖融融地洒在苏善峰老人沟壑纵横的脸上。他缓缓摊开布满老年斑的手掌，掌心里躺着一张边缘磨损、字迹漫漶的旧纸片——那并非什么机密文件，不过是当年拾起后、在交给秘书前，无意中瞥到一眼的、无关紧要的废弃草稿上撕下的一角。几十年了，苏善峰始终珍藏着这微不足道的纸片。指尖一遍遍摩挲着粗糙的纸面，动作轻柔得像触碰易碎的琉璃。

那上面早已辨认不出任何信息，却仿佛还残留着红墙内肃穆的空气，残留着他将全部青春与热血熔铸其间的、无声的忠诚誓言。这是他与那段惊心动魄又寂静如谜的岁月之间，唯一的、也是安全的信物。

“咱这国家，走到今天，不容易啊……”苏善峰老人抬起头，目光穿透窗户，望向远方澄澈的蓝天，声音带着岁月沉淀的沙哑，“多少好同志，命都填进去了……不能忘本。”这平淡的话语，是历尽沧桑后的箴言。

历史铭记着战场上震天的呐喊与壮烈的冲锋，而共和国的宏伟大厦，其基石的深处，同样浇筑着一种寂静如深海的力量。苏善峰和他那些无名的战友们，是站在伟岸身影之后更沉默的影子，是风暴眼中最稳定的内核。他们用青春丈量忠诚的尺度，用一生的恪守诠释信仰的纯度——不闻惊雷，不见锋刃，却以血肉之躯，在无声处筑起了一道道不可逾越的界碑。这界碑，没有铭文，不立丰碑，却以最坚韧的质地，融入了共和国稳固的根基，在时光的河流深处，无声地折射着永不磨灭的、名为守护的金色光芒。

★沂蒙老兵★

范月忠

范月忠，1930 年 3 月出生，沂南县辛集镇郑家营村人。1946 年参军，隶属鲁中军区。参与孟良崮战役、济南战役、淮海战役等。抗美援朝期间，在黄草岭战役中，通信班仅剩 3 人时，他临危受命接替通信任务，赤脚穿越敌军炮火区完成指令传递，冻伤五个脚趾仍坚持战斗。荣立二等功。

永不褪色的记忆

范月忠老人坐在窗边，窗外正飘起细雪，无声地落满庭院。他伸出布满斑纹的手，轻轻抚过那枚被岁月磨得温润的二等功勋章，冰凉的触感却仿佛瞬间灼烧了他的指尖。他微微眯起眼睛，望向窗外的茫茫雪幕，目光似乎要穿透这70 多载光阴的帘幕，重新踏回那片被炮火撕裂、被鲜血浸透的土地——那里的雪，也曾如此刻般茫茫，却远非这般宁静。

1946 年的寒冬，沂蒙大地的风刀子般刮着。

年仅16 岁的范月忠裹着单薄衣衫，和同村11 个热血青年一道，在“参军报国”的誓言下捺下了红指印。挤在简陋的牛车上，年轻的憧憬与紧张交织着，他们频频回望，村口那棵苍老槐树渐渐模糊在风沙中，犹如未来命运的隐喻，只能被时间之手缓慢揭晓。

初涉战阵的稚嫩很快被淮海战役碾碎。那是一场吞噬钢铁与人命的巨大熔炉。范月忠永远不会忘记那个惨烈的黄昏：冲锋号撕裂硝烟，他身边的同乡王二柱被猛地一震，胸口瞬间绽开碗大的血花，灼热的鲜血喷溅在范月忠脸上，滚烫又黏稠。王二柱甚至来不及哼一声，便直挺挺栽倒在被炮火翻犁过的土地上，双眼圆睁，凝固着对生的最后渴望。大地已被炮火反复翻犁，泥浆混着暗红的血水，几乎没过脚踝。同行的12 个乡亲，只此一役，便有三个永远躺在了这片冰冷的泥泞里。当范月忠在1948 年淮海战役的硝烟中举起右拳宣誓入党时，他感到那三个同乡兄弟的目光就沉甸甸地落在他的肩头——那是责任，更是用生命染红的无声托付。

战车碾过长江天堑，踏过上海滩头的瓦砾，未及掸去满身征尘，1950 年刺骨的寒风又将范月忠和他的战友们卷入了更为酷烈的朝鲜战场。

这里的寒冷，是咬碎骨头的钢牙。行军途中，炊事班好不容易煮熟一锅土豆，蒸气在酷寒中瞬间凝成白雾。范月忠急忙蹲在锅边，抓起一个滚烫的土豆，不顾烫手，狠狠咬下一口，温热的土豆泥勉强咽下，暖意稍纵即逝。可等他揣着两个土豆继续跋涉，没走出多远，怀里的土豆已冻得如同坚硬的石块。他掏出啃了一口，牙齿被震得生疼，土豆却纹丝不动，只在表面留下一个惨白的印痕。雪粉无休无止地落下，沾满棉衣，浸透布鞋，再结成冰。脚底最初是钻心的刺痛，渐渐变得麻木、沉重，仿佛拖着两块不属于自己的冰坨。每一步都像踩在刀尖上，可背后的严寒与敌人的追击，是更锋利的刀锋。一夜急行军后，当范月忠在黎明时分终于能脱下那双浸透雪水的布鞋，双脚早已冻得乌紫，五个脚趾如同坏死的枯枝，再也无法感知这世界的温度——它们被永远留在了朝鲜的雪地里，成为刻在生命年轮上最凛冽的印记。

1950 年冬末的黄草岭，炮火将山岭犁过一遍又一遍。范月忠所在的通信排，三个班在几天残酷的绞杀后，仅剩八人。指挥员的命令在震耳欲聋的爆炸声中艰难抵达："范月忠！你的指挥班，立刻转为通信班！接通前线与指挥所！"他本不必亲自涉险。然而，那句"我是班长，更是党员"如铁锤敲在心上。他猛地挺直脊梁，目光扫过幸存战友疲惫却坚毅的脸庞，嘶吼着命令："准备出发！"

无星无月的暗夜，敌人的照明弹却一次次恶毒地撕裂天幕，将大地照得惨白如昼。范月忠带领战友们伏在冰冷刺骨的河岸边，死死盯着对岸的山坡——那是任务的方向。当敌人12排的重炮群刚刚完成一轮覆盖射击，大地震颤的余波尚未平息，范月忠猛地跃起，低吼一声："冲！"他率先扑入那条在照明弹下反射着诡异光芒的冰河，刺骨的河水瞬间淹没腰际，每一步都像在黏稠的冰浆里跋涉。子弹尖啸着擦过耳边，炮弹炸起的泥浆劈头盖脸砸下。他咬紧牙关，只凭着意志驱动冻僵的躯体，奋力扑向对岸。就在范月忠刚刚滚上对面山坡的瞬间，身后刚才蹚过的那段河道，再次被敌人报复性的炮火覆盖，巨大的水柱和泥浪冲天而起。战友们紧随其后，炮弹在身后爆炸，激起的巨大水柱裹挟着泥沙兜头砸下。范月忠连滚带爬扑上对岸，回头望去，刚才涉水之处已成一片火海炼狱。他大口喘息着，肺部火辣辣地疼，冰水顺着衣裤往下淌，但怀里的命令文件，依旧紧贴在心口——那方寸之地，滚烫如火。

当任务完成的信号终于升起，范月忠瘫倒在掩体里，才感到双脚已彻底失去知觉，仿佛已不再属于自己。这双冻坏的脚，后来失去了五个脚趾，却也为他换回了一枚沉甸甸的二等功勋章。多年后，有人问起那一刻是否畏惧，范月忠老人只是轻轻摇头："那时当兵，就一个念头，完成任务。死？顾不上想，也根本不知道怕。"

窗外雪依然在下，轻柔地覆盖着宁静的庭院。范月忠老人缓缓收回投向远方的视线，目光落在勋章上，又轻轻抚过自己因冻伤而变形、如今深藏在厚袜里的脚。岁月蚀刻了他挺拔的身形，却始终未能压弯那根支撑他穿越枪林弹雨、踏碎生死界限的脊梁。那脊梁里，浇筑着王二柱和无数战友最后的目光，凝结着淮海泥泞里的血，烙印着朝鲜雪原上啃不动的冻土豆与彻骨的寒冰。

和平的笑声在窗外流淌，温暖如春。唯有老人沉默的躯体深处，永远深埋着那个凛冽冬天的呼啸风雪。勋章冰冷，记忆滚烫——他站立之处，正是炮火曾经肆虐的焦土；他守护的当下，正是战友们永远无法抵达的明天。这凝固于历史深处的无声呐喊，终将化作不灭的星光，穿透岁月之尘，照亮每一个渴望安宁的灵魂：那以青春与血肉熔铸的和平基石，它的沉重与温度，值得我们用永恒的心跳去铭记、去丈量。

★沂蒙老兵★

李长义

李长义，1932 年出生，莒南县人。1948 年 10 月参军。他所在的滨海 1 团驻守连云港，主要任务是负责看守港口。驻守港口期间因表现突出荣立三等功。1950 年，朝鲜内战爆发，李长义随志愿军跨过鸭绿江，加入了抗美援朝大部队。在一次战斗中，李长义不幸被弹片击中，头部、肩部、手和大腿都负了伤，大腿内至今仍有未取出的炮弹皮。

烽火岁月

1932年，李长义出生在一个贫苦的农民家庭。在那个动荡不安的年代，贫困与苦难如影随形，但也铸就了他坚韧不拔的性格。1948年10月，年仅16岁的李长义怀着对新生活的向往和对祖国的热爱，在莒南县毅然参军，从此踏上了保家卫国的征程。

参军后，李长义所在的滨海1团驻守连云港。这里虽没有大规模的正面交锋，但国民党残余势力和特务的骚扰从未间断。晚上，山上时常传来枪声、炮声和照明弹的亮光，他们搞破坏、制造恐慌，妄图扰乱新生政权的稳定。然而，李长义与战友们毫不畏惧，时刻保持警惕，守护着港口的安全。

当时滨海1团的团长鄢思甲，曾指挥过著名的临沭曹庄镇朱村保卫战，他的英勇事迹和坚定信念，如同灯塔一般，时刻激励并影响着李长义。鄢思甲腿有残疾，却坚持独立行动，拒绝警务员的过度照顾，这种以身作则、刚正不阿的作风深深烙印在李长义心中。在驻守期间，李长义因表现突出荣立三等功，这是对他坚守岗位、守护和平的褒奖。

1950年，朝鲜内战爆发，战火烧到了鸭绿江边。美国及其盟友的介入，严重威胁到我国的安全。李长义响应祖国号召，随志愿军雄赳赳气昂昂跨过鸭绿江，加入了抗美援朝大部队。“不能叫敌人进到我们家里，领导就说了，要是进到家里，锅碗瓢盆的必然就要受到损失，所以我们要到国外去，要到朝鲜去。”回忆起当年出国作战的决心，李长义的话语依然坚定有力。

一下火车，李长义就和战友们一路疾行60里路。那时的他，是部队里年纪最小的一批，但年轻的他毫无畏惧，迅速投入到残酷的战争中。

李长义参加的第一场战斗便是著名的黄草岭战役。黄草岭位于朝鲜东北部，是军事要冲，山高林密，地势险要，是敌我双方的必争之地。这场战役的残酷程度超乎想象，敌人拥有绝对的空中优势，飞机不停地轰炸，炸弹如雨点般落下。“敌人的飞机要发现了你在这个地方，他们先派飞机来轰炸。”李长义回忆道，“打完仗第二天走的时候，路上全是死尸，机械化部队的坦克、汽车被炸得横七竖八，人员伤亡惨重，路都没法走了。”

志愿军战士们不仅要面对敌人强大的火力，还要忍受饥饿和恶劣的天气。1950年的冬天，是朝鲜50年中气温最低的一个冬天，最低温度达到零下40多摄氏度。在严寒中，战士们缺衣少食，很多人都被冻伤。

“我回家住院的时候，那一个病室里12个人，只有10个脚指头，都冻掉了。”这些惨痛的记忆，李长义至今难忘。在一次战斗中，李长义不幸被弹片击中，头部、肩部、手和大腿多处负伤。“当时就晕了，不知道了。我这只手，现在看不大出来了，这边一个疤，这不都是炮弹皮打的，你看这边打去了一块，这不都没有了，这块肉都没了。我看着手也伸不直了，也是当时炸的。我这个伤主要是这里厉害，这只胳膊疼得没办法，就得放凉水里凉它，感觉像火一样，水多凉啊，就是不上冻，放水里三个小时水就热了，就得换水。”即便身负重伤，李长义也从未后悔自己的选择。在他心中，执行命令、完成任务是军人的天职，保家卫国、为战友报仇是他坚定的信念。“部队服从命令为天职，为什么叫为天职，这是主要的，你不管再危险叫你冲你就得冲，叫你打你就得打。一看着自己的战友牺牲了心里不难受吗？但是更下定了自己的决心，一个保家卫国，另一个要为战友消灭敌人。”

战争的硝烟早已散去，但李长义的故事却永远留在了人们心中。他是沂蒙精神的践行者，是抗美援朝英雄群体的缩影。当他双手捧着抗美援朝出国作战70周年纪念章时，心中五味杂陈。“我今天来说能够看着它感到非常的幸福，但是想起和我一起牺牲的同志，他们现在看不到了，我心里很想念你们，战友们放心吧，在中国共产党的领导下我们的祖国强大了，我们的人民幸福了。”他的话语，饱含着对战友的思念，对祖国发展的欣慰。在这片沂蒙大地上，李长义的故事将被代代传颂，激励着后人珍惜和平，为实现中华民族伟大复兴的中国梦而努力奋斗。

★沂蒙老兵★

夏兆志

夏兆志，1930 年出生，莒南县涝波镇人，16 岁入伍，先后参加淮海战役、渡江战役、抗美援朝等重大战役，荣获抗美援朝纪念章、和平勋章、解放勋章等荣誉。

血线

1950年深秋，鸭绿江呜咽着卷起浑浊的浪涛。

夏兆志紧了紧肩上单薄的背包，那里面塞着半袋炒面，以及一封母亲托人写的、已被汗水浸得字迹模糊的家书。他回头最后望了一眼故土的方向，江风卷起他额前汗湿的乱发，露出一双尚未退尽稚气的眼睛——那一年，他刚满19岁，却已是个身经数场大战的“老兵”。

司令员斩钉截铁的三道命令在寒风中炸响：“轻装！能打就打！打不过……就往回跑！”这最后一句“跑”，带着一种近乎悲壮的决绝，沉甸甸地砸在每个战士心头。夏兆志摸了摸背上那杆比他矮不了多少的步枪，跟着队伍，踏上了那座在美军侦察机盘旋阴影下震颤不已的铁桥。脚下的江水深不见底，奔涌向前，仿佛要一口吞噬掉这些年轻的身影。

真正的炼狱，在踏入朝鲜的那一刻才轰然洞开。冬日的朝鲜半岛，寒冷是无声的屠杀者。朔风如裹着冰碴儿的鞭子，抽打在战士们单薄的棉衣上，钻入骨髓。夏兆志亲眼看着一个倚在树下歇脚的战友，只片刻，脸上便凝起一层青白色的霜，身体僵直，再也未能醒来，像一尊被瞬间冻结的雕像。

饥饿更是如影随形，胃袋在漫长的行军中灼烧般绞痛。一次，他们好不容易在一处废弃的山村寻到半窖冻土豆，刚架起铁锅，柴火噼啪燃旺，久违的食物香气开始丝丝缕缕飘散，搅动着辘辘饥肠。突然，山谷深处传来履带碾过冻土的沉闷轰响，由远及近，如同死神的喘息。

“坦克！”哨兵嘶哑的喊叫撕裂了短暂的安宁。来不及犹豫，夏兆志和战友们抓起枪，像受惊的鹿群，连滚带爬扑向最近的山梁。他们伏在冰冷的雪坡上，眼睁睁看着几辆美军坦克如同钢铁巨兽，大摇大摆地停在他们的锅灶旁。坦克兵跳下来，嬉笑着，用枪托拨弄着锅里煮得半熟的土豆，然后毫不客气地抓起，塞进嘴里，扬长而去。山风卷起未散的蒸气和焦煳味，也卷走了战士们眼中最后一丝微光。夏兆志的胃猛烈地抽搐着，他狠狠抓起一把冰冷的雪塞进口中，用力咀嚼，试图压住那几乎要冲破喉咙的绝望嘶吼。

夏兆志的身份是通信兵。这条维系着部队血脉与生死的通信线，是用血肉铺就的。连长拍着他的肩，那力道沉重如山：“小夏，一个部队是死是活，是胜是败，全指着你们通信员！一句话传错了，一个命令送不到，多少兄弟的命就没了！”夏兆志用力点头，把这沉甸甸的嘱托刻进了骨头缝里。然而，在陌生的朝鲜战场，完成这使命难如登天。崇山峻岭，沟壑纵横，地图常常失去意义。夏兆志无数次孤身一人迷失在覆满厚雪的原始密林中，四周只有风穿过枯枝的尖啸，如同亡魂的呜咽。语言更是天堑。

一次，夏兆志奉命寻找一支失联的阻击部队，在山坳里遇到一位朝鲜阿妈妮。他焦急地比画着部队的方位，喉咙几乎喊破。阿妈妮布满皱纹的脸上写满茫然，最终只是颤巍巍地指向一个模糊的方向。他在深及大腿的积雪中跋涉了大半天，筋疲力尽，最终发现那方向通往的只是一片断崖。他瘫倒在雪地里，望着铅灰色的天空，第一次感到刺骨的孤独和恐惧像冰冷的雪水，正一点点漫过胸口。

战争的残酷，很快以最惨烈的方式撕碎了所有侥幸。夏兆志所在的连队，像投入滚烫铁水中的冰块，在美军绝对优势的火力覆盖下，迅速消融。那些从山东老家一起出来的同乡，那些在孟良崮、淮海战场上并肩冲杀的战友，一个个倒在异国的冻土上，面目全非。夏兆志成了全连唯一的幸存者。这“唯一”并非幸运，而是沉重的枷锁。

最痛的记忆，像一根烧红的铁钎，永远烫在他的心上。那次惨烈的突围后，夏兆志搀扶着负伤脱力的连长，在齐膝深的积雪中艰难挪移。连长的一条腿几乎被打断，每挪一步都疼得浑身抽搐，脸色惨白如雪。身后的枪炮声越来越近，死亡的阴影如影随形。连长猛地停下，抓住夏兆志的手臂，那手冰冷得像铁钎：“小夏……我不行了……走不动了……给我枪！”

夏兆志一愣，下意识地握紧了手中的枪。“快！打死我！不能当俘虏！不能拖累你！”连长眼睛里迸射出骇人的光，那是属于军人的最后尊严。夏兆志浑身颤抖，像一片寒风中的枯叶。他死死咬着下唇，直到尝到血腥味，猛地将枪塞回连长手里，嘶吼着：“连长！我不能！”他转身，用尽全身力气，几乎是拖着连长往前冲。

然而，就在夏兆志刚跑出十几步远，身后传来一声沉闷的枪响，并不响亮，在呼啸的风雪中甚至显得有些微弱。那声音却像一颗子弹，瞬间洞穿了夏兆志的神经。他僵在原地，缓缓回头。连长倒在洁白的雪地上，身下晕开一片刺目的鲜红，如同雪地里骤然绽放的一朵绝望的花。那把枪，还握在他尚有余温的手中。

夏兆志的世界在那一刻彻底失声，只剩下漫天风雪凄厉的悲号和那抹不断扩大的、灼痛灵魂的红色。

死亡的阴影从未远离。一次送信途中，夏兆志正穿越一片开阔的洼地，头顶突然响起炮弹撕裂空气的尖啸，那声音尖锐得足以刺穿耳膜。几乎是本能，他猛地向前扑倒，将身体死死压进一个浅坑。就在他扑倒的瞬间，大地剧烈一震，仿佛被一只无形的巨锤狠狠砸中！巨大的爆炸声震得他五脏六腑都移了位，滚烫的气浪裹挟着泥土碎石劈头盖脸砸下，将他半埋在土里。浓烈的硝烟味呛得他几乎窒息。几秒钟后，夏兆志挣扎着从土石中抬起头，甩掉头上的泥土，赫然发现一枚巨大的炮弹弹坑就在他身前不足五米的地方，翻起的焦黑泥土还冒着缕缕青烟！冰冷的后怕瞬间攫住了他，心脏狂跳得几乎要撞碎胸膛。

然而，当被问及是否害怕时，暮年的夏兆志只是平静地摇摇头，眼神里是看透生死的淡然："怕啥？炮弹落不到身上就没事。当兵的人，命交给天。子弹不长眼，吃饭睡觉，该咋活咋活。"这份平静，是尸山血海中蹚过后淬炼出的钢铁意志，是无数战友用生命为他垫就的生存之路。

当胜利的号角终于响彻三千里江山，夏兆志带着一身硝烟与刻骨的伤痛回到了祖国。他没有带回多少战利品，只有那杆磨秃了枪托的步枪和贴身口袋里一沓永远不会再有人拆阅的家书——那是牺牲战友们托付的遗物，字字句句，浸着对故乡的眷恋与对和平的渴望，最终都成了他灵魂深处无法卸载的重负。

70多年光阴流转，沂蒙山区的风依旧温柔。夏兆志老人的记忆如同被风化的岩石，许多细节渐渐模糊剥落。唯有朝鲜的风雪、战友们年轻的面容、连长倒下的身影以及那枚咫尺之遥的弹坑，依旧清晰如昨，如同烧红的烙铁，深深刻在生命的年轮里。

当儿子穿上崭新的军装向他敬礼时，老人眼中涌起泪光。他颤巍巍地抬起手，回了一个已然变形却依旧庄重的军礼。那条他曾无数次以生命为代价穿梭的血色通信线，在和平的阳光里，仿佛化作了一道无形的精神纽带，将两代军人的心紧紧相连。

历史的长河奔涌不息，那些震天的炮火、弥漫的硝烟终将沉淀为教科书上冰冷的文字。唯有亲历者胸腔里奔涌过的热血，在生死线上挣扎过的呼吸，目睹战友凋零时撕裂肺腑的痛楚，以及那份在极寒与绝望中淬炼出的、超越生死界限的忠诚与担当，才是那场伟大战争最滚烫、最真实的注脚。

夏兆志和他那些长眠于异国冰原的战友们，用他们无声的牺牲划破长夜，为后人换来了黎明。他们用生命传递的，不仅是决定战局胜负的军令，更是穿透岁月迷雾、烛照民族未来的信念之火。这信念之火，永不熄灭，它无声地融入每一个安宁的晨昏，提醒着后来者：和平的基石，正是由无数个“夏兆志”以青春、热血与生命为代价，在历史的断裂处，一砖一石，亲手垒就。

★沂蒙老兵★

王恩池

王恩池，1927 年出生。莒南县人。1946 年 10 月参军，参加孟良崮战役、豫东战役、济南战役、淮海战役、渡江战役及解放上海。1950 年入朝作战，任通信班班长，曾冒死传递命令挽救全连，荣立二等功。

生死时速

1946 年深秋，莒南乡村的蓑草在寒风中瑟缩。19 岁的王恩池攥着拳头，在村头招兵处捺下了鲜红的指印。他的理由朴素得像脚下的黄土："国民党来了，老百姓没好日子过！"

离家的清晨，母亲塞给他一个粗布包袱，里面是几个硬邦邦的糠饼。王恩池不敢回头，只听到身后压抑的啜泣被呼啸的北风卷走。牛车在坑洼的土路上颠簸，载着他和一群同样年轻的胸膛，驶向未知的硝烟。

命运的第一课，便在孟良崮陡峭的山岩间展开。枪炮声撕裂空气，震得他耳膜生疼，浓烈的硝烟呛得他几乎窒息。他死死趴在冰冷的岩石后面，学着老兵的样子，把身体压得极低。冲锋号响起时，身旁的老兵猛地推了他一把："跟着我！冲！"那一声嘶吼，盖过了所有的恐惧。他跃出掩体，第一次在血肉横飞的战场上奔跑，只觉一股滚烫的血气直冲头顶——原来直面死亡，竟能催生出如此原始的勇悍。

王恩池腿脚麻利，眼神机警，很快被编入通信班。一条维系着千军万马血脉的通信线，成了他新的战场。从豫东平原的酷暑到淮海战场的泥泞，再到渡江战役浩荡的波涛，王恩池瘦小的身影无数次穿梭在枪林弹雨之中。

解放上海的硝烟尚未散尽，一道更为紧急的命令传来：入朝作战。鸭绿江边，朔风如刀。他紧了紧单薄的棉衣，把母亲留下的包袱皮仔细掖在怀里，那里面的糠饼早已吃完，只剩下一份沉甸甸的念想。江风凛冽，他最后望了一眼祖国的方向，眼神里没有迷茫，只有一种近乎粗粝的坦然："打仗就得伤人，回不来……不就回不来了？"这并非豪言，而是无数次从死神指缝间穿行后，淬炼出的生死寻常。

朝鲜的冬天是冻结灵魂的炼狱。1950年冬，长津湖地区的气温骤降至零下40℃。王恩池所在的部队，正经历着前所未有的严酷考验。雪，没日没夜地下，积了厚厚一层，每一步都深陷其中，跋涉如同拖拽千斤巨石。

冻饿交加之下，意志在崩溃边缘挣扎。一些战士实在熬不住刺骨的严寒，偷偷点起一小堆篝火，将冻得失去知觉的手脚凑上去。王恩池见过那样的惨状：短暂的暖意过后，冻僵的肢体迅速肿胀、发黑、溃烂，最终只能截去。王恩池死死咬着牙，哪怕双脚早已麻木如冰坨，也绝不靠近那看似温暖、实则通向深渊的火焰。他宁愿像块石头一样，在雪窝里硬抗着，用意志对抗着身体每一寸细胞都在尖叫的求生本能。冷，钻心刺骨，但活着，就有任务要完成。

那场关于英雄杨根思的惨烈战斗，像烙印一样刻在王恩池的记忆里。美军的坦克群如同移动的钢铁堡垒，咆哮着碾过阵地。志愿军的步枪子弹打在装甲上，只溅起几点无力的火星。眼见阵地即将失守，身为连长的杨根思抱起沉重的炸药包，回头望了一眼仅存的战友，眼神决绝如铁。他矮身冲出，在敌人机枪疯狂扫射织成的火网中，奇迹般地扑到领头的坦克旁，奋力攀上冰冷的钢铁履带，拉响了导火索。巨大的爆炸声响彻山谷，火光冲天，钢铁碎片与血肉残骸在硝烟中四散纷飞。王恩池在远处目睹了这一切，身体如遭重击般晃了晃。浓烟散去，坦克残骸仍在燃烧，那个熟悉的身影已与钢铁熔为一体。他喉咙发紧，一股灼热的悲愤在胸腔里冲撞——没有重武器，就只能靠血肉之躯去填！通信线就是战场上最脆弱也最坚韧的生命线！

一次，关乎整整一个连队生死的紧急转移命令，落在了王恩池肩上。之前的几批通信员，踏上那条被敌人火力严密锁定的山路后，再无音讯。王恩池默默背上步枪，将命令文件仔细缝进棉袄最里层。出发前，营长重重拍着他的肩，声音沙哑："小王，全连100多条命，就系在你身上了！必须送到！"他点点头，身影旋即消失在茫茫风雪中。王恩池像一只敏锐的雪狐，利用每一道山脊、每一块巨石的阴影，在敌人巡逻的间隙艰难穿行。寒风裹挟着雪粒抽打在脸上，如刀割般生疼，双脚早已冻得失去知觉，每一步都像踩在针毡上。凭借着对地形的熟悉和通信兵特有的机警，他奇迹般地越过多道封锁线，将沾着体温的命令文件，准时送达了那个被围困在山坳里的连队。

任务完成，紧绷的弦稍有松弛。然而，死神从未真正远离。回程途中，为了避开正面封锁，王恩池选择了一条更隐蔽但地形更复杂的路线。就在他小心翼翼地翻越一道积雪覆盖的山梁时，下方山谷里突然传来美军巡逻队嘈杂的交谈声！几乎是同时，几道冰冷的目光扫射上来！"嗒嗒嗒嗒——"尖锐的机枪扫射声撕裂了山间的死寂！子弹如同疾风骤雨般倾泻而至，打得他头顶和身旁的积雪、冻土噗噗乱飞，冰屑和碎石溅在脸上生疼！王恩池脑中一片空白，求生的本能压倒了一切。他根本来不及思考，身体猛地向前一扑，用尽全身力气向侧面一个翻滚，狠狠砸进一个低洼的雪坑里！身体落地的瞬间，他死死将头脸埋进冰冷的雪堆中，屏住呼吸，一动不敢动。刺耳的枪声持续扫射了一阵，子弹噗噗地钻入他刚才藏身的雪坡。雪末和冻土劈头盖脸地落下来，几乎将他掩埋。王恩池像一具冻僵的尸体，紧紧贴在地面上，甚至能感觉到子弹撕裂空气时带起的灼热气流擦过脊背。

不知过了多久，枪声终于停歇，巡逻队的脚步声渐渐远去。王恩池才敢极其缓慢地抬起头，抖落满头满脸的雪和泥土。他惊魂未定地摸了摸头顶的棉帽——帽顶赫然一个焦黑的弹孔！棉絮都翻了出来。再低头看自己的棉袄袖子，也被子弹犁开一道长长的口子，里面的棉絮露在外面，像一道狰狞的伤口。他解开背上那个小小的粗布包袱，里面仅有的几件物品散落出来，两颗黄澄澄的步枪子弹，在雪地里闪着冰冷而坚硬的光。死神，刚刚与他擦肩而过。

多年后，当那枚象征着他用命换来的二等功勋章沉甸甸地挂上胸前，王恩池才知道，自己那次穿越死亡封锁送达的命令，让整整一个连队及时跳出了敌人的合围圈。他守护的，不仅仅是一纸命令，而是100多个和他一样年轻、一样渴望回家的生命。

当被问及支撑他穿越枪林弹雨的信念是什么，老人的眼睛里会迸发出一种穿越时空的光芒，那光芒里燃烧着长津湖的冰雪，也映照着杨根思冲向坦克的最后一跃："中国人志气大！不怕死！共产党领着，骨头硬！不豁出命去拼，哪来的太平日子给老百姓过？"

窗外的阳光渐渐西斜，给王恩池老人佝偻的身影镀上一层温暖的金边。他依旧摩挲着军帽上那个焦黑的弹孔，动作轻柔，仿佛在安抚一个沉睡的旧梦。这顶帽子，连同那两颗在雪地里捡回的子弹，被他珍藏了一生。它们无声地诉说着那段冰与火的岁月，诉说着一个普通通信兵如何在生与死的毫厘之间，以血肉之躯架起胜利的桥梁。帽檐上的弹孔，是死神冰冷的戳记，更是生命顽强不屈的勋章。它穿透了厚重的历史烟尘，成为一个永不褪色的警示与象征：和平的每一寸天光，都曾被这样的血肉之躯，以最决绝的姿态，在枪林弹雨的缝隙中奋力托起。

★沂蒙老兵★

孙善杰

孙善杰，1928年12月20日出生，沂水县泉庄镇沙地村人。1947年入伍。在华东军区24军70师208团3营营部担任普通士兵期间，他参与了多次重要战役，包括淮海战役、渡江战役。随后，他参加了解放舟山群岛的战斗。1950年10月，孙善杰赴朝鲜战场，被编入24军机枪连，后调入无后坐力炮连。在朝鲜战场上，他参加了著名的上甘岭战役，并连续作战40天未下火线。停战后，他帮助朝鲜进行战后建设，直到1955年回国。在部队中，他曾任班长、排长等职，并受到部队嘉奖5次。1956年，孙善杰复员回家务农。

弹道间的生命

沂水县沙地村的晨雾漫过青瓦，孙善杰老人正用绒布擦拭勋章。淮海战役纪念章边缘微卷，渡江战役勋章嵌着弹片刮痕。当老人指尖触到“抗美援朝”章上冰凉的和平鸽，五圣山的岩石在记忆里轰然崩裂。

1952 年深秋，上甘岭的坑道壁渗出寒意。孙善杰伸长脖颈，舌尖轻触岩顶凝结的水珠。甘霖渗入口腔的瞬间，坑道外炸开燃烧弹的轰鸣——美军第900 次冲锋被击退，而他的排已断水三天。喉结艰难滚动间，忽然尝到铁锈味，才发觉舌尖早被粗粝岩石磨出血泡。

“没三天肚子不敢当兵。”老人摩挲着腰间旧水壶。这壶曾盛过淮海战场的雪水，装过渡江战役的长江水，此刻在朝鲜山脊叮当作响。

某夜突降暴雨，孙善杰和三个战友扯开雨布接水。帆布中央很快坠出水洼，四人轮番仰头痛饮。雨水混着头顶淌下的血水，竟成了月余来首顿饱餐。炮弹在孙善杰的生命里刻下诡异的标尺。安阳战役那日，他正跃过战壕，裤裆忽觉凉风掠过，一枚未爆炮弹犁开裤管，深深楔入身后焦土。弹体余温烫红大腿内侧皮肤，像死神轻佻的吻痕。

更锥心的刻度在朝鲜山道显现。某夜开完作战会议，11 人纵队穿越封锁线。作为尖兵的孙善杰忽觉腹痛，闪身钻进石缝解手。就在束裤带的刹那，40 发排炮覆盖山道。气浪将孙善杰掀翻时，余光瞥见参谋长的军帽在空中燃烧，像朵坠落的火莲。

黎明收尸时，孙善杰跪在弹坑边拼凑战友遗体。染血的笔记本里掉出半张照片，照片上的新娘的笑靥已被弹片洞穿。孙善杰将残照塞进贴胸口袋，那里从此装着11道亡魂的重量。

1953年7月27日下午2点，停战令抵达五圣山坑道。欢呼声浪中，孙善杰抱枪缩在角落。有个小战士踩着弹药箱蹦跳："我要长翅膀飞回家！"汗臭弥漫的坑道忽然沉寂——众人望着岩壁上用刺刀刻的密密麻麻的正字，每个笔画代表一位牺牲的战友。

庆功宴的罐头肉在喉头梗塞。孙善杰溜出坑道，见月光下满地弹壳泛着幽蓝。他掏出贴胸口袋里的残破照片，轻轻放在焦黑的松树桩上。忽然山风大作，照片打着旋儿飘向深渊，宛如万千未归的忠魂。

2019年清明，泉庄镇党委书记推开孙家小院时，孙善杰正给曾孙系红领巾。男孩脖颈挂着玩具枪，枪管插着野花。"太爷爷，枪是这样端吗？"稚嫩的问话让老人恍惚回到1949——长江北岸，班长将汉阳造压在他肩上："枪口抬高三寸，那是蒋家王朝的丧钟！"

村史馆的玻璃柜内，孙家四代军装并列悬挂。

1938年，曾祖父的土布褂子弹孔密布，父亲渡江战役的军装下摆染着油污，孙善杰的朝鲜战服袖口燎痕犹在，儿子孙兴忠的武警常服缀满功勋章。沙地村支书抚摸着烈士谱上烫金的名字："这页有俺太爷爷，这页是五圣山牺牲的十六位同乡……"

2020年深秋，孙善杰在村史馆为少年先锋队讲述上甘岭的故事。说到舔露珠解渴时，窗外忽然落雨。雨滴敲打玻璃，与老人杯中的茶水共振。孩子们屏息望着他颤抖的手从勋章盒底取出枚变形的弹头——正是当年穿过他裤裆的未爆炮弹引信。"怕吗？"红领巾小声问。老人将弹头按在孩童掌心，冰凉的金属已被体温焐热："炮弹飞过时，我听见风在唱歌。"院中山楂树簌簌摇落果实，鲜红籽粒滚过青石板，像70年前上甘岭阵地上散落的弹壳，在和平的阳光下静静生锈。

★沂蒙老兵★

邵泽信

邵泽信，1928年出生，蒙阴县垛庄镇西师古村人。12岁加入儿童团，1946年入伍，先后参加解放战争、抗美援朝战争。历经孟良崮战役、淮海战役、上海战役等50余次战役战斗。孟良崮战役中，随华野8纵侦察营执行任务时遭炮弹炸伤，致左胳膊活动受限。抗美援朝战场上，其左脚小拇指被冻伤截除。

沂蒙山下的军魂接力

1946年早春，沂蒙山区的冻土在晨光中泛着寒光。18岁的邵泽信踩着未消的残雪奔向村口，粗布棉袄下的心脏擂鼓般撞击着胸膛。队伍前佩着匣子枪的军官目光如炬：“小伙子，为啥当兵？”

“报告首长！参军报国，让老百姓不再受欺负！”邵泽信的呐喊撞上孟良崮的岩壁，在群峰间荡起久远回响。他最后望了一眼贫瘠的梯田和低矮的茅屋，将12岁参加儿童团传递情报的机敏、放哨站岗的警惕，连同整个青春打进背包，汇入华东野战军8纵的滚滚铁流。

鲁南战役的泥浆裹着血水没过脚踝，莱芜城外的刺刀寒光映着邵泽信初生的胡楂儿。1947年5月，孟良崮的炮火将整片山峦烧成赤色。万泉山高地的侦察任务如同在刀尖行走。当炮弹撕裂空气的尖啸骤然迫近，邵泽信被爆炸气浪狠狠掼进山坳。左臂传来钻心剧痛，碎石如雨点砸落。硝烟散尽，邵泽信挣扎着用右手抠出指北针——侦察图被鲜血浸透，却牢牢护在胸前。

战役尾声，连队被钉死在山脚隘口。枪声如同沸腾的滚水在头顶炸响，流弹不时削断树枝。

“捂眼！”每当炮弹在不远处炸开，满脸硝烟的老兵便嘶吼着命令。新兵们蜷缩在临时掩体后，手指死死扣住眼皮。透过指缝，邵泽信看到冲锋的战士如浪涛般拥上山脊，看到红旗插上主峰时，整个连队爆发出震彻山谷的呐喊——那声音压过了残敌最后的哀鸣。

战火未熄，征衣又渡江。

朝鲜的严寒比美军的炮火更残酷。长津湖畔，零下40℃的极寒将胶鞋与冻土焊成一体。当邵泽信在急行军中奋力拔出左脚，钻心的麻木后是锥骨剧痛——左脚小趾永远留在了异国的雪原。卫生员含泪要为邵泽信截除坏死组织，他却盯着阵地方向："先救重伤员！我这脚指头，抵不上战友半条命！"

战功簿上悄然添了二等功1次、三等功2次。军装口袋深处，一枚弹片被他摩挲得温润——那是孟良崮留给他的"勋章"，每逢阴雨便在骨缝里发出低吟。十七载戎马，五十余场战役，硝烟在他脸上刻下沟壑，却从未蚀去眼中的光。

1963年春，沂蒙山的桃花开得灼灼。邵泽信背着褪色的军被回到古泉村，军功章深锁箱底。解甲的手握起锄头同样有力，开荒造田、垒石筑坝，战场上的果决化作建设家乡的激情。饭桌上，邵泽信看着孩子们争抢白面馍馍，目光穿越时空："现在顿顿细粮，是共产党带咱过上的好日子。"

夜深人静时，邵泽信总在擦拭三样珍藏：卷刃的刺刀、冻掉脚趾时穿的单胶鞋、印着"最可爱的人"的搪瓷缸。"等你们长大了，"煤油灯下，他的声音沉如磐石，"都给我走进军营，保家卫国！"这句话如军令状，烙印在长子邵玉华心头。

1984年秋，丰收的金黄漫过蒙山。36岁的邵泽信为18岁的邵玉华正了正崭新军帽，指尖拂过鲜红的领章，如同触摸自己燃烧的青春。"去吧，别给8纵丢脸！"儿子挺拔的军礼中，邵泽信看见了自己当年的影子。

在父亲浴血过的部队（现第80集团军），邵玉华经历了百里挑一的严苛选拔，成为集团军电台通信兵。嘀嗒的电波声取代了战场炮鸣，但忠诚的密码从未更改。五载军营，邵玉华戴着父亲传承的“精神勋章”：新兵连第一个入党，全师电台通信比武摘冠，演习中七天七夜未下机台。当“优秀班长”的奖状寄回家乡，邵泽信用布满老茧的手抚过每一个烫金字，如同当年擦拭钢枪。

2015 年盛夏，喜鹊在邵家老槐树上叫得欢畅。“爷爷！678 分！超一本线110 分！”孙子邵明天的呼喊撞开院门。96 岁的邵泽信颤巍巍起身，浑浊的双眼骤然清明：“好！好！报哪个军校？”

国防科大的录取通知书如一面红旗，映亮了三代人的脸庞。临行前夜，邵泽信将珍藏的弹片放进长孙手心：“当年用它挡过子弹，你带着，科研战场也是冲锋！”

军校的烈日炙烤着训练场。300 公里野外拉练进入第七天，邵明天的脚底布满血泡。意识模糊之际，爷爷冻掉的脚趾、父亲磨出老茧的指尖在眼前交叠。“邵家男儿，倒也要向前倒！”他嘶吼着撕开作训服裹住渗血的脚踝，冲向终点的身影如利剑出鞘。

2022 年孟良崮，槐花如雪。邵泽信倚在院中藤椅上，听儿子邵玉华念孙子的来信：“爷爷，我已佩戴党徽，继续攻读军事智能化研究生。我们团队研发的‘战场神经’系统，通过AI 算法实时分析战场数据流，指挥效率提升十倍……”

春风拂过老人胸前的军功章，金属轻鸣如战友低语。邵泽信望向巍巍青山，那里长眠着未能归家的弟兄。苍老的手缓缓抬起，向着孟良崮主峰的方向，敬了一个标准的军礼。

古泉村的征兵宣传栏前，退休村支书邵玉华声音洪亮：“当年我父亲用双脚丈量战场，我用电波传递军令，现在，我儿子用代码铸造长城！”红榜上“邵明天”的名字下方，又有三个古泉青年的名字墨迹未干。

蒙山沂水间，一支无形的队伍正浩荡前行。从儿童团的红缨枪到信息化战场的键盘，从孟良崮的烽烟到实验室的蓝光，不变的是一脉相承的赤胆忠心。当强军兴军的号角响彻云霄，总有一个声音在沂蒙深处回荡——“报告！邵家第三代军人，正在战位！”

邵泽信珍藏的刺刀在玻璃匣中沉默，刀刃上细密的卷痕如同年轮，记录着七十年前孟良崮的血火。这柄传家宝旁，如今陈列着邵明天的“战场神经”系统模型——无数晶片组成的大脑状结构，在灯光下闪烁着幽蓝光芒。古老冷兵器与现代智能武器在此对话，诉说着一个家族用八十年书写的强军史诗。

后记

蒙山做证　沂水长歌

当最后一页书稿校对完成，窗外的蒙山在暮色中显得格外沉静，沂河的水声仿佛也低吟着岁月的回响。这部承载着50位沂蒙抗战老兵生命故事的书，终于要走向读者。此刻，我们的心中没有如释重负的轻松，只有沉甸甸的感念与难以言说的复杂心绪——是对历史的敬畏，是对英雄的缅怀，更是对脚下这片红色热土深深的叩问与回应。

沂蒙，一片被鲜血染红、被信仰浇灌的土地。在山东省革命老区建设促进会的大力支持下，临沂市革命老区建设促进会、临沂市退役军人事务局策划组织安排我撰写沂蒙老兵的过程，与其说是采访创作，不如说是一次沿着历史脉络的虔诚“寻根”之旅。我们跋涉在蒙山的沟壑之间，穿行于沂河两岸的村落，叩开一扇扇饱经风霜的门扉。寻找的，不仅仅是50位经历过那场伟大战争的老人，更是那段烽火岁月在这片土地上留下的最鲜活、最滚烫的印记。

每一次寻访都弥足珍贵。这些平均年龄已逾九旬的老兵，是那段历史最后的亲历者与见证者。他们中，有在孟良崮、大青山等著名战役中冲锋陷阵的战士；有在敌后根据地坚持斗争、传递情报的武工队员；有在“沂蒙红嫂”精神感召下，抬担架、做军鞋、舍命掩护子弟兵的支前模范；也有在战火硝烟中救治伤员的卫生员……他们的口音带着浓重的乡韵，他们的讲述朴实无华，却字字千钧。倾听他们，就是在触摸沂蒙大地的脉搏，感受那融入血脉的家国情怀。

记录的过程，是与时间残酷的赛跑。我们深知，每一次告别，都可能是永诀。那些布满皱纹的脸庞上坚毅的眼神，那些因激动而颤抖的声音，那些因回忆战友牺牲而潸然落下的泪水，都让我们无比清晰地意识到：抢救这些记忆，刻不容缓。这不仅是对个体的尊重，更是对一段属于整个民族、特别是属于沂蒙老区光辉历史的责任担当。这本书名为《烽火荣光》，其灵魂深处烙印着鲜明的“沂蒙”印记。沂蒙，不仅是故事发生的地理坐标，更是滋养这些故事的精神沃土。

这是“水乳交融、生死与共”的沂蒙精神：在老兵们的讲述中，“沂蒙精神”不再是抽象的概念。它是大娘省下的最后一口煎饼喂给伤员，是乡亲们冒着枪林弹雨抬担架，是“最后一口粮做军粮，最后一块布做军装，最后一个儿子送战场”的壮烈抉择。我们记录的每一个故事，都是“军民鱼水情”最生动的注脚，是“党群同心”最真实的写照。老兵们的故事，正是沂蒙精神最具体、最感人的载体。这是坚韧不屈的脊梁：沂蒙山区的艰苦环境，磨砺了沂蒙人民坚韧不拔的意志。这种坚韧，在老兵的回忆中无处不在——缺衣少粮、弹药匮乏下的顽强战斗；面对敌人“扫荡”、家园被毁时的咬牙坚持；在极端困难中依然保持的乐观信念。他们是沂蒙山挺拔的脊梁，是沂蒙精神最硬核的体现。

这是牺牲与奉献的集体记忆：沂蒙老区为革命胜利付出了巨大牺牲。老兵们的故事里，不仅有自己的九死一生，更有无数战友、乡亲的壮烈牺牲。这份沉重的集体记忆，是沂蒙革命历史不可分割的一部分。记录老兵，也是在记录这片土地上无数无名英雄的奉献与牺牲。

因此，本书不仅仅是50 位个体的生命史，更是一部以个体生命视角书写的、带有浓厚地域特色的沂蒙抗战微观史。它让我们看到，伟大的民族抗战洪流，如何在沂蒙这片特定的土地上激荡起最壮阔、最深情的浪花。

合上采访本，凝视着眼前这些饱经沧桑却眼神清澈的老人，再回望我们身处的和平年代、繁华景象，一种强烈的对比与深刻的反思油然而生。他们脸上的皱纹，是岁月刻下的年轮，更是硝烟熏染的印记。他们平静的晚年生活，是他们和无数先烈用青春、热血乃至生命换来的宝贵馈赠。

记录这些故事，意义深远。这是不忘初心的堡垒：历史不容忘却，英雄必须铭记。在时光冲刷下，在信息纷繁的今天，这些亲历者的证言是构筑历史记忆最坚固的基石，是对一切试图歪曲、否定抗战历史行径的有力回击。这是守护和平的警钟：老兵们讲述的战争残酷，是对和平价值最深刻的诠释。他们的经历时刻提醒我们，和平并非理所当然，它需要一代代人倍加珍惜、用心守护、用智慧和力量去捍卫。遗忘历史的教训，就可能重蹈覆辙。这是传承精神的火种：沂蒙精神是宝贵的精神财富。通过老兵的故事，让沂蒙精神穿越时空，在新时代焕发出新的光芒。这精神，是激励我们克服一切困难、建设美好家园的不竭动力。

本书的出版，不是终点，而是一个新的起点——是记忆传承的起点，是精神接力的起点。

我们希望这本书能走进千家万户，让老区人民，尤其是年青一代，更深入地了解父辈、祖辈的荣光与艰辛，了解脚下这片土地为何如此深沉厚重，从而更加热爱家乡，传承红色基因。我们希望这本书能走出沂蒙，让更多人认识这片英雄的土地，理解"沂蒙精神"的基本内涵和时代价值，感受中华民族在危难时刻所迸发出的磅礴伟力。

我们更希望它能激发行动：关爱健在的老兵，让他们感受到社会的敬意与温暖；保护抗战遗址，让历史遗迹成为生动的课堂；继续挖掘整理散落在民间的抗战记忆，丰富我们的历史档案库。

最后，我们怀着无比崇敬的心情：谨以此书，献给中国人民抗日战争暨世界反法西斯战争胜利80周年。

献给书中记录的50位沂蒙老兵！你们是民族不屈的脊梁，是沂蒙大地的骄傲！你们的功勋与日月同辉，你们的名字与山河同在！

献给所有为抗战胜利、为民族解放事业在沂蒙大地上奋斗牺牲的先烈们！你们的血没有白流，你们的精神永垂不朽！

衷心感谢所有接受采访、倾情讲述的老兵及家属！感谢你们的信任与直抒胸臆，让我们得以触碰那段真实而滚烫的历史。你们的故事，是本书最珍贵的灵魂。

衷心感谢临沂城市建设投资集团有限公司、临沂水利集团有限公司、临沂投资发展集团有限公司的鼎力支持。

衷心感谢为本书付出辛勤劳动的每一位成员，感谢临沂电视台《沂蒙军号》栏目提供素材，感谢摄影家张新成提供部分老兵照片。大家的共同努力，让这段历史得以凝固成永恒的文字。

特别感谢养育了英雄儿女、承载了光荣历史的沂蒙大地！蒙山巍巍，沂水长流，这片热土将永远铭记那段血与火的岁月。

烽火岁月已远，沂蒙精神长存。

"最是书香能致远。"愿这些来自蒙山沂水间的老兵故事，如同不息的沂河之水，永远流淌在民族记忆的长河中，滋养着后来者的心灵，激励我们在新的征程上，续写无愧于历史、无愧于时代的沂蒙新篇！

张一涵写于沂河岸畔

2025 年7 月12 日